कत्थक नृत्य परम्परा

में

रायगढ़ दरबार

माण्डवी सिंह

B.R. Rhythms
Delhi-110052

Published by:
B.R. Rhythms
425, Nimri Colony
Ashok Vihar, Phase-IV
Delhi-110052
E-Mail : brpc@vsnl.com

First Published 2013

Rs.1500
ISBN 13: 9788188827374

Printed at:
Balaji Offset, Delhi

Cataloging in Publication Data--DK
Courtesy: D.K. Agencies (P) Ltd. <docinfo@dkagencies.com>

Siṃha, Māṇḍavī, 1964-
Kathaka nṛtya paramparā meṃ Rāyagaṛha darabāra / Māṇḍavī Siṃha.
p. cm.
In Hindi.
Includes bibliographical references.
ISBN 9788188827374

1. Kathak (Dance)--India--Raigarh (District) 2. Kathak dancers--India--Raigarh (District) 3. Chakradhar Singh, Raja of Raigarh, 1905-1947. I. Title.

DDC 792.80954137 23

"इन्दिरा कला संगीत विश्वविद्यालय खैरागढ़ से स्वीकृत शोध-प्रबन्ध"

प्रस्तावना

भारतीय संस्कृति में कत्थक नृत्य शैली की परम्परा समृद्ध रूप में विकसित हुई। किन्तु कालांतर में राजनीतिक एवं सामजिक परिस्थितियों में बदलाव के कारण यह अपनी मूल प्रवृत्ति से कतिपय विलग होने लगी थी । धार्मिक परिदृश्यों या धार्मिक वातावरण से जुड़े रहने के बावजूद भी कतिपय दोष आ जाने के कारण इसे समाज से बहिष्कृत भी होना पड़ा और इस शैली से जुड़े कलाकार यायावरी जीवन व्यक्ति करने के लिए मजबूर हुए। मुगल शासकों के दरबार में इस नृत्य विधा को भरपूर संरक्षण तो मिला किन्तु उसका धार्मिक चरित्र सुरक्षित न रह सका। हिन्दू राजाओं के दरबार में कलाकारों को पर्याप्त स्वतंत्रता नहीं थी जिससे इस कला के विकास में उन्हें पूर्ण आधिपत्य मिल सकता । यह नृत्य शैली तत्कालीन परिस्थितियों से प्रभावित हुए बिना ना रह सकी और मंदिर का कथक कहीं न कहीं प्राचीन परम्परा से हटकर मुख्यतः मनोरंजन का साधन बन गयी । इस संक्रमण काल में भी राज दरबारों के अतिरिक्त कई कलाकार इसे मूल रूप में सुरक्षित रखने का प्रयास भी किये और कला के प्रति आस्था होने के कारण इन विषम परिस्थितियों में भी उसे धार्मिकता से जोड़े रखा । ऐसे कलाकारों की वंश परम्परा एवं शिष्य परम्परा कला के अस्तित्व को बनाए रखने के लिए दरबारों के आश्रय तो लिये किन्तु अपनी वंश परम्परा को मुख्यतः जयपुर और लखनऊ घराने की कत्थक नृत्य शैली के नाम से विकसित भी करते रहे।

अतः इस लम्बे अंतराल में अनेक उथल–पुथल एवं दरबारों के अनुकूल अपने को सजाने में कथक नृत्य शैली निश्चित तौर पर खूबसूरत हो गयी किन्तु उद्देश्य से कहीं न कहीं अलग दिखाई भी हो रही थी । कत्थक को उसके मूल संस्कार और नये जीवन संदर्भों से जोड़कर उसे पुनः कथा एवं अर्थमय रूप में प्रस्तुत करने में रायगढ़ दरबार का महत्वपूर्ण योगदान रहा। रायगढ़ नरेश राजा चक्रधर सिंह के संरक्षण में कत्थक नृत्य को फलने–फूलने का उत्कृष्ट अवसर मिला।

राजा चक्रधर सिह का जन्म सन् 1904, गणेश चतुर्थी के दिन हुआ । इन्हें संगीत के प्रति आसक्ती पैतृक रूप में मिली। देश के प्रख्यात कला मर्मज्ञों का रायगढ़ दरबार

में आना–जाना लगा रहता था। इस तरह के सांस्कृतिक वातावरण में चक्रधर सिंह का लालन–पालन हुआ। इसका सीधा प्रभाव इनके व्यक्तित्व और रूचि पर पड़ा। राजा चक्रधर सिंह नृत्य के केवल शौकीन ही नहीं वरन् उसके मर्मज्ञ भी थे। उसकी विशेषताओं और तकनीक आदि से अच्छी तरह अवगत भी थे। इनके दरबार में मुनीर खाँ, करमातउल्लाह खाँ, आबिद हुसैन, अहमद जान थिरकवा, मोहम्मद खाँ, इनायत खाँ, बलदेव प्रसाद जैसे विख्यात गायक, सितार वादक, तबला वादक तथा पखावज वादक के साथ कत्थक नृत्य के सभी श्रेष्ठ नृत्याचार्य जैसे शिवनारायाण प्रसाद, जयलाल महाराज, सुन्दर प्रसाद, मोहनलाल, सीताराम जी, अच्छन महाराज, लच्छू महाराज तथा शम्भू महाराज आदि पर्याप्त समय तक रहे और राजा साहब के निर्देशन में पंडित कार्तिक राम, पं. कल्याण दास, पं. फिरतू दास तथा पं. बर्मन लाल को विशेष रूप से नृत्य की शिक्षा देते रहे। इस दरबार में लखनऊ और जयपुर दोनों घरानों के नृत्य कलाकारों का संगीतज्ञों एवं साहित्यकारों के साथ समागम हुआ, उन्हें स्वतंत्रता पूर्वक अपनी कला विकसित करने का उपयुक्त वातावरण मिला और अनेक अभिनव प्रयोग हुये।

रायगढ़ दरबार में संगीत, नृत्य और साहित्य का त्रिवेणी संगम हुआ। जिसके फलस्वरूप रायगढ़ दरबार के सांस्कृतिक योगदान का सबसे बड़ा परिणाम राजा चक्रधर सिंह द्वारा नर्तन सर्वस्वम, ताल तोय निधि, मुरज परन पुष्पाकर, ताल बल पुष्पाकर, राग रत्न मंजूषा आदि ग्रंथों की रचना की गई। जिसमें नृत्य एवं संगीत की अनेक रचनाओं के साथ–साथ उसके स्वरूप एवं तकनीक पर भी पर्याप्त चर्चा हुयी है।

सन् 1939 में इलाहाबाद के कॉन्फ्रेंस में राजा चक्रधर सिंह द्वारा अपने उद्‌बोधन में यह व्यक्त किया कि, "कला को कला ही रहने दिया जाये, शास्त्रीय विज्ञान नहीं।" राजा साहब की इसी सोच ने कत्थक के इतिहास में एक नई क्रांति पैदा की । उनके दरबार में अनेक नृत्याचार्यों को संरक्षण मिला, स्थानीय कलाकारों को कुशल प्रशिक्षण मिला तथा नये प्रयोगों को दिशा मिली। 'कत्थक नृत्य भावहीन होकर कहीं एक मशीनी हरकत न रह जाये और नृत्य का अर्थ यदि अंग विक्षेप ही है तो निश्चित ही अपना अस्तित्व खो बैठेगा' इन भावनाओं से उद्वेलित राजा साहब ने कत्थक नृत्य के इतिहास में कई नये आयाम जोड़े, जिसका क्रियान्वयन हुआ भी है किन्तु पर्याप्त नहीं है। यह कार्य विश्वविधालय अनुदान आयोग के 'पोस्ट डाक्टोरल फेलोशिप' के अंतर्गत पूर्ण किया गया है। जिसे रायगढ़ दरबार में कत्थक नृत्य के योगदान को विचारार्थ एवं प्रयोग रूप में फलीभूत करने के लिये एक प्रयास कहा जा सकता है।

इसमें पांच अध्याय हैं। प्रथम अध्याय– 'छत्तीसगढ़ का रायगढ़ रियासत' है जिसमें छत्तीसगढ़ का संक्षिप्त सांस्कृतिक इतिहास एवं रायगढ़ रियासत की संक्षिप्त जानकारी दी गई है।

द्वितीय अध्याय– राजा चक्रधर सिंह का जीवन परिचय एवं उनके द्वारा रचित ग्रंथ है। कत्थक नृत्य में रायगढ़ दरबार के योगदान को समझने के लिये मूलतः राजा चक्रधर सिंह के जीवन एवं व्यक्तित्व को जानना आवश्यक है। इस कार्य का एक उद्देश्य यह भी है कि राजा चक्रधर सिंह द्वारा रचित ग्रंथों एवं उसकी विशेषताओं पर चर्चा की जाये ताकि जन सामान्य द्वारा इन अनुपलब्ध ग्रंथों के प्रकाशन हेतु प्रयास की संभावनाएँ तलाशी जाए ।

तृतीय अध्याय– रायगढ़ दरबार के गुरूओं एवं प्रशिक्षित कलाकारों का जीवन परिचय है। इसमें रायगढ़ दरबार के नृत्याचार्यों के जीवन पर चर्चा की गई है जिनके सहयोग से इस दरबार में कलाकारों का निर्माण एवं विभिन्न प्रयोगों के आधार पर ग्रंथों की रचना की गई ।

चतुर्थ अध्याय– रायगढ़ दरबार के राजा चक्रधर सिंह द्वारा लिखित ग्रंथों की उपलब्ध रचनाओं की चर्चा की गई है जिन्हें शुद्ध नृत्य एवं भावांग दो भागों में विभक्त कर विश्लेषण किया गया है। इस अध्याय की एक विशेषता यह भी है कि मुझे अपने गुरू स्व. डॉ. पी. डी. आर्शीवादम द्वारा रायगढ़ दरबार में लिखित कुछ प्रपत्र प्राप्त हुए थे जिसमें कुछ गीतों के नोटेशन्स भी हैं उसे भी मूल रूप में इस अध्याय में दिया गया है ताकि प्रदर्शन के समय गीतों के मूल राग एवं स्वरूप की जानकारी भी नर्तकों को मिल सके ।

पंचम अध्याय– रायगढ़ दरबार के गुरूओं एवं अन्य कलाकारों की रचनाओं से सम्बन्धित है जो कि रायगढ़ दरबार की सांगीतिक परम्परा को आगे बढ़ाने में सहायक सिद्ध हुई हैं।

इस सम्पूर्ण कार्य को मैं अपने परम श्रद्धेय गुरू स्व. डॉ. पी. डी. आर्शीवादम का मार्गदर्शन और आर्शीवाद मानती हूँ। कत्थक नृत्य के रायगढ़ दरबार के योगदान पर मेरे गुरु ने अमूल्य कार्य किया । उनके सानिध्य में इस दरबार की चर्चा और इसके प्रति उनके लगाव ने मुझे यह कार्य करने के लिए प्रेरित किया । मेरे मन को अभी भी यह विचार उद्वेलित करता है कि रायगढ़ दरबार और राजा चक्रधर सिंह के योगदान को फलीभूत करने के लिए कार्य शेष है। राजा चक्रधर सिंह का नृत्य जगत को योगदान अथाह समुद्र जैसा है मेरा यह प्रयास उसमें एक बूंद के समान है यदि

इससे अध्येयनाओं को किञ्चित मात्र लाभ होता है या 'रायगढ़ दरबार' उनके विचारों को मंथन के लिए विवश करता है तभी मेरा यह प्रयास सार्थक होगा। मैं अपने गुरू को हार्दिक नमन करती हूँ कि भौतिक रूप में आज वे मेरे साथ नहीं हैं किन्तु मुझे अपने कर्तव्यों के प्रति हमेशा सजग करते हैं।

मेरे माता–पिता का भी आर्शीवाद इस कार्य में मुझे लगातार मिलता रहा, जिससे मेरा उत्साह बना रहा । मैं उन्हें नमन करती हूँ।

इस कार्य हेतु रायगढ़ यात्रा के दौरान राजा चक्रधर सिंह जी के पुत्र श्री सुरेन्द्र कुमार सिंह एवं उनके सुपुत्र देवेन्द्र प्रताप सिंह से मुलाकात हुई और चर्चा के दौरान रायगढ़ दरबार से सम्बन्धित कुछ महत्वपूर्ण जानकारी प्राप्त हुईं । मैं उन्हें अपना हार्दिक आभार व्यक्त करती हूँ।

इस कार्य में रायगढ़ शैली के गुरू पं. रामलाल जी का भी सहयोग मिला, उनके प्रति भी आभारी हूँ। रायगढ़ परम्परा के नर्तक सुश्री बासंती वैष्णव, श्री सुनील कुमार वैष्णव, डॉ. सुचित्रा हरमलकर, डॉ. विजया शर्मा एवं श्रीमती अल्पना वाजपेयी का भी सहयोग मिला, जिसके लिए मैं आभारी हूँ।

डॉ. बलदेव की पुस्तक 'रायगढ़ का सांस्कृतिक वैभव' से मुझे इस कार्य में काफी सहयोग मिला। खैरागढ़ में एक सेमिनार के दौरान डॉ. बलदेव से मेरी मुलाकात हुई। उनकी पुस्तक 'रायगढ़ का सांस्कृतिक वैभव' से मैं पूर्व में ही प्रभावित थी। रायगढ़ के सम्बन्ध में इनकी जानकारी बहुत स्पष्ट है। उनके प्रति हार्दिक आभार प्रकट करती हूँ।

इतिहास विषय के विशेषज्ञ डॉ. रामगोपाल शर्मा, बिलासपुर से एक मुलाकात में मुझे यह जानकारी मिली कि उनके निर्देशन में 'रायगढ़ रियासत के नरेश राजा चक्रधर सिंह का प्रशासन, साहित्य एवं कला में योगदान' विषय पर डॉ. रणजीत कुमार बारीक ने शोध कार्य किया है। उन्होंने मुझ पर कृपा दृष्टि रखते हुए यह शोध ग्रंथ उपलब्ध कराया जो कि मेरे इस कार्य के लिये बहुत सहयोगी रहा। मैं उनके प्रति हार्दिक आभार व्यक्त करती हूँ।

इंदिरा कला संगीत विश्वविद्यालय, खैरागढ़ के उपग्रंथपाल श्री रमेश पटेल एवं ग्रंथालय के अन्य कर्मचारियों से मुझे विषय से सम्बन्धित सामग्री एकत्र करने में सहयोग मिला, मैं उनकी आभारी हूँ। मेरे इस कार्य में प्रोजेक्ट असिस्टेंट कु. दीपशिखा पटेल की भरपूर मेहनत से लगातार सहयोग मिलता रहा जिससे यह कार्य पूर्ण हो सका, मैं उसके प्रति भी आभारी हूँ। मेरी शिष्या कु. प्रियंका मजूमदार का कार्य के

समापन के दौरान जो कि बहुत महत्वपूर्ण होता है, भरपूर सहयोग मिला। मेरा आर्शीवाद हमेशा उसके साथ होगा।

इस पूरे कार्य के लिये प्रारम्भ से अंत तक पुष्कर कुन्टे का साथ मुझे मिलता रहा। निश्चित रूप से इनके सहयोग के बिना यह कार्य सम्भव नहीं था। मैं उन्हें हार्दिक शुभकामनाएँ देते हुए उनके प्रति अपना स्नेह व्यक्त करती हूँ।

———————

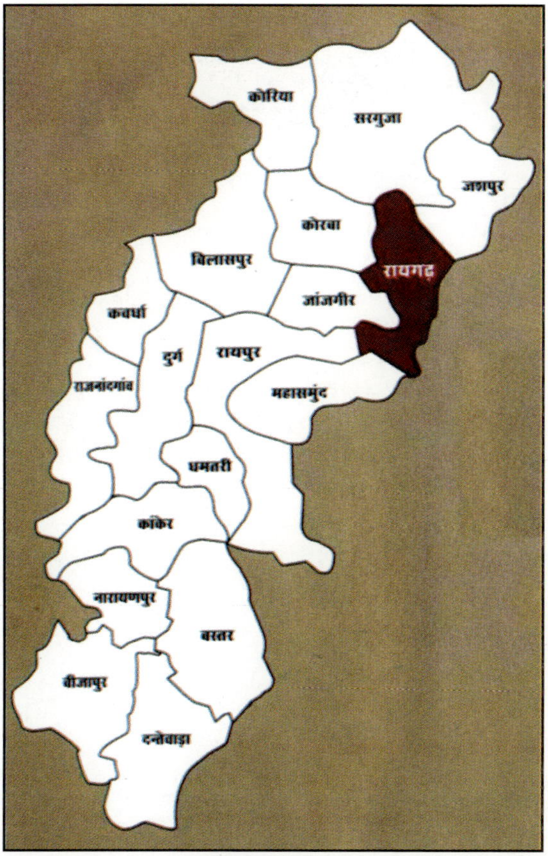

छत्तीसगढ़

राजा भूपदेव सिंह

मोतीमहल, रायगढ़

राजा चक्रधर सिंह

राजमाता डिष्वरीमती देवी

राजमाता लोकेश्वरी देवी

राजमाता बसन्तमाला

राजा ललित कुमार सिंह

राजा चक्रधर सिंह के पुत्र
श्री सुरेन्द्र कुमार सिंह

राजकुमार कॉलेज, रायपुर

राजा चक्रधर सिंह

राजा चक्रधर सिंह

राजा चक्रधर सिंह

ठाकुर लक्ष्मण सिंह

राजा चक्रधर सिंह

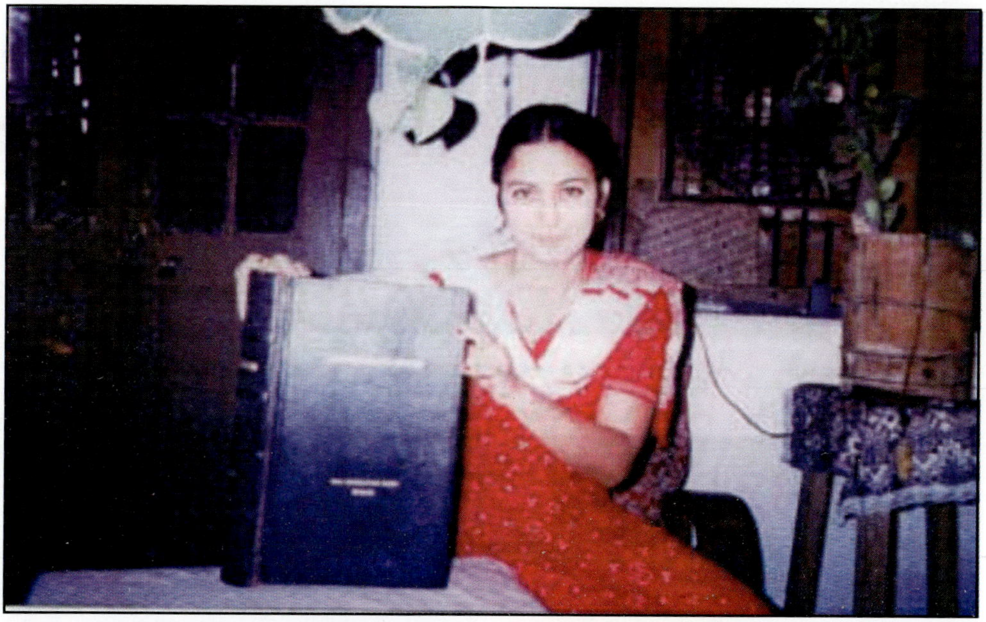

डॉ. स्वपनिल कर्महे 'नर्तन सर्वस्वम' के साथ

पं. जयलाल महाराज

पं. अच्छन महाराज

पं. लच्छू महाराज

पंडित शंभू महाराज

पं. अनुजराम मालाकार

पं. कार्तिक राम

पं.कार्तिक राम (दाएं) पं. कल्याण दास (बाएं)

पं. कल्याण दास महंत

पंडित बर्मन लाल

पं. फिरतू दास

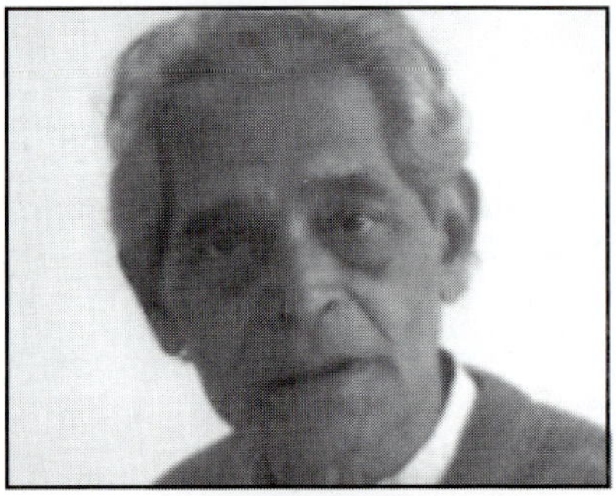

पं. रामलाल

वेदमणि सिंह ठाकुर

राजा चक्रधर सिंह

अनुक्रमणिका

रायगढ़ दरबार और कत्थक नृत्य

प्रस्तावना iii-vii

1 – छत्तीसगढ़ का रायगढ़ रियासत 1–14

2 – राजा चक्रधर सिंह 15–56

1. जीवन परिचय
2. राजा चक्रधर सिंह द्वारा रचित ग्रंथ

3 – रायगढ़ दरबार के गुरुओं एवं कलाकारों का जीवन परिचय 57–72

1. जयलाल जी महाराज
2. अच्छन महाराज जी
3. लच्छू महाराज जी
4. शम्भू महाराज जी
5. नारायण प्रसाद जी
6. सीताराम जी महाराज
7. जगन्नाथ प्रसाद जी
8. मोहन लाल जी
9. पं. अनुज राम मालाकार
10. पं. कार्तिक राम
11. पं. कल्याण दास मन्हत

12. पं. बर्मन लाल

13. पं. फिरतू महाराज

14. पं. रामलाल

15. वेदमणि सिंह ठाकुर

4 – राजा चक्रधर सिंह द्वारा रचित रचनाएं **73–146**

1. शुद्ध नृत्य की रचनाएँ

2. भावांग (ठुमरी, गीत एवं ग़ज़ल)

5 – रायगढ़ दरबार से प्रभावित अन्य रचनाएँ **147–210**

1. झपताल – वेदमणि सिंह ठाकुर

2. एकताल – वेदमणि सिंह ठाकुर

3. कथक नृत्य ताल सवारी – पं. कल्याणदास महंत

4. शिखर ताल – कल्याण दास महंत

5. कत्थक त्रिताल नृत्यलिपि – वेदमणि सिंह ठाकुर

6. नृत्य कला में काव्य – वेदमणि सिंह ठाकुर

7. ऋतु–श्रृंगार – वेदमणि सिंह ठाकुर

उपसंहार **211–217**

संदर्भ ग्रंथ सूची **218–222**

1

छत्तीसगढ़ का रायगढ़ रियासत

छत्तीसगढ़ का प्राचीन नाम दक्षिण कोसल था। यह भू–भाग प्राचीन काल से विभिन्न संस्कृतियों एवं राजवंशों की जन्मस्थली एवं कर्मस्थली रहा है। यहाँ अनेक संस्कृतियों का प्रादुर्भाव, उत्थान–पतन, संघर्ष की ऐतिहासिक गाथा उनकी प्राचीन कलाकृति, अभिलेख, सिक्के एवं धरोहर आदि से मिलती है। ''छत्तीसगढ़ का राजनैतिक इतिहास द्वितीय शती ईस्वी पूर्व के आसपास से प्राप्त होता है। यद्यपि इस काल के राजवंशों का स्पष्ट उल्लेख नहीं मिलता है तथापि द्वितीय शती ई. से चौदहवी शती ई. के मध्य यह क्षेत्र पूर्व–पश्चिम एवं उत्तर भारत की साम्राज्यवादी शक्तियों के कभी प्रत्यक्ष अधिकार क्षेत्र में और कभी प्रभाव क्षेत्र में रहा है। इसी क्रम में सर्वप्रथम मौर्यकाल, सातवाहन काल, चेदि राजवंश, पुनः सातवाहन एवं वाकाटक राजवंश, गुप्त राजवंश एवं पुनः वाकाटकों के प्रभाव क्षेत्र में आने की जानकारी ज्ञात स्त्रोतों से मिलती है।''[1]

''छत्तीसगढ़ का नाम लोकोक्ति के अनुसार वहाँ पर छत्तीस किले होने से पड़ा । इस नाम का कब प्रचार हुआ इसका पता नही चलता । हैहयवंशी राजा रतनपुर में राज्य करते थे। उनके हिसाब की किताबों से उसे कमिश्नरी में 48 गढ़ों का होना पाया जाता है। कदाचित पहले 36 ही किले रहे हो, पीछे बढ़कर 48 हो गये हो। अनुमान किया जाता है कि छत्तीसगढ़ कदाचित चेदीशगढ़ का अपभ्रंश हो अर्थात् चेदिवंश के राजाओं का गढ़।''[2]

''रतनपुर के राजाओं ने 36 किलों पर राज्य किया, इसलिए वह देश छत्तीसगढ़ के नाम से प्रसिद्ध हुआ।''[3] साहित्य में छत्तीसगढ़ का प्रयोग प्रथम बार खैरागढ़ राज्य के चारण कवि दलराम राव की रचना में पाया गया है जो इस प्रकार है। वह अपने राजा लक्ष्मीनिधि राय से सन् 1487 में अपने एक प्रशस्ति में कहते हैं :–

''लक्ष्मीनिधि राय सुनो चित्त दै,

गढ़ छत्तीस में न गढ़ैया रही

मरदुमी रहि नहि मरदन के

फेर हिम्मत से न लड़ैया रही।।''[4]

''इसके अतिरिक्त रतनपुर के कवि गोपाल मिश्र ने 'खूब तमाशा' में सन् 1689 में तथा 150 वर्ष बाद बाबू रेवाराम ने 'विक्रम विलास' में इसका प्रयोग किया है। किसी राज्य की समर विजयनी शांति का अनुमान लगाने तथा महत्ता की ओर इंगित करने के लिए उनके राज्य के अर्न्तगत गढ़ों की संख्या की गणना की जाती थी। जैसे बावनगढ़, मंडला, सोरागढ़, नागपुर, बारसगढ़, उड़ियान, अठारहगढ़ रतनपुर, अठारहगढ़, रायपुर आदि। सच्चाई यह जान पड़ती है कि छत्तीसगढ़ के नामकरण में भी 36 गढ़ों का ही आधार है। इन गढ़ों में 18 गढ़ शिवनाथ नदी के उत्तर में थे और शेष 18 गढ़ उसके दक्षिण में। कालान्तर में उत्तर में स्थित गढ़ रतनपुर राज्य के अधीन रहे और दक्षिण के गढ़ रायपुर राज्य के अधिकार में चले गए। इन गढ़ों की सूचियाँ चीजम और हेविट द्वारा लिखी रिर्पोटों में दी गई हैं।''[5]

उत्तर दिशा में	दक्षिण दिशा में
1. रतनपुर	1. रायपुर
2. मारो	2. पाटन
3. विजयपुर	3. सिमगा
4. खरौद	4. सिंगारपुर
5. कोटगढ़	5. लवन
6. नवागढ़	6. अमीरा
7. सोढ़ी	7. दुर्ग
8. ओखर	8. सरदा
9. पंडरभठा	9. सिरसा
10. सेमरिया	10. मोंहदी
11. मदनपुर (चांपाजमींदारी)	11. खल्लारी
12. कोसगई (छूरी जमींदारी)	12. सिरपुर
13. लाफागढ़	13. फिगेश्वर

14. केंदा	14. राजिम
15. उपरोड़ा	15. सिंगारगढ़
16. मातिन	16. सुअरमार
17. कंडरी (पेण्डरा)	17. टेंगनागढ़
18. करकट्टी (अब बघेलखंड)	18. अकलबाड़ा

"इस प्रकार 36 गढ़ तत्कालीन गणना के अनुसार 18 रतनपुर राज एवं 18 रायपुर राज के अंतर्गत आते थे। रतनपुर राज में 3586 ग्राम एवं रायपुर राज में 2136 ग्राम आते थे। उपरोक्त 36 गढ़ (किला) जो मिट्टी से निर्मित थे, अधिकांशतः ध्वस्त होकर अस्तित्वहीन हो गये हैं। इन्ही 36 गढ़ों से छत्तीसगढ़ नाम पड़ा। जो नाम के अनुरूप सार्थक एवं सर्वमान्य कहा जाता है।"[6] छत्तीसगढ़ अपने 36 गुणों से सम्पन्न होने के कारण देश में एक समृद्धशाली राज्य के रूप में सन् 01 नवम्बर 2000 को स्थापित हुआ है।

छत्तीसगढ़ में रायगढ़ रियासत की एतिहासिक परम्परा विशेष महत्व रखती है। "रायगढ़ जिला 01 जनवरी 1948 को सारंगढ़, रायगढ़, धर्मजयगढ़ और जशपुर रियासतों को मिलाकर गठित हुआ था।"[7] गोंडवाना शासक का मंडला, चांदा और बैरागढ़ राज्य पर आधिपत्य था। बैरागढ़ के गोड़ शासकों ने कालान्तर में फूलझर से बुनगा होते हुए केलो नदी के तट पर 'राय' नामक 'गढ़' की स्थापना की जिससे 'रायगढ़' राज का निर्माण हुआ। कहा जाता है इस राज्य में राय नाम के वृक्षों से घिरा गढ़ (किला) था इसी से इसका नाम रायगढ़ पड़ा।

"ऐसा माना जाता है कि छत्तीसगढ़ की रियासतों में शासन का जमींदारी प्रथा से आरंभ हुआ। तत्कालीन मध्य प्रांत में इस तरह की 115 जमींदारी स्थापित हुईं। इसमें से रायगढ़ भी एक थी। चांदा का गोंड राजवंश बहुत प्रसिद्ध और प्राचीन माना जाता था। मदन सिंह इसी राजवंश के एक व्यक्ति थे, उसी जिले के बैरागढ़ नामक स्थान में रहते थे। इनके हृदय में महत्वाकांक्षा और बाहुओं में जोर था, बैरागढ़ में अपने लिए पर्याप्त क्षेत्र न पाकर ये बाहर निकले, उत्साही तो थे ही, निकट वन और नदी पर्वतों को पार करते फुलझर आए। वहां से रायगढ़ राज्य के 'बुनगा' नामक स्थान में और अंत में खास रायगढ़ आकर रायगढ़ राजवंश की नींव रखी। इनके आने से पहले यहां कौन राज्य करते थे? इसकी समीक्षा करना असंभव नही तो कठिन अवश्य है। यह मानी हुई बात है कि रायगढ़ राज्य बहुत प्राचीन है। रायगढ़ के सिंघनपुर की प्रायः दो हजार वर्ष प्राचीन चित्रकारी और उसके बाद राजिम के लेख में किया गया टेरम तथा तमनार का उल्लेख

इस बात को पूरी तौर से प्रकट करता है की यहां की सभ्यता बहुत पुरानी है। पर उस समय का कोई क्रमबद्ध इतिहास उपलब्ध नहीं है।"[8]

रायगढ़ का रियासती क्षेत्र 1486 वर्ग मील में फैला हुआ था। इसके दक्षिण में महानदी से लगा सारंगढ़ रियासत, उत्तर में उदयपुर, जशपुर और गांगपुर रियासतें, पूर्व में केवल गांगपुर रियासतें थीं। रायगढ़ के पश्चिम में बिलासपुर जिला स्पर्श करता था।

बैरागढ़ से आकर मदन सिंह ने रायगढ़ रियासत को सुगठित किया। ये अपना घर छोड़कर मामा के घर फूलझर गये। वहां से फिर बुनगा चले आये जो रायगढ़ रियासत में एक गांव है। किसी कारणवश उन्होंने बुनगा भी त्याग दिया और राजमार पहाड़ी के नीचे केलो और उसकी सहायक कंदाई जोर के बीच पहुंचे वहां एक विचित्र घटना घटी। उनके शिकारी कुत्ते पर खरगोश ने झपट्टा मारा। उनके मंत्री हीरू मांझी ने रहस्य बतलाते हुए कहा – यह वीर भूमि है जहां खरगोश भी कुत्ते पर शेर हो जाता हैं यहीं गढ़ी की स्थापना की जावे। इसकी गाथा छत्तीसगढ़ी भाषा में इस प्रकार है–

"गढ़ा मंडला अउ चांदा म रहै कई गोंडवाना राज ।

उहां ले निकलिस एक ठन बघवा बैरागढ़िया राजकुमार ।।

बैरागढ़ ले फुलझर आके मामाघर खेले में छरायं।

रेवा परेवा जादूगरनी फूलझर ले बुनगा ले आय ।।

तिहां रहिस गड़ाइन रानी जेकर बीच विवाद हो जाय ।

बुनगा छोड़ के बैरागढ़िया, गजपहार के नीचे आय।।

अइसन सराप देहिच कुलदेवी, राजपरिवार बुनगा नई जाय।

भूले भटके जा पाही त फेर लहुट साबित नई आय।।

केलो के पहिली कंदाई जोर म घोड़ा बहेलिया दियो कुदाय।

राजा मंत्रीदूनो देखै एक अचंभा समझ न पाय ।।

ए पार कुक्कुर ओ पार लमहा, एक दूसर ल देख गुर्राय।

दूनो कूदावैं एक दूसर ल देख–देख रूआं ठढ़िआय।।

नालापार शिकारी कुकुर दुम दबाके भागे आय ।

लमहा ओती उछलकूद के देखत–देखत सेर हो जाय ।।

हाथ जोड़ के मंत्री बोलै ए भूइंया ल करो प्रणाम ।
लमहा जिहां सेर हो जाथे, वीर भूमि के एही प्रमान ।।
भुइयां पूजा करले राजा ए ही ठउर म गढ़ी बनाव ।
वीर भूमि म गढ़ी बनाके पुरखा मन के कर दो नाव ।।
राजा पूछिस विधि विधान, मंत्री बताय बर होइस तइयार ।
तलवार खींच के नरी काट दिस, राजा मंत्रीले हुसियार ।।
गरम खून के छुटिस पिचक्का, राजा मूड़ी ल गड़िआय ।
ताहिदिन ले नवा गढ़ी म माझी दस–दस बोकरा खाय।।
मोरगा पाठ के हाइस प्रतिष्ठा सतखंडा तुरत खड़े हो जाय ।
हाना नो है अकारथ एहर, गढ़वाटे सो मारे जाय ।।''[9]

''रायगढ़ राज की स्थापना 350 वर्ष पूर्व अर्थात 1620 से 1650 के आसपास मानते हैं। इस धारणा के पीछे कारण यह है कि गढ़ा राज्य के समय दक्षिण में चन्द्रपुर अर्थात चांदा में गोड़ राज्य था।''[10]

मदन सिंह किस प्रकार रायगढ़ में रियासत बनाये इस सम्बन्ध में पर्याप्त जानकारी उपलब्ध नहीं है। लेकिन डा. बलदेव ने जनश्रुतियों एवं अन्य स्त्रोत से रायगढ़ दरबार की ऐतिहासिक परम्परा को ''रायगढ़ का सांस्कृतिक वैभव'' में व्यवस्थित रूप से प्रस्तुत करने का सफल प्रयास किया है। उनके अनुसार–

''राजा मदन सिंह साहसी, बुद्धिमान और पराक्रमी तो थे ही, संगीत के प्रेमी भी थे। 'नर्तन सर्वस्व' के साढ़े तीन सौ पृष्ठों की भूमिका में मदनसिंह के शौर्य का अद्भुत वर्णन मिलता है।'[11]

नृत्य संगीत का देख जनाज़ा विशाखादत्त के सूखे प्राण।
औरंगजेब के डर के मारे आगरा ले दिया गढ़ प्रस्थान ।।
बादर के गर्जन–तर्जन कस विशाखदत्त के बाजै मिरदंग।
दियागढ़ के राजकुमारी मन बंधे ताल नाचे छम–छम ।।
मीलूगढ़ के राजकुंवर संग दूनों बहिन के होगे ब्याह।
विशाखदत्त दाइज म आइस जेकर मन म बढ़िस उछाह।।

नर्तनरहस्य के रचना करके विशाखदत्त अर्पन कर दीस।
चन्द्रदेव भी खुश होके राजगुरू के पदवी दीस ।।
गुड़–गुड़गुड़–गुड़ गंडवा बाजा मीलूगढ़ ले दियो सुनाय।
सुन के नवागढ़ी के बघवा पूछी का दियो ठढ़ियाय।।
मीलूगढ़ के देख कुसासन मदन सिंग छेड़िस अभियान।
भोगविलास में डूबे गढ़पति परजा बर देइस कभू न ध्यान।।
बजै नंगारा मीलूगढ़ के निकलै खाड़ा अउ तलवार ।
तीर के बरसा गोंडवाना के भंवरा जइसे धनुस–चिंयर।।
आवत देखिस सांगा मारी मदनसिंग पीछू घुंच गैं
एंक कोस परकोटा आघू पथराछेद सांग गि मै।।
कत को वीर रन मा जूझगै कत को भागिन प्राण बचाय।
मदनसिंग के धनुहार के आगे, कइसनो जोधा टिक नई पाय।।
बोहिस पहार ले खून के नरवा कई वीर रनगंगा तर गै।
आठ पहर के मारकाट म मीलूगढ़ भरंग होगे ।।
रानी मन गड्डा मा कूदीन ।।
गढ़पति के कोनो पता न पायं ।
विजय पताका बाझ चिन्ह के मीलूगढ़ उप्पर लहराय ।
अइसन कर्मागढ़ ल अउ रायगढ़ म दियो मिलाय।।
नवागढ़ खुद आघू बढ़ के मदनसिंग ल देहीस सीस नवाय ।
मदन सिंग हर बल तोड़िस गंग वंश कलिंगा के ।
तेकरे कारन परसादी पाइस रतनपुर अउ सम्बलपुर ले।।
रतनपुर के तीन परगना, टेरम राठ अउ तमनार ।
मदनसिंग हाथ म जइसे बरछी भाला अउ तलवार ।।

मदन सिंह के बाद दुर्जय सिंह और उनके बाद तखत सिंह हुए। तखत सिंह के पुत्र वेद सिंह, वेदों के ज्ञाता थे। इन्होंने कर्मागढ़ को जीत कर रायगढ़ में मिला लिया था। उनकी वीरता से पड़ोसी राजा डरते थे, इसीलिए बहुतों ने उनकी अधीनता स्वीकार कर ली। वेद सिंह या बेट सिंह नृत्य, संगीत कला में भी पारंगत थे। द्रिप सिंह या दिरीप सिंह भी अपने पिता के समान ललित कलाओं में दक्ष थे। "वह वीर तो थे ही लेकिन नृत्य संगीत पर विशेष ध्यान देते थे। इसलिए उन्हें 'संगीत शास्त्र विनायक' की उपाधि से विभूषित किया गया था।"[12]

रायगढ़ राज का असली और प्रमाणिक इतिहास राजा जुझार सिंह से शुरू होता है। वह परमवीर थे। कहा जाता है, वह पेड़ों को जड़ समेत उखाड़ने में सक्षम थे। वह वेद पुराणों के ज्ञाता ही नहीं सफल कूटनीतिज्ञ भी थे। रायगढ़ जुझार सिंह के समय सम्बलपुर के अठारह गढ़ जातों में 12वें क्रम पर था, लेकिन 1800 ई. में सम्बलपुर राज्य मराठों द्वारा अपने राज्य में मिला लिया गया तो उन्होने ईस्ट इंडिया कम्पनी से संधि कर ली। इससे उनकी दूरदर्शिता ज्ञात होती है। इसी के कारण सम्बलपुर की रानी रत्न कुमारी द्वारा पूर्व में दिया गया पदमपुर परगन जुझार सिंह के हाथ से जाता रहा। लगता है, 1788 में जब रघु या राघो जी द्वितीय ने सम्बलपुर पर आक्रमण किया तब वेद सिंह ने रानी की सहायता की होगी, जिसे पिंडारियों का आक्रमण कहा गया, और भेंट में रानी ने पदमपुर दिया होगा। 1783 में जब महिपतराव को छत्तीसगढ़ का सूबा सौपा गया होगा, तब सम्बलपुर राजा ने विद्रोह कर दिया और तब छोटे–मोटे राज्य भी स्वतंत्र हो गए। उनमें रायगढ़ भी एक था। जब ईस्ट इंडिया कम्पनी और मराठों के बीच संधि हुई तो अंग्रेजों ने अन्य राजाओं के साथ रायगढ़ को भी मराठों के हाथ सौंपना चाहा। इस पर जुझार सिंह बागी हो गए। अंग्रेज जुझार सिंह के प्रभाव से परिचित थे, इसलिए 1800ई. के संधि के अनुसार उसे स्वतंत्र ही रहने दिया गया।

जुझार सिंह का प्रभाव पूरे सम्बलपुर राज्य में था। वह नेतृत्व करने में भी निपुण थे। "1804 में वह अन्य राजाओं को साथ ले कर लेफ्टिनेंट कर्नल ब्राउन से मिले और एक याचिका भी भेंट की थी कि हमने स्वेच्छा से अपने आपको अंग्रेज शासन को समर्पित कर दिया, जिसे वे अपना मुख्य संरक्षक मानते हैं, और भोसले शासन की अधीनता से इंकार कर दिया।"[13]

राजा जुझार सिंह के बाद उनका पुत्र देवनाथ सिंह सन 1833 में राजगद्दी पर बैठे। राजा देवनाथ सिंह भी अपने पिता के समान अदम्य साहसी और वीर थे। 'रायगढ़–समाचार' के अनुसार वर्तमान रायगढ़ राज्य के संस्थापक भले मदनसिंह रहे हों पर उसके वास्तविक निर्माता यही दोनों नरेश राजा जुझार सिंह और राजा देवनाथ सिंह थे। राजा

देवनाथ सिंह विश्वस्त और ईमानदार मित्र थे। वह स्वयं इतने योग्य और वीर पुरूष थे कि कभी उन्होंने ईस्ट इंडिया कंपनी से कोई सहायता नहीं ली, लेकिन जब भी ईस्ट इंडिया कंपनी पर विपत्ति आई, वे सभी आगे बढ़ कर उनकी सहायता में प्राण–पण से जुट जाते थे।

राजा देवनाथ सिंह जितने शूरवीर थे उतने ही दानी थे। रायगढ़ समाचार के अनुसार कोड़पाली गाँव के गौंटिया के पास एक ताम्रपत्र है जिसमें यहाँ के राजा देवनाथ सिंह द्वारा उसी गाँव के दान की चर्चा की है।

राजा देवनाथ सिंह की मृत्यु के बाद उनका पुत्र घनश्याम सिंह का राज्याभिषेक हुआ, परन्तु उसे एक सनद दे कर सामन्त राजा बना दिया गया। 1867 में उसे सनद दी गयी थी। ईस्ट इंडिया कंपनी 1800 ई. की संधि तुरंत भूल गई। राजा जुझार सिंह और देवनाथ सिंह के त्याग, बलिदान और चिरकाल से स्थापित मित्रता को भी भूल गई। ब्रिटिश राज्य ने पिछली शर्तों को भुलाकर रायगढ़ को ए ग्रेड की रियासत का दर्जा न दे कर डिप्टी कमिश्नर के मातहत कर दिया। राजा घनश्याम सिंह को असफल शासक करार दिया गया। जिला गजेटियर रायगढ़ (पृ. 54) के अनुसार, सन 1885 में कुशासन के कारण अंग्रेजों ने घनश्याम सिंह से शासन प्रबंध अपने हाथ में लिया, और रायगढ़ रियासत इसी वर्ष मध्य प्रांत के छत्तीसगढ़ संभाग के आयुक्त के हाथ में सौंप दी गई। राजा घनश्याम सिंह की मृत्यु 31 जनवरी 1890 को हुई।

राजा भूपदेव सिंह जब बालिग हो गए तब उन्हें 1894 में पूर्ण शासक बना दिया गया। उस समय रायगढ़, बरगढ़ और तमनार तीन परगना अस्तित्व में थे। घनश्याम सिंह ने एक महत्व का काम जाने–अनजाने में अवश्य किया। उन्होने रिकॉर्ड दुरूस्त कराया। 'रायगढ़ समाचार' के अनुसार रियासत के मुहाफ़िज़ खाना में राजा घनश्याम सिंह का दस्तखती एक कागज अवश्य ऐसा है, जिसमें वर्तमान राजवंश के इतिहास पर पर्याप्त प्रकाश पड़ता है। यही इतिहास थोड़े अंतर के साथ रियासत के गजेटियर Feudatory States Gazetteer में छपा हुआ है। राजा भूपदेव सिंह पढ़े–लिखे शासक थे। उन्हें हिन्दी और अंग्रेजी का अच्छा ज्ञान था, इसलिए उन्हें 12 दिसम्बर 1911 को रूलर चीफ बनाया गया था।

राजा भूपदेव सिंह प्रजावत्सल और योग्य शासक थे। इन्हीं गुणों के कारण भूपदेव सिंह को राय बहादुर की पदवी भी दी गई थी। राजा साहब ने शिक्षा और स्वास्थ्य पर विशेष ध्यान दिया। मोती महल का निर्माण भी इन्हीं के द्वारा कराया गया। राजा साहब को मनौती के फलस्वरूप नन्हें महाराज की प्राप्ति हुई थी। अस्तु उन्होंने एक बार पूरी

गाड़ी रिजर्व कर प्रजाजनों के साथ, जगन्नाथ पुरी की यात्रा की थी। इससे उनकी धार्मिक आस्था पर यथेष्ट प्रकाश पड़ता है।

सन् 1917 को राजा भूपदेव सिंह की मृत्यु के बाद उनका ज्येष्ठ पुत्र नटवर सिंह राजगद्दी पर बैठा। राजा नटवर सिंह मिलनसार और रंगीन तबियत के आदमी थे। एक बार गणेशोत्सव के समय यहाँ प्रसिद्ध तवायफ़ तोता जान का आगमन हुआ। दरबार में उनका कार्यक्रम हुआ। राजा साहब उसकी कला से इतने चमत्कृत हुए कि अपने गले का हार जिसकी कीमत तीन लाख पचपन हजार रूपए थी, बख्शीश में दे डाला। इत्र–फुलेल लगाना और नया कपड़ा रोज बदलना अनके शौक में शामिल था। वे दानी भी कम नहीं थे। प्रसन्न हुए तो अपने कपड़े भी भिखारी को दे देते थे। इसलिए उनका खवास हमेशा एक जोड़ा नया कपड़ा साथ लेकर चलता था। राजा साहब नृत्य संगीत के भी कम शौकीन नहीं थे। तबला और पखावज बजाने में उन्हें महारत हासिल थी। साथ ही उनमें कई दुर्व्यसन भी थे, जिनके कारण अल्पायु में ही सन 1923 में उनकी मृत्यु हो गई नटवर सिंह की कोई संतान नहीं थी। अस्तु रानी साहिबा ने नन्हें महाराज को गोद लेकर 1924 में उनका तिलक कर दिया।

रायगढ़ नरेश चक्रधर सिंह का जन्म भारतीय नृत्य संगीत के इतिहास में एक अभूतपूर्व घटना थी। उनका जन्म भाद्र पक्ष चतुर्थी संवत 1962 अर्थात 19 अगस्त 1905 को हुआ। वे 1931 में पूर्ण सामन्ती शासक घोषित किए गए।

रायगढ़ नरेश चक्रधर सिंह के शासक बनने में बड़ा व्यवधान आने लगा था। कुछ दीवान एवं राज्याधिकारी उनके शासक बनने के पक्ष में नहीं थे। लेकिन दीवान सीताराम तथा छोटे दीवान डॉ. बल्देव प्रसाद मिश्र ने ब्रिटिश सरकार को उनकी योग्यता का प्रमाण दिया, तब कहीं वे 1931 में पूर्ण शासक के अधिकार प्राप्त कर सके। राजा चक्रधर सिंह ने प्रजा की भलाई के अनेक कार्य किए। उनका ध्यान शिक्षा और स्वास्थ्य पर अधिक था। वे न्यायप्रिय राजा थे। सहृदय भी कम नहीं थे। उनकी शिक्षा राजकुमार कॉलेज में हुई थी।

राजा चक्रधर सिंह का प्रथम विवाह छुरा के जमींदार की पुत्री डिस्वरीमती देवी से 1923 में हुआ था। उनसे 15 फरवरी 1924 को ललित कुमार सिंह पैदा हुए। सन 1929 में उन्होंने दूसरी शादी सारंगढ़ नरेश जवाहर सिंह की पुत्री बसन्त माला से की। उनसे अगस्त–सितम्बर 1932 में सुरेन्द्र कुमार सिंह पैदा हुए। 1932 में ही बसन्त माला का देहावसान हो गया। तीसरी शादी उन्होंने कवर्धा के ठाकुर धर्मराज सिंह की पुत्री लोकेश्वरी देवी से की। उन्होंने ही गोद में लेकर सुरेन्द्र कुमार सिंह का लालन–पालन किया।

''रायगढ़ रियासत में राजा चक्रधर सिंह का कार्यकाल रियासत का स्वर्ण युग कहा जाये तो कोई अनुचित न होगा। किंतु जैसा कि उदार हृदय वालों का दुर्बल पक्ष भी होता है। राजा चक्रधर सिंह इससे अछूते नहीं थे। रियासती आय का एक बहुत बड़ा हिस्सा ललित कलाओं के विकास तथा सांस्कृतिक कार्यक्रमों में व्यय कर दिया जाता था। इससे रियासत की वित्तीय स्थिति अत्यंत दयनीय हो गई परिणामस्वरूप ब्रिटिश शासन को सन् 1939 में हस्तक्षेप करने के लिए बाध्य होना पड़ा और राजा की वित्तीय शक्तियां प्रतिबंधित कर दी गई।''[14] प्रतिबंधित स्थितियों के कारण सन् 1939 के बाद रियासत में कोई महत्वपूर्ण सुधार कार्य नहीं हो सका। किन्तु 7 अक्टूबर 1947 को हृदयगति रूक जाने के कारण 42 वर्ष की अल्पायु में चक्रधर सिंह की मृत्यु हो गई।

राजा चक्रधर सिंह की मृत्यु के उपरांत उनके ज्येष्ठ पुत्र युवराज ललित कुमार सिंह ने राजकाज संभाला तथा दिनांक 28 अक्टूबर 1947 को सभा की बैठक को संबोधित करते हुए कहा कि ''मैं अपने स्वर्गीय पिता के द्वारा किए गए वायदों का पूरे दिल से सम्मान करूंगा। मैं नहीं चाहता कि भारत के अन्यान्य व्यक्तियों के साथ चलने में उनकी प्रजा पीछे रहे।''[15] राजा ललित कुमार सिंह गीता और रामायण के गंभीर अध्येता थे उन्होंने रींवा राज्य में प्रशासनिक प्रशिक्षण लिया था। वे पहले राजा थे जिन्होंने रियासतों के संविलयन में सर्वप्रथम हस्ताक्षर किए थे। ललित कुमार भी राजा नटवर सिंह के नक्शे कदम पर थे। वे तबला के अद्भुत वादकों में से एक थे। सर्वस्व दान कर सड़क पर आ जाने वाले ललित कुमार सिंह का एक शेर जिसे उन्होंने डॉ. बलदेव द्वारा आयोजित कवि सम्मेलन में सन 1980 के आसपास कहा था–

मैं तो जा रहा हूँ अपना वतन छोड़ कर
मैं तो जा रहा हूँ, अपना कफ़न ओढ़ कर।

और सचमुच मंच से उतर रोते हुए वे प्रस्थान कर गए थे। वे एक ईमानदार व्यक्ति थे। उन्होंने गरीबी भोगी लेकिन बादल महल आदि का किराया नही बढ़ाया। प्रीविपर्स बंद न होने पर भी उनकी दानशीलता में कमी नहीं आई। लोगों द्वारा दिए गए उपहार भी वे खुले दिल से गरीबों में बांट दिया करते थे। ''राज ललित कुमार सिंह का जनवरी 1348 में राज्यभिषेक होने वाला था परंतु इसके पूर्व ही रायगढ़ रियासत स्वतंत्र भारत संघ में विलीन हो गई।''[16]

उपरोक्त विवरण से यह स्पष्ट होता है कि रायगढ़ रियासत को अपने ऐतिहासिक काल में अनेक योग्य शासकों द्वारा शासित होने का सौभाग्य प्राप्त हुआ। जब मराठे छत्तीसगढ़ क्षेत्र में अपनी सत्ता और प्रभाव का दुरूपयोग कर रहे थे, इस रियासत के

शासक जुझारसिंह ने ब्रिटिश ईस्ट इंडिया कंपनी का संरक्षण स्वीकार किया तथा निरंतर अपनी शक्ति का विस्तार किया । उनके पुत्र देवनाथ सिंह ने भी अंग्रेजों को सहायता देने की नीति अपनाई तथा बरगढ़ परगना प्राप्त कर रायगढ़ रियासत का विस्तार किया। तथापि अंग्रेजों की अधीनता स्वीकार करने का यह भी परिणाम हुआ कि ब्रिटिश सरकार ने रायगढ़ के राजाओं के प्रशासनिक तथा वित्तीय अधिकारों पर नियंत्रण भी लगाया, जैसा कि घनश्याम सिंह के साथ हुआ । फिर ब्रिटिश सहयोग से इन राजाओं ने प्रशासन में अनेक सुधार किये, लोक निर्माण का कार्य किया तथा रायगढ़ रियासत के सांस्कृतिक विकास में योगदान दिया । राजा चक्रधर सिंह का शासनकाल इस दृष्टि से महत्वपूर्ण माना जा सकता है कि उन्होंने ललित कलाओं, विशेषकर संगीत और नृत्य के विकास में उल्लेखनीय भूमिका निभाई। समय के साथ–साथ शासक प्रतिनिधि शासन स्थापित करने में पीछे नहीं रहे तथा रायगढ़ जैसे वनांचल भू–भाग को बंबई हावड़ा रेलमार्ग के साथ जोड़कर यहां का सर्वांगीण विकास करने का प्रयास किया।

रायगढ़ की सरज़मी नृत्य संगीत के साथ ही साथ चित्र, मूर्तिकला के लिए अत्यंत उर्वर है। कबरा पहाड़ रायगढ़ से लगभग 10 मील की दूरी पर आग्नेय कोण में स्थित है। यहाँ की सारी चित्रकारी लाल रंग से हुई है। सिरपुर का गुफाचित्र रायगढ़ से 12 मील की दूरी पर है। यही वह गुफा है जिसमें विश्वविख्यात चित्र चित्रित हैं।

संगीत, नृत्य या नाट्य के मंचन में नाट्य गृह की व्यवस्था अनिवार्य होती है। इसी परम्परा में निर्मित एक नाट्य गृह दक्षिण पश्चिम रायगढ़ नामक पहाड़ी में स्थित है। इस पहाड़ी में 'हथकोर' एक सुरंग है, जिसके समीप ही दो गुफाएँ हैं। एक का नाम सीताबेंगरा या सीतामढ़ी और दूसरी का नाम जोगीमारा या जोगीमढ़ा है। इन दोनों गुफाओं का निर्माण विशेष ढ़ंग से किया गया है। "प्रत्येक गुफा में अशोक कालीन ब्राम्ही लिपि में एक लेख उपलब्ध है। इस लेख से ज्ञात होता है कि सुतनुका नाम की एक नर्तकी थी जिसके लिये देवदासी तथा रूमदर्शिका इन दो शब्दों का प्रयोग किया गया है।"[17] उसके प्रेमी का नाम देवदत्त था। संभवतः इसी देवदत्त के द्वारा उक्त लेख गुफाओं में उत्कीर्ण किये गये हैं। जिससे उसकी नाट्य विनोदिनी प्रिया सुतनुका के साथ उसका नाम उस स्थान पर अमर हो जाये। देवदत्त और सुतनुका ने इसका निर्माण नर्तकों तथा नाट्यों के लिए कराया होगा। गुफा के सामने सीढ़ियों के रूप में प्रेक्षागृह के भग्नावेष विद्यमान हैं। जहाँ बैठकर लोग नाट्य देखते रहे होंगे।

सीता बेंगरा के सामने प्रेक्षागृह में लगभग 50 दर्शक आराम से बैठ सकते हैं।

"इस प्रकार प्राचीनकाल में पर्वत गुफाओं में नाटक खेले जाने का प्रमाण उपलब्ध है। अतः सीताबेंगरा और जोगीमारा के अवशेष भारतीय रंगमंच के सबसे प्राचीन

नाट्यशाला कहे जा सकते हैं''[18] ''जोगीमारा के अधिकांश चित्र गेरूए रंग से चित्रित हैं। कहीं–कहीं कपड़ों तथा आँखों में सफेद और बालों में काले रंगों का प्रयोग किया गया है। ये चित्र तत्कालीन सामाजिक जीवन पर प्रकाश डालते हैं। अंकन पद्धति तथा विषयों की विभिन्नता ध्यान आकर्षित करती हैं।''[19]

''रायगढ़ जिले के अन्तर्गत आने वाले जशपुर तहसील में जो ग्राम देउर कोना आता है, वहां मौर्य कालीन मूर्तियों के अवशेष प्राप्त हुए हैं। रायगढ़ जिले के मध्य उदयपुर क्षेत्र के जामरगा ग्राम में एक खेत से कुछ वर्ष पूर्व 154 महाजनपद कालीन चतुकोणी, पंचकोणीय, षष्ठकोणीय रजत सिक्के प्राप्त हुए हैं जो रायगढ़ जिला के पुरातत्व संघ के संरक्षण में है और विख्यात पुरातत्व वेत्ता डॉ. बाकणकर ने इनका अवलोकन करके इन्हें अशोक कालीन बताया है। इन सिक्कों में सूर्यवंशी वृक्ष का चिन्ह प्रमुख है। इस पहाड़ी पर प्राचीन प्रतिमाएँ बिखरी पड़ी हैं।''[20]

इसी क्षेत्र में बहती महानदी के उस पार सरिया क्षेत्र में जुड़े ग्राम पुजारी पाली में विशाल तटा और पीपल वृक्षों के पास गुप्तकालीन देवालय आज भी खंडित अवस्था में अपने बीते दिनों की वैभव कहानी कह रही है।

उपर्युक्त विवरण के आधार पर यह कहा जा सकता है कि रायगढ़ रियासत का क्षेत्र भौगोलिक विशेषताओं से तो युक्त रहा है साथ ही साथ विभिन्न शासकों की कार्य प्रणाली से यह रियासत आज भी ऐतिहासिक परिप्रेक्ष्य में अपनी अहम भूमिका रखता है। परिणाम भौगोलिक, ऐतिहासिक एवं सामाजिक परिस्थितियों से रायगढ़ में सांस्कृतिक गतिविधियां भी अग्रसर रहीं।

राष्ट्रीय अभिलेखागार नई दिल्ली में यह वंशावली निम्नानुसार प्राप्त हुई है [21]–

मदन सिंह

(संस्थापक) 1650–1680

तखत सिंह

(1680–1747)

बेट सिंह

(1652–1712)

द्रिप सिंह

(1712–1772)

जुझार सिंह

(1772–1822)

देवनाथ सिंह

(1822–1862)

घनश्याम सिंह

(1862–1890)

भूपदेव सिंह (सन् 1890–1917) | नारायण सिंह | गजराज सिंह

नटवर सिंह (सन् 1917–1924) | चक्रधर सिंह (सन् 1924–1947) | बलभद्र सिंह

ललित कुमार सिंह (सन् 1947– विलीनीकरण तक) | सुरेन्द्र कुमार सिंह | भानुप्रताप सिंह

— — —

1. छत्तीसगढ़ का गौरवशाली इतिहास, डॉ. हेमू यदु, पृ.– 26
2. छत्तीसगढ़ दिग्दर्शन, मदन लाल गुप्ता, भाग 1, पृष्ठ 303.
3. छत्तीसगढ़ का इतिहास, डॉ. हेमू यदु, पृष्ठ 26.
4. छत्तीसगढ़ के साहित्यकार, डॉ. ब्रजभूषण सिंह आदर्श, पृ.– 40
5. छत्तीसगढ़ का इतिहास, आचार्य रमेन्द्रनाथ मिश्र, पृष्ठ 10.
6. छत्तीसगढ़ का गौरवशाली इतिहास, हेमू यदु, पृ.–6
7. रायगढ़ का सांस्कृतिक वैभव, डॉ. बलदेव, पृष्ठ 09.
8. शोध प्रबंध– 'रायगढ़ रियासत के नरेश चक्रधर सिंह का प्रशासन, साहित्य एवं कला में योगदान, शोधार्थी– रणजीत कुमार बारीक, पृष्ठ 57.
9. रायगढ़ का सांस्कृतिक वैभव, डॉ. बलदेव, पृष्ठ 15.
10. रायगढ़ का सांस्कृतिक वैभव, डॉ. बलदेव, पृष्ठ 16.
11. रायगढ़ का सांस्कृतिक वैभव, डॉ. बलदेव, पृष्ठ 22.
12. रायगढ़ का सांस्कृतिक वैभव, डॉ. बलदेव, पृष्ठ 23.
13. रायगढ़ का सांस्कृतिक वैभव, डॉ. बलदेव, पृष्ठ 25
14. शोध प्रबंध– 'रायगढ़ रियासत के नरेश चक्रधर सिंह का प्रशासन, साहित्य एवं कला में योगदान', शोधार्थी– रणजीत कुमार बारीक. पृष्ठ 81.
15. दरबार ऑफिस रायगढ़ स्टेट फाईल नं. पी–1–2/45 11
16. प्रोसीडिंग्स ऑफ मिनिस्ट्री ऑफ स्टेट्स पी.आर.ब्रांच फाईल नं. 8 (97) पी.आर/47.
17. मध्यप्रदेश के पुरातत्व की रूपरेखा, मो.गा. दीक्षित, पृष्ठ 33.
18. दक्षिण कोसल की कला, हेमू यदु, पृष्ठ 04.
19. छत्तीसगढ़ का जनजातीय इतिहास, डॉ. हीरालाल शुक्ल, पृष्ठ 24.
20. छत्तीसगढ़ दिग्दर्शन, मदन लाल गुप्ता, पृष्ठ 119.
21. रायगढ़ का सांस्कृतिक वैभव, डॉ. बलदेव, पृष्ठ 21.

2

राजा चक्रधर सिंह

1. जीवन परिचय

राजा चक्रधर सिंह का जन्म 19 अगस्त 1905 को भाद्र कृष्ण पक्ष संवत् 1962 की चतुर्थी अर्थात गणेश चतुर्थी को हुआ। चक्रधर सिंह, जिन्हें नन्हे महाराज कहा जाता था के दो भाई एवं एक बहन थीं। बड़े भाई नटवर सिंह एवं छोटे भाई बलभद्र और एक मात्र बहन सुभद्रा थीं। इनके जन्म के उपलक्ष्य में राजा भूपदेव सिंह ने ऐतिहासिक महत्व के दो कार्य शुरू किये प्रथम मोतीमहल का निर्माण, दूसरे पुत्रोत्सव को राजकीय गणेशोत्सव का रूप देना, जो गणेश मेला के नाम से पूरे एक माह तक चलता था। "राजा साहब को नन्हें महाराज प्राणों से भी प्रिय थे। जो भी नन्हें की जय बोलता, राजा साहब सबेरे–सबेरे उसे मालामाल कर देते ।"[1]

राजा भूपदेव सिंह का अपने पुत्रों पर बहुत स्नेह तो था किन्तु राजा चक्रधर सिंह पर अगाध प्रेम था। राजा चक्रधर सिंह जैसे सौम्य और खूबसूरत आसपास के स्टेट में कोई नहीं था। राजा भूपदेव को यह विश्वास था कि ये एक दिन महान व्यक्ति बनेंगे तथा पूरे परिवार का नाम रौशन करेंगे। इनके जन्म के बाद युवा राजकुमार की दीर्घायु हेतु प्रार्थना के लिए रायगढ़ के लोगों को जगन्नाथ पुरी लेकर गये थे। राजा भूपदेव सिंह की पूरी आशा चक्रधर सिंह पर लगी थी और वे स्वयं इन पर ध्यान रखते थे कि लाल चक्रधर सिंह शारीरिक, मानसिक और आध्यात्मिक रूप से स्वस्थ्य वातावरण में रहें।

लाल नटवर सिंह के साथ लाल चक्रधर सिंह की भी प्रारम्भिक शिक्षा मोती महल में ही हेडमास्टर श्री दुबे की देख रेख में हुई। लाल चक्रधर सिंह को संस्कृत, अंग्रेजी, सामाजिक तथा धार्मिकता की शिक्षा बहुत ही सावधानी से दी गई। इनकी प्रारम्भिक शिक्षा के दौरान ही इनका उज्वल भविष्य परिलक्षित होने लगा था अतः इनकी अगली शिक्षा के लिए इन्हें राजकुमार कॉलेज, रायपुर भेजा गया। इनकी शिक्षा का महत्वपूर्ण समय यहां से प्रारम्भ हुआ, जहां इन्होंने प्रिंसिपल श्री व्ही. ए. एस. स्टॉ एवं अन्य शिक्षकों

के मार्गदर्शन में उच्च शिक्षा प्राप्त कर आकर्षक व्यक्तित्व के धनी बने। महान उपलब्धियों के लिए उचित शिक्षा आवश्यक है, इसे कोई नकार नहीं सकता जो लाल चक्रधर सिंह को राजकुमार कॉलेज में मिली।

राजा चक्रधर सिंह का राजकुमार कॉलेज में प्रवेश जनवरी 1914 में हुआ था जहां वे अप्रैल 1923 तक शिक्षा ग्रहण किये।

"It is crystal clear that the Rajkumar College has the honour of being the greatest influence in the making of Raja Chakradhar Singh, if at all he had achieved any thing great, it was due to the strenuous training he had at the Rajkumar College, which he put into practice after becoming the Ruler as will be seen in the forthcoming chapters."[2]

राजा चक्रधर सिंह की पढ़ाई के साथ–साथ घुड़सवारी में भी अच्छी पकड़ थी। खेल में उन्हें टेनिस में रूचि थी। किन्तु विशेष रूचि उन्हें पहलवानी में थी। जिसके कारण उनके दरबार में अनेक पहलवान रहते थे। पढ़ाई पूरी करने के बाद 1923 में चक्रधर सिंह ने प्रशासनिक कार्य सीखने के लिए छिंदवाड़ा में ऑननेरी एक्स्ट्रा असिस्टेन्ट कमिश्नर के रूप में कार्य किया।

''सन् 1924 में नटवर सिंह की अकस्मात मृत्यु होने तथा राजा के निःसंतान होने के कारण 1924 में रायगढ़ रियासत की गद्दी पर चक्रधर सिंह का राज्याभिषेक हुआ। फरवरी 1927 में रायगढ़ में आयोजित पब्लिक दरबार में हिज एक्सेलेन्सी गवर्नर द्वारा इन्हें रूलिंग चीफ के अधिकार प्रदत्त कर दिये गये। 26 फरवरी 1937 को उसे गवर्नर जनरल से सनद प्राप्त हुई।''[3]

राजा चक्रधर सिंह सन् 1924 से 1947 तक 23 वर्ष राज्य किये जिसमें वे प्रशासनिक और सामाजिक विकास के लिए अपने महान पिता के पद चिन्हों का अनुकरण किये। वे हमेशा गरीबों की मदद किये। वे शासक के रूप में बेदाग चरित्र के अनुशासित व्यक्ति थे। नशा करने वालों को वे अपने दरबार में प्रवेश नहीं देते थे। यदि कोई संगीतज्ञ भी नशे की हालत में दरबार में आते तो नाराज होकर उन्हें दरबार से बाहर निकलवा देते। वे सरस्वती जी के मंदिर जैसे वातावरण में दरबार में सांगीतिक गतिविधियों को महत्व देते थे।

अखिल भारतीय संगीत सम्मेलन इलाहाबाद 1936 में राजा चक्रधर सिंह का अध्यक्षीय भाषण–

राजा चक्रधर सिंह संगीत रचना में निष्णात तो थे ही उन्हें संगीत शास्त्र का विशद ज्ञान था, वे कुशल वक्ता भी थे। अखिल भारतीय संगीत सम्मेलन इलाहाबाद में वे 1936 तथा 1939 में अध्यक्ष थे। यहाँ उनके सन् 36 का अध्यक्षीय भाषण मूल रूप में दिया जा रहा है, जो कि संगीत, नृत्य के अध्येयताओं, शोधार्थियों के साथ–साथ संगीत, नृत्य रसिकों के लिए अत्यंत महत्वपूर्ण है। डॉ. बलदेव ने 'रायगढ़ का सांस्कृतिक वैभव' में उक्त भाषण के मूल रूप को ऐतिहासिक धरोहर कहते हुए इस प्रकार उद्धृत किया है :–

भद्र महिलाओं और सामान्य सज्जनों,

सबसे पहिले तो स्वागतकारिणी समिति को धन्यवाद देना हम अपना कर्तव्य समझते हैं, जिसने इस वर्ष सभापतित्व का सम्मान हमें प्रदान करने का निश्चय किया है। हम जानते हैं कि हमसे भी योग्य अन्य महानुभावों के रहते हुए हमारे साथ यह एक प्रकार का पक्षपात ही किया गया है। परन्तु जब यह भार हमें सौंप ही दिया गया है तब हमारा कर्तव्य हो गया है कि हम संगीत तथा उसके अंगों के सम्बन्ध में विचार आप लोगों के सम्मुख प्रकट कर दें।

ललित कलाओं में सबसे ऊंचा दर्जा काव्य को मिलना चाहिए अथवा संगीत को– इस झगड़े का निबटारा अभी तक नहीं हो सका है। कई लोग काव्य को बड़ा बताते हैं, तो कई संगीत को। यद्यपि काव्य और संगीत दोनों ही स्वर्गीय आनन्द देने वाले विषय हैं, लेकिन हमारी समझ में काव्य की अपेक्षा संगीत कला ही अधिक व्यापक और तुरन्त असर डालने वाली हुआ करती है।

सूर्योदय से पहिले चक्की से लग कर बैठ जाने वाली नौकरानियों को देखिए, शादी–ब्याह आदि के मंगलकृत्य में कुलस्त्रियों को देखिए, शहरों के शौकीन विद्यार्थियों को देखिए, दरबारों के कलावंतों को देखिए, आसाम के जंगलों में बैलगाडी हांकने वाले अनपढ़ श्रमजीवियों को देखिए, पंजाब के जाड़े की उजेली रातों में खलिहानों में काम करने वाले अनपढ़ किसान को देखिए और दक्षिण के समुद्रों में नाव चलाने वाले मल्लाहों को देखिए– हर कहीं आप को संगीत की दो चार तानें मिल ही जाएंगी। हिन्दुस्तान के ज़र्रे–ज़र्रे में संगीत भिदा हुआ है। हिन्दुस्तान ही क्यों दुनिया भर में संगीत का महत्व देखा जा सकता है और दुनिया ही क्यों पाइथोगोरस आदि विद्वानों का तो यहाँ तक कहना है कि इस विश्वमण्डल के तारों–तारों में संगीत के तार की झनकार हो रही है। केवल सुनने वाला चाहिए।

तांत्रिकों का तो कहना है कि यह समूचा विश्व ब्रम्हाण्ड नाद और बिन्दु (Vibration and rotation) का परिणाम है। आजकल का पश्चिमी विज्ञान भी यही कहता है। परमाणु (Atoms) विद्युत अणुवों (Electrons) से बद्ध हैं, और विद्युत अणु अथवा कम्प (Vibrations) के परिणाम हैं। इस नाद में तालयुक्त गति (Rhythmic-movement) शामिल हैं। इस दृष्टि से देखने पर संगीत की व्यापकता का महत्व अनायास प्रकट हो जाता है।

जो हाल इसकी व्यापकता का है वही इसके असर का भी है। साँप के समान विषधर जीवन और हरिण के समान चौकड़ी भरने वाले जंगली जन्तु भी इसके प्रभाव से तुरन्त वश में कर लिए जा सकते हैं। उदयन ने अपनी वीणा के स्वरों से हाथियों को भी वशवती बना लिया था। कृष्ण की वंशी से तो केवल पशुपक्षी ही नहीं वरन समग्र चर और अचर मुग्ध हो गए थे। पक्षियों की मधुर बोलियां भी चलते मुसाफ़िरों को बरबस रोक लिया करती हैं। संगीत के प्रभाव को समझने वाले कवि लोग गद्य–काव्य के बदले पद्य–काव्य ही लिख कर अपने भावों को इतना असरदार बनाते रहते हैं। कई प्रान्तों और जातियों में अत्यंत करूणा का रूदन भी राग के साथ हुआ करता है और परिणाम यह होता है कि उस राग के कारण ह्दय आपही आप धैयशील बन जाता है। धोबी सेई रामा, सेई रामा की तालयुक्त ध्वनि में दो–दो गधों का बोझ बात की बात में साफ़ कर देता है। कुली लोग कोरस में "हाँ रे भाई ऐसा" की नियमित ध्वनि के साथ लोहे की बड़ी–बड़ी मयालें उठा कर फेंक देते हैं। एक बार दो साहबों में लड़ाई हो रही थी। तीसरे ने झट पियानो बजाना शुरू कर दिया। फलतः दोनों का झगड़ा आपही आप खत्म हो गया, और वहाँ बिना समझाये–बुझाये ही शान्ति विराजने लगी। काम, क्रोध, लोभ, मोह सरीखे मनोविकार ही नहीं वरन कई तरह की बीमारियों को भी दबाने और दूर करने की ताक़त कई तरह के रागों में रहा करती है। पुराने ज़माने में तो यह भी मशहूर था कि दीपक राग गाने से उष्णता इतनी फैल जाती है कि दीपक बिना जलाए ही जल उठता है, और मेघ राग गाने से शीतलता इतनी फैल जाती है कि निरभ्र आकाश में भी बादल घिर जाते हैं और पानी बरसने लगता है। मालकोष में पत्थर को पिघला देने की ताक़त कही जाती है, और भी सूखे झाड़ को भी हरा कर देने की भी। सूखे झाड़ का हरा होना और मुर्दे का जी उठना एक ही बात है। आज कल भौतिक मुर्दे भले ही जीवित न हो सकें, परन्तु रणकड़खे के समान उत्साहवर्धक संगीत से मुर्दादिल भी ज़िन्दा हो उठता है, इसमें तो कोई शक ही नहीं है। भक्तिमार्ग और योगमार्ग में संगीत का असर अनूठा है। कान के पर्दे दबा कर योगी लोग जो अनहद नाद सुना करते हैं वह मोक्ष का एकदम सीधा सरल और सच्चा साधन माना जाता है। भक्त लोग गा कर भगवान को आसानी से रिझा लेते हैं– इस विषय में नारद की वीणा परम प्रख्यात है।

पुराने ज़माने में संगीत विद्या आत्मकल्याण का ही साधन थी। ऋषि लोग सामवेद की ऋचाएं गा कर परमात्मा को रिझाया करते थे। उनके वंशज आर्य लोग देव मंदिरों में ही संगीत का उपयोग किया करते थे। मुसलमानी सल्तनत में वह विद्या लौकिक मनोविनोद के लिए दरबारों में भी दाखिल कराई गई। धीरे–धीरे गीतों में शिव–पार्वती के स्थान पर राधाकृष्ण के नाम आए और फिर वे भी हट कर 'सैंया', 'पिया' ही विशेषरूप से रह गए। परिणाम यह हुआ कि इस अनुपम विद्या के सहारे चरित्र–सुधार अथवा आत्म–कल्याण न होकर विलासिता का ही बोलबाला होता गया। जो संगीताचार्य तत्वकथाकार थे वे कत्थक रह गए और जो सौभाग्यवती वनिताएं इस विद्या को आश्रय देने वाली हुईं वे तिरस्कार के साथ वैश्या कहलाने लगीं। धीरे–धीरे कत्थकों और वैश्याओं का एक अलग समाज ही बन गया और सभ्य गृहस्थों के यहाँ यह विद्या अछूत सी बन कर अछूती ही रह गई। हम लोगों के सौभाग्य से समय ने फिर पलटा खाया है, और भारतीय लोग अब इसके महत्व की ओर फिर ध्यान देने लगे हैं। इसी परिवर्तन का परिणाम है कि आज जगह–जगह अखिल भारतीय संगीत–सम्मेलनों की धूम मची हुई है। यद्यपि इस बरसाती बाढ़ से अभी कोई उत्तम परिणाम नहीं निकल रहा है, परन्तु निकट भविय में निश्चय ही इन सम्मेलनों से लोग वास्तविक लाभ उठाने लगेंगे। अभी यदि विद्या का पुनरूद्धार नहीं होता तो कम से कम मनोंरंजन तो खासा हो ही जाता है। यह भी क्या कम है?

आचार्यों ने भारतीय संगीतं को चार हिस्सों में बांटा है। पहिला है गान, दूसरा है वाद्य, तीसरा है नृत्य, चौथा है लास्य अथवा भावप्रदर्शन। जब तक चारों अंग पूरे न हों तब तक संगीत पूरा नहीं होता।

गान

मनुष्य अपनी ध्वनि में जो चढ़ाव–उतार करता है उसका विश्लेषण करके देखा गया कि सात ही ख़ास स्थान ऐसे हैं जिनकी आवृत्ति धीमी मध्यम और तेज़ आवाज़ में हुआ करती है। इन स्थानों के बीच में भी कुछ उपस्थान ऐसे हैं जहाँ पर टिक कर ध्वनि अपनी मधुरता प्रकट किए बिना नहीं रहती। वे स्थान ही सप्तस्वर अथवा स रे ग म प ध नि हैं और उपस्थान ही सात स्थान मिला कर 22 श्रुतियों में प्रकट किए गए हैं। स्थान और उपस्थान मिल कर आजकल 12 स्वरों का प्रयोग होता है। इन स्वरों के संयोग से न जाने कितने राग बना लिए गए हैं और बनते चले जा रहे हैं रागों की धुनों को व्यक्त करने के लिए कई प्रकार की गतियों का भी निर्माण हुआ है और होता चला जा रहा है। विहाग, सारंग, मलार, रामकली आदि राग हैं। ध्रुपद, ख्याल, ठुमरी, ग़ज़ल, दादरा आदि गतियां हैं। अमीर खुसरो ने ख्याल और कव्वाली (ग़ज़ल) की गतियों

का और ग्वालियर के राजा मानसिंह ने ध्रुपद का प्रचार किया। तानसेन ने मलार में कुछ नवीनता ला कर मियां की मलार बना ली। मीरा ने दूसरी विशेषता ला कर मीरा की मलार का संचालन कर दिया। आजकल का कोई आचार्य यदि इसी प्रकार प्राचीन रागों में कुछ नवीनता ला कर अथवा उसके लिए कोई नई गति निकाल कर उसकी माधुरी से श्रोताओं को मुग्ध कर सके तो उसका नाम भी चिरकाल के लिए अमर हो जाएगा। प्राचीन काल में युक्तप्रान्त के अनेक देहाती राग शहराती रागमाला में सम्मिलित कर लिए गए हैं, उदाहरणार्थ चैती कजरी आदि। आजकल महाकवि रवीन्द्र बाबू ने भी बंगाल के ग्राम्य रागों को शास्त्रीय रागमाला से जोड़ना प्रारम्भ कर दिया है। क्या ही अच्छा हो यदि इसी प्रकार अन्य प्रान्त के ग्राम्य राग भी सुसंस्कृत और सर्वजन–सुलभ कर दिए जावें। हमें छत्तीसगढ़ के अनेक ऐसे ग्राम्य रागों का पता है जो अपनी माधुरी में अन्य सुसंस्कृत ग्राम्य रागों से किसी प्रकार कम नहीं, परन्तु जो संगीतज्ञों द्वारा अपनाए न जा कर उपेक्षित हो कर देहातों में ही पड़े हैं। सिनेमा आजकल विदेशी रागों और गतियों को भी देशी सांचों में ढालता जा रहा है। हम उसका तथा संगीत–सम्मेलनों का ध्यान ऐसे उपेक्षित ग्राम्य रागों की ओर आकृष्ट कर देना अपना कर्तव्य समझते हैं। आशा है लोग इस आवश्यक विषय पर विचार करेंगे।

संगीत का प्रधान उद्देश्य है मनोरंजन और आत्मा की शान्ति, न कि पाण्डित्य प्रदर्शन। जिस गाने को सुन कर लोगों के मुँह से निकला वाह–वाह कितना दमखम है, कितनी देर तक साँस रोक कर गाता रहा, कितनी तरह के मुँह बना कर किस–किस स्थान से तानें निकालता रहा, आरोह–अवरोह के कितने प्रस्तार दिखाए, इत्यादि उसे हम उत्तम गान नहीं मानते। जिसे सुन कर लोग बरबस कह उठें वाह कानों को कितना आनन्द मिला, हृदय को कितनी शान्ति मिली। वही सच्चा गान है। कला को कला (Art) ही रहना चाहिए, शास्त्रीय विज्ञान (Technique) न बन जाना चाहिए। यदि संगीतज्ञ लोग गाते समय इस बात का ध्यान रक्खें और आंगिक व्यायाम के साथ मुँह गरदन और हाथों की तोड़मरोड़ तथा आलाप आदि की जटिलताओं के चक्कर से अपने को बचाते रहा करें तो वे इस कला के ऊपर तथा इसके प्रेमियों के ऊपर निःसंदेह बड़ा उपकार करें।

यद्यपि ध्रुपद और ख़्याल सरीखी गतियों में आलाप और तान के भार से गीत बिलकुल दब जाता है, तथापि ठुमरी, ग़ज़ल, दादरा गतियों आदि में तो गीत का रूप काफी ज़ोरदार रहता है। इसलिए हमें इस बात का बराबर ध्यान रहना चाहिए कि हमारे गान की वस्तुएं (गीत) भी राग के उपयुक्त ही महत्वपूर्ण हों। क़व्वाली (ग़ज़ल) की गति इसीलिए इतनी पसन्द की जाती है कि उसमें राग के साथ भावपूर्ण उक्तियों का अच्छा मेल रहता है। क़व्वाली और भजन छोड़ कर अन्य गीतपदों की ओर ध्यान दीजिए तो

जान पड़ेगा कि इस ओर कितना गहरा गड्ढा है। हम प्रयत्न कर रहे हैं कि उत्तम काव्यपूर्ण गीत अनेक राग–रागनियों में तैयार किए जाएं। हमने स्वतः कुछ ऐसे गीत लिखे भी हैं। परन्तु यह कार्य एक दो व्यक्तियों का तो है नहीं। हम तो सभी संगीत–प्रेमियों से प्रार्थना करते हैं कि वे इस विषय की ओर अग्रसर हों। क्लिष्ट शब्दों और गहन भावों से युक्त गीत लोकरूचि के अनुकूल न होंगे। इसलिए सरल शब्दों में स्पष्ट और विशुद्ध भावों का प्रकाशन ही विशेष हितकर होगा।

गीत में स्वर के समान ताल का भी महत्व है। ताल के बिना स्वर अनियंत्रित हो कर अपना प्रभाव खो देता है। लय के बिना चित्त का लय ही कहाँ? यह लयदारी सस्वर सामगान के बाद नियमित छन्दों की उत्पत्ति के साथ प्रकट हुई है। संस्कृत साहित्य के पद्य–छन्दों के आधार पर ही संगीत के तालों का निर्माण हुआ है। मुसलमानी शासनकाल में अनेक प्रकार की विषमताएं भी निर्मित हो गई हैं। प्रस्तार के अनुसार इनकी संख्या बहुत बड़ी है। जिस मनुष्य को संगीत का विज्ञान ही नहीं मालूम वह मनमाने राग को मनमाने ताल में बैठाने की चेष्टा करता है। जो शास्त्रज्ञ और विचारवान है वह जानता है कि होली का राग धमार अथवा दीपचंदी ताल ही में फबता है, मालकोष त्रिताल की अपेक्षा झप में ही अधिक शोभित होता है, दरबारी को दादरे में गाना बुद्धिमानी नहीं। इसलिए वह उपयुक्त ताल में ही गाता है। स्वर ही गति है, ताल ही स्थिति है। स्वर ही नाद है, ताल ही बिंदु है। स्वर ही प्रगति है, ताल व्यवस्था है। इसलिए स्वर और ताल का जब तक उपयुक्त सम्मेलन न होगा तब तक राग का सच्चा रूप, सच्चा प्रभाव प्रकट नहीं हो सकता।

कुछ लोगों ने रागों के भी कुटुम्ब बना लिए थे और उनकी पत्नियों और पुत्रों की कल्पना कर ली थी। भिन्न–भिन्न रंगों के वर्गीकरण का यह एक तरीका भर था। परन्तु यह वर्गीकरण कोई वैज्ञानिक नहीं जान पड़ता, इस लिए अच्छा ही हुआ कि अब वह उड़ गया है। अब तो उत्तरीय भारत के राग श्री भातखण्डे जी के मतानुसार– जिन महानुभाव का, खेद है कि अभी हाल ही में स्वर्गवास हो गया है– दस ठाटों में विभक्त किए जाते हैं। उनका तरीका है भी वैज्ञानिक। हम पहिले ही बता आए हैं कि रागों की कोई सीमा नहीं, नित्य नए–नए राग आज दिन भी अपनी रागमाला में प्रवेश पाते जा रहे हैं। दक्षिण के राग दस से अधिक ठाटों में विभक्त हैं। कई दक्षिणी राग आजकल उत्तरीय रागों में मिलाए जा रहे हैं, ठीक उसी तरह जैसे कई उत्तरीय राग दक्षिणी (कर्नाटकी) संगीत–पद्धति में प्रवेश पा रहे हैं। तब फिर रागों के सीमा निर्धारण का प्रयत्न ही व्यर्थ है।

रागों के देश, काल, पात्र का भी विचार आवश्यक है। रागों का देश है गायक का मनोभाव। बिलावल के लिए प्रसन्नता, विहाग के लिए प्रेम, भैरव के लिए भक्ति, जोगिया

के लिए उपासना, श्री के लिए ध्यानावस्था, भैरवी के लिए वैराग्यमयी उदासी विशेष उपयुक्त है। जब इन रागों के गीत भी ऐसे ही भावों से युक्त हों और गायक स्वयं इन भावों से भरा हुआ हो तब ही राग का प्रभाव विशेष रूप से देखा जा सकता है। काल का भी हिसाब ऐसा ही है। भैरवी सवेरे ही अच्छी लगती है और मुलतानी तीसरे पहर को ही। मालकोष रात्रि को आनंद देता है और धनाश्री दिन को। इसी तरह प्रत्येक राग के लिए समय निर्धारित है। बेवक्त के राग अच्छे नहीं लगते। राग का पात्र है उसका व्यक्तित्व। पुराने आचार्यों ने राग के रूप–रंग, आकार–प्रकार की पूरी कल्पना कर डाली थी। राग–रागिनियों की चित्रावलियां अब भी जगह–जगह पाई जाती हैं। गायक यदि राग के व्यक्तित्व का ध्यान कर प्रारंभ करे तो निश्चय ही उसकी मनोवृत्ति के भावानुरूप राग को गाएगा और ऐसा होने से अवश्य ही उस राग का प्रभाव बहुत अधिक होता है। देश, काल, पात्र का यह चुनाव कोरी कल्पना के आधार पर नहीं हुआ है। यदि ध्यानपूर्वक देखा जाए तो विदित होगा कि विज्ञान के स्थिर नियमों के अनुसार ही किया गया है। ऋतु तथा दिनमान के हिसाब से जो स्वर जिस समय अधिक खिल सकते थे, उन्हीं के अनुसार रागों का काल–निर्णय किया गया है। विभिन्न स्वरों में विभिन्न भावों को उकसाने अथवा विकसाने की शक्ति देख कर ही रागों का देश निर्णय किया गया है। और शब्द के साथ रूप, अथवा यों कहिए कि ध्वनि के साथ वर्ण (रंग), का घनिष्ठ संबंध देख कर ही रागों का पात्रत्व निर्णय किया गया है। ध्वनि किस तरह रूप और रंग बन जाते हैं इसका अनुसंधान वास्तव में बड़ा मनोरंजक है। परन्तु इस विषय में यहाँ अधिक कहना अप्रासंगिक होगा।

हमने एक बार स्वर्गीय पंडित विष्णु दिगंबर जी से पूछा था कि क्या अब भी प्राचीन किवदंतियों के अनुसार रागों के द्वारा मारण, ज्वलन, जलवर्षण आदि किया जा सकता है। उन्होंने कहा कि राग की ध्वनि से कमरे के शीशे तो उन्होंने भी तड़का दिए हैं लेकिन आग जलाना और पानी बरसाना उनसे नहीं हो सका है। केवल ध्वनि के धक्के से बड़े–बड़े पुलों तक का टूट जाना तो पश्चिमी विज्ञान भी मानता है फिर काँच का तड़कना कोई आश्चर्यजनक घटना नहीं है। हाँ पत्थर पिघलाना, पानी बरसना, आग लगाना आदि अवश्य आश्चर्यजनक बातें हो सकती हैं। आज हमें संगीत का ऐसा प्रभाव भले ही दृष्टिगोचर न हो परन्तु हम इन्हें असंभव बातें नहीं मान सकते हैं। प्रकाश पर नाद का प्रभाव तो अब पाश्चात्य विज्ञान भी मानने लगा है। जिन्होंने नाद के प्रभाव पर भली–भाँति विचार किया है वे अनायास ही समझ सकेंगे कि देश, काल, पात्र के पूरे विचार के साथ यदि कोई राग शुद्ध रूप से गाया जावे तो वह भौतिक पंचतत्वों में भी उपयुक्त परिवर्तन अवश्य कर देगा। अधिक नहीं तो वह श्रोता के मन और तन में आनन्दवर्धन उपस्थित करके रागों के सम्बन्ध में तो अवश्य ही बड़ी क्रान्ति पैदा कर सकता है। मेघ राग से

क्षय सरीखा भयंकर रोग भी दूर किया जा सकता है, यह आज तक भी लोग मानते हैं। यदि संगीत –सम्मेलन में इस दिशा की ओर अनुसंधान होता रहा हो निश्चय ही संगीत की उपयोगिता और अधिक बढ़ जावेगी।

वाद्य

यह कहना कठिन है कि पहिले वाद्य प्रकट हुआ या कि पहिले गान, परन्तु इतना तो निश्चित है कि वाद्य का दर्जा गान से नीचा ही है। मनुष्य एक से एक बढ़ कर सुरीले बाजों का आविष्कार करता है परन्तु ईश्वर की ओर से दिया हुआ उसका कण्ठवाद्य अन्य जड़ वाद्यों से बाजी मार ही ले जाता है। गायक बाजों के सहारे अपने गान को नियमपूर्ण और सुन्दरतर बना देता है। यदि बाजों का सहारा न हो तो सुर और ताल सीमा छोड़ कर दूर भाग भी सकते हैं। इसीलिए गान के साथ वाद्य का घनिष्ठ सम्बन्ध रहा करता है। तम्बूरे में ताल और गान पकड़ रक्खे जा सकते हैं। यदि गायक चाहे तो स्वर के लिए इकतारा और ताल के लिए करताल ले सकता है। अधिक हुआ तो आजकल के अनुसार स्वर के लिए हारमोनियम और ताल के लिए तबले का सहारा ले लिया जाता है। मृदंग के बदले तबला आ गया, वह तो किसी अंश तक क्षम्य है, परन्तु वीणा अथवा सितार के बदले जो हारमोनियम आ धमका है वह उचित नहीं कहा जा सकता। हर्ष की बात है कि लोग फिर वीणा की ओर झुकने लगे हैं। जापान ने टैशोकोटो नामक एक वाद्य बनाया है, जो वीणा और हारमोनियम का मिश्रित रूप सा है। यों तो समय–समय पर अनेक नए–नए वाद्य निर्मित होते चले जा रहे हैं, परन्तु केवल ताल और स्वर के सम्बन्ध के लिए ही वाद्यों का सहारा लेने वाले गायक लोग इन आविष्कारों में अकसर दिलचस्पी नहीं रखते हैं उनके लिए तो हारमोनियम (अथवा सारंगी) और तबले ही बहुत हैं।

गायक के कण्ठस्वर के अनुसार साज़ (बाजे) मिलना जरूरी रहा करता है। ऐसा करने से निश्चय ही बहुत समय व्यर्थ नष्ट हो जाता है। परन्तु लयकारी के साथ वह समय बरबाद करना ही पड़ता है अन्यथा संगीत का समा बंधेगा ही नहीं। यदि किसी ऐसे वाद्य का आविष्कार हो जाए जो गायक के कण्ठस्वर के साथ अतिशीघ्र मिल कर भी स्वर और ताल के नियमन में पूर्ण सहयोग दे सके तथा अपनी मधुर ध्वनि से श्रोताओं का मन भी मुग्ध कर सके तो निश्चय ही भारतीय संगीत पद्धति को बड़ी सहायता प्राप्त हो जावेगी । यदि ऐसा न हो सके तो प्रचलित वाद्यों में ही किसी ऐसी परिपाटी का आविष्टकार हो जाए जिससे स्वर बड़ी जल्द मिला लिया जा सके। कार्य निःसंदेह बड़ा कठिन है, परन्तु संगीत–विशारदों का ध्यान यदि इस ओर रहा तो कभी न कभी, कोई न कोई रास्ता निकल ही आवेगा।

भारत में वाद्य–समूह के सम्मिलित नाद को प्रधानता बहुत कम दी गई है। विलायती आरचेस्ट्रा (Orchestra) की तरह यद्यपि यहाँ भी शहनाई आदि की व्यवस्था है परन्तु फिर भी इस दिशा में अभी बहुत उत्साहवर्धन की आवश्यकता है। श्री विष्णु दिगंबर जी ने उत्तमोत्तम वाद्यों के सामूहिक नाद की व्यवस्था की थी। बंगाल में अनेकानेक सज्जनों ने इस ओर ध्यान दिया और उदयशंकर प्रभृति महानुभाव इस की पूर्ण व्यवस्था करते रहते हैं। फिर भी अभी अन्यान्य प्रान्तों में इनकी वृद्धि के लिए काफी मैदान खाली पड़ा हुआ है। प्रोफेसर मनहर बर्वे ने इस सम्बन्ध में अच्छी ख्याति पाई है। हम आशा करते हैं कि अन्य गुणाढ्य सज्जन भी इस ओर अग्रसर होंगे।

गीत की तरह वाद्य के साहित्य में भी पर्याप्त वृद्धि की आवश्यकता है। नए–नए बोल और नई–नई परनों के सहारे वादक लोग नई–नई ध्वनियां निकाल कर श्रोताओं का मन अधिकाधिक मुग्ध कर सकते हैं। तराने और सरगम के साथ ही साथ कुछ परने भी यदि सार्थक (बामानी) हो जाएं तो वे निश्चय ही विशेष आनन्दवर्धन करेंगी। हमने इस तरह की कुछ बामानी चीज़ें तैयार की हैं। इतना ही नहीं, गणेशपरन, कृष्णपरन सरीखी कुछ नई–नई परने, लोम–विलोम परने, पाँचों जातियों की परने, एक ही में तीन शक्लें रखने वाली परनें तथा इसी तरह की और अनेक वस्तुएं तैयार करने की चेष्टा की है। ऐसी चीज़ों से श्रोताओं को नवीनता का मज़ा मिलता रहता है। हम आशा करते हैं अन्य सुयोग्य विद्वान भी इस उपयोगी साहित्य की वृद्धि करते जावेंगे।

नृत्य

नृत्य को संगीत का बड़ा महत्वपूर्ण अंग समझना चाहिए। इसमें स्वर और ताल का साकार रूप सामने खड़ा हो जाता है। नृत्य न केवल राग का मूर्तिमन्त उच्छ्वास है वरन वह मनोभावों की मूक भाषा भी है। नृत्य दिव्य आनन्द का घनी भूत रूप है। लोग हर्षातिरेक में नाच ही उठते हैं। हृदय विकसित हो कर नाच ही उठता है। जगत की सुव्यवस्थित स्थिति गति भी एक नाच ही तो है। असभ्य जंगली से ले कर सुसभ्य समाज तक में नाच का सम्मान है। विशुद्ध नृत्य में न केवल शारीरिक स्वास्थ्य बढ़ता है वरन मानसिक पवित्रता और हृदय की शान्ति में भी वृद्धि होती है। व्रताचारी आन्दोलन इसी लिए नृत्य पर इतना ज़ोर दे रहा है।

भारतीय नृत्य में पुरूषों का नाच ताण्डव कहलाता है, और स्त्रियों का लास्य। ताण्डव में अवयव–संचालन का विशेष महत्व है और लास्य में भाव–प्रकाशन का। ताण्डव में तेज़ी होना चाहिए और लास्य में मार्दव। ताण्डव यदि सूर्य का समुज्वल प्रकाश है तो लास्य चन्द्रमा की खिली शीतल चाँदनी। जिस तरह पुरूषों को लास्य का नृत्य शोभा नहीं दे सकता उसी प्रकार स्त्रियों को ताण्डव का। आजकल के कत्थक लोग इस

बात को अक्सर भूल जाते हैं। इसीलिए उनका सिखाया हुआ नाच बहुधा कला के आनन्द के लिए नहीं वरन विशेषज्ञों की चमत्कृति के लिए ही काम आता है।

नर्तन में न केवल भौंहें, आँख, हाथ और पैर ही लय के अनुसार चलने चाहिए वरन् सम्पूर्ण शरीर को ही लय का मूर्तिमन्त रूप बन जाना चाहिए। आँखों से तो अदाएं बताना और पान खाए हुए मुँह ओंठ टेढ़े–मेढ़े करते रहना, पैरों से तो नृत्य की गति बताना और हाथ से देह खुजाते रहना, भौंहों का तो लय के मुताबिक चलना और ओठों को जीभ निकाल–निकाल कर तर करते जाना, ये ऐसी बातें है जो नाच का मज़ा किरकिरा कर के रस को भ्रष्ट कर देती हैं। नृत्य का सौंदर्य से बड़ा घनिष्ठ सम्बन्ध है। इसलिए नाचने वाले अथवा नाचने वाली को न केवल शरीर से सुन्दर होना चाहिए वरन उसे अपना शरीर सुन्दर भी रखना चाहिए। भाव के अनुकूल नृत्य हो और नृत्य के अनुसार ही अभिनय हो। नृत्यकारों मे यह आम तौर से रिवाज–सा है। उन्हें समझ रखना चाहिए कि नृत्यशास्त्र–विशारदों के आगे अपनी परीक्षा देने के लिए नहीं खड़े हुए हैं वरन नृत्य–विज्ञान से अनभिज्ञ दर्शकों का मनोरंजन करने के लिए खड़े हुए हैं। इसलिए टुकड़े–टुकड़े कर के अपनी कला का प्रदर्शन करते रहने का उन्हें कोई अधिकार नहीं है। भारत में आजकल जिस नई पद्धति से नृत्य का जीर्णोद्धार हो रहा है, उसमें हर्ष का विषय है कि इस ओर बराबर ध्यान दिया जा रहा है।

कहा जाता है कि कामकन्दला ने जब माधव के समान गुणी के आगे अपनी नृत्य–कला का प्रदर्शन किया था उस समय एक भौंरा उसके वक्षस्थल पर बैठ गया था। उसे उड़ाने के लिए यदि वह हाथों का प्रयोग करती अथवा मुख से फूंकने की चेष्टा करती तो नृत्य की सांगोपांग पूर्णता में बाधा आती । इसलिए उसने अवरूद्ध वायु को वक्षस्थल ही के रास्ते निकाल कर भौंरा उड़ा दिया। आजकल कितने ऐसे नृत्यकार हैं जो इस बारीकी के साथ कला को पूरा कर दिखा सकते हैं? यद्यपि इस जमाने में भी बिंदादीन के समान नृत्य–निष्णात और गिरधारी लाल के समान पानी के ऊपर भी नाच सकने वाले लोग पैदा हो चुके हैं, परन्तु ऐसों की संख्या अब कितनी है? महाकवि रवीन्द्र बाबू ने अपनी बहुमुखी प्रतिभा से इस कला का भी अच्छा संस्कार कर दिया है और उसी का परिणाम है कि उदयशंकर प्रभृति महानुभाव भारतीय नृत्य की विजय–पताका विदेशों में भी फहराते जा रहे हैं। इतना संस्कार यद्यपि पर्याप्त नहीं है, परन्तु जो कुछ है समय देखते हुए वही बहुत है।

नृत्य के साहित्य में भी वृद्धि की बड़ी गुंजाइश है। नवीनता लाने के लिए नए–नए तोड़े, खूब बन सकते हैं, हाल ही में हमने जो सप्तस्वरों की गतियां, अनेक मुद्राओं की गतियां, शिवताण्डव–स्तोत्र तथा अमृता–ध्वनि मुकृहराकिरीट आदि छन्दों के साथ

पखावज के परन और ताण्डव के बोल आदि जो–जो चीज़ें तैयार कीं उन्हें हमारे दरबार के नृत्यकार ने बड़ी खूबी के साथ अदा कर दिखाया है। अन्य स्थानों में भी यदि इसी प्रकार नूतन साहित्य का निर्माण होता गया और नृत्यकला–कुशल लोग उनके अनुसार नवीनताएं दिखाते जाएंगे तो यह कला भी अपनी संकुचित सीमा को तोड़ कर अधिकाधिक विशाल बनती जाएगी।

अभिनय

वाद्य के सहयोग से गाना तथा गान के अनुकूल ही नृत्य दिखाना और भाव बताना यही पूर्ण संगीत की प्राचीन परिपाटी रही है। जो एक–एक अंग का मज़ा अलग–अलग देखना चाहते हैं वे चारों अंग अलग–अलग कर दिया करते हैं। जिस तरह गान और वाद्य का जोड़ है उसी प्रकार नृत्य और अभिनय का । गान और वाद्य कानों के लिए हैं नृत्य और अभिनय आँखों के लिए। इसीलिए विलायत में गान और वाद्य को म्यूज़िक (Music) के वर्ग में तथा नृत्य और अभिनय को डांस (Dance) के वर्ग में रक्खा गया है। डांस की कला को विशुद्ध रूप में देखने वाले लोग यद्यपि यह पसन्द नहीं करते कि नृत्यकार मुँह से भी कुछ बोलता जावे अथवा गाता जावे परन्तु वे यह अवश्य चाहते हैं कि वह नृत्य के साथ मूक अभिनय भी करता जाए।

वास्तव में अभिनय और नृत्य का इतना अधिक साथ है कि कई आचार्यों ने दोनों को एक ही मान कर संगीत के केवल तीन ही अंग बताए हैं। नृत्य का अर्थ यदि अंगविक्षेप ही रहे तो वह निश्चय ही अपना महत्व खो बैठेगा। नृत्य के अंग–संचालन में यदि हृदयगत भावों का अभिनय नहीं हो रहा है तो वह एक मशीन का कार्य समझा जावेगा। हृदयगत भावों के अभिनय के लिए ही अंगुलियों के द्वारा मुद्राएं प्रदर्शित की जाती हैं, भावों और आँखों द्वारा श्रृंगार, हास्य, करूण, वीर आदि के रूप प्रकट किए जाते हैं, तथा कमर छाती और गर्दन की भंगिमाएं दिखाई जाती हैं । लोग वंशी, बाण आदि की गतियाँ दिखाते हैं, कृष्णलीला, रामलीला, शंकरलीला, आदि के अभिनय करते हैं तथा प्रेम और युद्ध की कथाएं प्रकट करते हैं। हमने अपने नृत्यकार से सभी रस, सभी प्रधान भाव और अनुभाव, सभी प्रधान आभूषण और अलंकार आदि अभिनीत कराए और देखा कि मूकनृत्य में भी ये सब बातें काफी मज़े में प्रकट की जा सकती हैं।

इतना होते हुए भी हमारी समझ में अभिनय का पूरा आनन्द केवलमूक नृत्य में नहीं आ सकता। अभिनय के साथ गान का संयोग सोने में सुगंध का काम दे देता है। संगीत की पूर्णता भी इसी में है। नृत्यकार यदि गाता जाए और गीत के एक–एक भाव को अभिनय द्वारा अदा भी करता जाए तो श्रोताओं तथा दर्शकों को उस अभिनय का रहस्य समझने में कठिनता भी न होगी और विशेष आनन्द भी आवेगा। इसलिए मूक नृत्य अथवा

मूक अभिनय के फेर में पड़ कर पुरानी परिपाटी का एकदम बहिष्कार कर देना हमारी राय में अच्छा नहीं है। प्राचीन समय के आचार्यों ने अभिनय के जो सात्विक, आंगिक आहार्य और वाचिक नामक चार अंग निश्चित किए थे बहुत सोच समझ कर ही किए थे।

हमने आप लोगों का बहुत अधिक समय ले लिया है, परन्तु जो कुछ हमने कहा है वह संगीत सम्मेलनों को वास्तविक रूप से उपयोगी बनाने की इच्छा से प्रेरित हो कर ही कहा है। हमारे इस कथन में आप लोगों को यदि दो–चार बातें भी रूचिकर जान पड़ीं तो हम अपना परिश्रम सफल समझेंगे। इतना कह कर हम बड़े हर्ष के साथ इस संगीत सम्मेलन का उद्‌घाटन करते हैं।

संगीत, अभिनय, वाद्य और नृत्य के संबंध में राजा चक्रधर सिंह के उद्‌गार अतुलनीय हैं। गीत, वाद्य, नृत्य और अभिनय की सम्पूर्णता तथा उन्हें प्रभावशाली बनाने के लिए वास्तविक आवश्यकता पर उनके विचार अद्‌भुत और अद्वितीय हैं। ऐसा उद्‌गार संगीत नृत्य का घोर अनुरागी ही कर सकता है।

उनकी दिनचर्या यह थी कि वे नियमित रूप से प्रातः छः बजे उठ जाते थे और नहा धोकर पूजा कर चरणामृत लेने के बाद इलाहाबाद से विशेष रूप से नियुक्त सीताराम जी के हाथ से बनाया हुआ एक ग्लास ठंडई पीते थे। प्रातः 08 से 11 राज्य के सम्बन्धों पर विचार विमर्श करते थे। 12 या 12:30 बजे वे अपना दोपहर का खाना लेते थे उसके बाद 4 बजे तक आराम करते थे। रात्रि 08 से 10 बजे तक दरबार में महफिल लगती थी जहां कलाकार अपनी कला का प्रदर्शन करते थे उसके पश्चात वे रात्रि का खाना खाकर विश्राम हेतु जाते थे। उनके दरबार में कार्यों के लिए निश्चित समय की व्यवस्था थी जिसका पालन करना सभी के लिए आवश्यक था।

राजा साहब धर्म निरपेक्ष शासक थे। वे सभी धर्मों का सम्मान करते थे। कई मुसलमान उनके दरबार में महत्वपूर्ण कार्यों के लिए पदस्थ थे। मुसलमान कलाकारों को भी उनके दरबार में अन्य कलाकारों के बराबर सम्मान मिलता था। वे हिन्दी, संस्कृत, अंग्रेजी के समान उर्दु के भी अच्छे ज्ञाता थे। "उर्दु बोलते तो जान पड़ता कोई मौलवी बोल रहा है संस्कृत बोलते तो लगता कोई वेदपाठी पंडित है।"[4] उर्दु शायरी 'फरहत' के नाम से करते थे। उनके द्वारा लिखित 'जोशे ए फरहत' एवं 'निगारे ये फरहत' में उर्दु शेरों एवं गज़लों का संकलन है।

"उनके व्यक्तित्व का सबसे महत्वपूर्ण पहलू उनकी संगीत में रूचि थी। वे एक उत्कृष्ट तबला वादक थे। जिसकी शिक्षा उन्होंने बचपन से ही आरंभ कर दी थी।

खैरागढ़ में वे एक सम्मेलन में, जिसकी अध्यक्षता ब्रिटिश अधिकारी द्वारा की गई थी, चक्रधर सिंह ने नर्तकी के साथ दो घंटे तक तबले पर संगत की जिसकी प्रशंसा सर्वत्र हुई।''[5] ''इनके विषय में कार्तिकराम ने लिखा है कि ''राजा साहब स्वयं एक उत्कृष्ट कलाकार थे, उन्होंने हमे असीम स्नेह दिया उनके संरक्षण में कला का विकास हुआ आज कत्थक में मैं जो भी हूँ उन्हीं का दिया है''[6] ''राजा स्वयं एक अच्छे नर्तक थे। इनके विषय में पंडित लोचन प्रसाद पाण्डे ने लिखा है। चक्रधर सिंह स्वयं अच्छे नर्तक थे, वे अपने दरबार के कलाकारों को सिखाते भी थे तथा उन्होंने नृत्य की अभिनव शैली को जन्म दिया।''[7]

''राजा चक्रधर सिंह अच्छे नर्तक भी थे। उनकी द्वितीय रानी बसंत माला देवी की प्रेरणा से उनका नृत्य के प्रति अनुराग बढ़ गया । उन्होंने प्रख्यात नर्तक सीताराम जी से नृत्य की शिक्षा ली थी।''[8] लोचन प्रसाद पाण्डेय ने लिखा है – 'एक बार मैं दरबार पहुंचा तो राजा स्वयं एक नर्तक को नृत्य की बारीकियां सिखा रहे थे। वह स्वयं नृत्य करके दिखा रहे थे जिससे उनके नृत्य के ज्ञान का पता चल सकता है'।

राजा चक्रधर सिंह ने रियासत में कई निर्माण कार्य करवाए। नये राजप्रसाद तथा अन्य अनेक भवनों का निर्माण कराया। प्रसिद्ध सेठ किरोड़ीमल को रायगढ़ लाने का श्रेय भी उन्हीं को जाता है। उन्होंने किरोड़ीमल की इच्छानुसार रियासती क्षेत्र में कई जगह भूमि उपलब्ध करवाई। हालांकि इनमें निर्माण कार्य शुरू होने तक राजा का स्वर्गवास हो चुका था। पर आज रायगढ़ रियासत का भव्य गौरीशंकर मंदिर, महाविद्यालयों के भवन, धर्मशालाओं के निर्माण में अप्रत्यक्ष रूप से राजा का योगदान है। उन्होंने अपने दीवान बलदेव प्रसाद मिश्र के सुझाव पर चक्रधर अनाथालय का निर्माण करवाया जिससे अनेक अनाथ बच्चों का कल्याण हो।

राजा भूपदेव सिंह के समय से प्रारम्भ 'गणेशोत्सव' कई गुना बड़े पैमाने में पन्द्रह दिनों तक राजा चक्रधर सिंह के कार्यकाल में होता था। मोती महल के सामने बादल महल बना हुआ है जहाँ गणपति की स्थापना की जाती थी। इस उत्सव में संगीतज्ञ एवं नर्तक ही नहीं बल्कि देश के जाने माने शायर, कवि, पहलवान, पतंगबाज आदि सैंकड़ों की संख्या में भाग लेते थे। सभी कलाकारों के रहने, खाने एवं अन्य खर्च की व्यवस्था राजा की ओर से की जाती थी। इस उत्सव के लिए जनता में इतना उत्साह तथा जुनून होता था कि उत्सव के लिए बादल महल पहुँचते तक भीड़ के कारण हालत खराब हो जाती थी। गणेशोत्सव की परम्परा पिछले 25 वर्षों से मध्यप्रदेश सरकार एवं वर्तमान में छत्तीसगढ़ सरकार द्वारा वैभवपूर्ण ढंग से आज भी मनाया जाता है।

देश का तत्कालीन कोई भी श्रेष्ठ संगीतज्ञ या नर्तक नहीं था जो राजा चक्रधर सिंह के दरबार में आमंत्रित न हुआ हो। पं. ओंकार नाथ ठाकुर, मनहर बरवे, पं. विष्णु दिगम्बर पलुस्कर, नारायण राव व्यास, पं. कृष्ण राव पंडित, अहमद जान थिरकवा आदि अनेक गायक, वादक देश के सुदूर प्रदेशों से आकर अपनी कला का प्रदर्शन कर गौरवान्वित होते थे। विश्व द्विवेदी नामक एक हारमोनियम वादक भी थे जो एक साथ दोनों हाथों से दो हारमोनियम बजाते थे दोनों पर राग व ताल भिन्न–भिन्न। ''नगर से कुछ दूर सुंदर पहाड़ियों के बीच एक महल 'कुंज निवास' नाम से संगीत सभाओं के लिए ही बनवाया गया था जो आज सर्किट हाउस है।''[9]

साहित्य में भी लगाव होने के कारण महाराजा चक्रधर सिंह ने पं. माखन लाल चतुर्वेदी, गया प्रसाद शुक्ल स्नेही, डॉ. रामकुमार वर्मा, पं. लोचन प्रसाद पांडेय जैसे साहित्यकारों को रायगढ़ में आमंत्रित किया। महावीर प्रसाद द्विवेदी को अंतिम समय में जब वे अशक्त हो गये थे, इनके राज दरबार से 50 रूपये की मासिक वृत्ति प्रदान की जाती थी।

जगन्नाथ प्रसाद जी, मोहन लाल जी, जयलाल जी महाराज, अच्छन महाराज, नारायण प्रसाद जी, सीताराम जी महाराज, लच्छू महाराज, शम्भू महाराज आदि अद्वितीय नर्तक तथा तबला वादक उस्ताद कादिर बख्श पंजाब वाले, मंगल खां, करम इलाही, खलीफा नत्थू खां दिल्ली वाले महबूब खां मिरजकर, कृपाराम खवास, सारंगी–वादक चाँद खां, सितार वादक इनायत खाँ, गायक उस्ताद मुहम्मद खाँ बाँदावाले, ठुमरी गायक छोटे रामदास तथा प्यारे साहब, मृदंग वादक ठाकुर लक्ष्मण सिंह आदि कलाकार आपके आश्रय में कला की साधना में निरंतर संलग्न रहे।

महाराजा चक्रधर सिंह नादब्रह्म के अनन्य व्यासक थे। वे चाहते कि कलाओं का यथेष्ट प्रचार–प्रसार हो इसके लिए उन्होंने पांच लोककलाकार अनुजराम, कार्तिक राम, कल्याण दास, फिरतूदास तथा बर्मनलाल को हर प्रकार की सुविधा देकर अपने दरबार में आश्रित कलाकारों से कत्थक नृत्य का कुशल शिक्षण दिलवाया।

कला के इस अनन्य पुजारी का अंत अत्यंत दयनीय अवस्था में हुआ। पारिवारिक चिंताओं ने उन्हे इतना क्लांत बना दिया था कि रात–रात भर नींद नही आती थी। जिसके दरबार में सिगरेट तक पीना मना था, वह बिना शराब के एक क्षण भी जीवित रहने को तैयार नही थे। मानसिक क्षोभ से मुक्ति पाने के लिए मदिरापान की मात्रा बढ़ती चली गई और 7 अक्टूबर 1947 को बयालिस वर्ष की अवस्था में संगीत सम्राट ने इस भौतिक संसार से विदाई ली।

2. राजा चक्रधर सिंह द्वारा रचित ग्रंथ

आचार्य और शिष्यों की लंबी परम्परा रायगढ़ दरबार या राजा चक्रधर सिंह की महान उपलब्धियां है, इन्हीं के फलस्वरूप रायगढ़ नरेश चक्रधर सिंह ने संगीत और नृत्य के विकास में ऊंचे आयाम स्थापित किये हैं।

उनकी अन्य मुख्य उपलब्धियाँ है उनके द्वारा प्रणीत संगीत के अनुपम ग्रंथ। राजा चक्रधर सिंह ताण्डव नृत्य के श्रेष्ठ नर्तक तो थे ही वे एक विलक्षण तबला वादक भी थे इसके अतिरिक्त वे हारमोनियम और सितार पर भी सुगमता पूर्वक अंगुलियां चला सकते थे। वे कलाकार के अतिरिक्त एक प्रतिभाशाली लेखक भी थे उन्होंने शास्त्र को मर्यादित करने के लिए संस्कृत भाषा को अपने ग्रंथों का माध्यम बनाया।

नृत्य, तबला और अन्य वाद्य यंत्रों के आचार्य के अतिरिक्त "उनके दरबार में संस्कृत के 21 आचार्य ग्रंथ लेखन के लिए नियुक्त थे जिनमें प्रमुख हैं– व्याकरणाचार्य पं. सदा शिवदास, साहित्याचार्य, पं. भगवान पाण्डेय, सप्ततीर्थ, पं. काशीदत्त झा, वेदान्ताचार्य सर्वसुरि, पं. द्रव्येश झा आदि।"[10] संस्कृत भाषा के अनुरागी राजा चक्रधर सिंह ने नृत्य संगीत में ग्रंथों के प्रणयन के लिए पं. मुकुटधर पाण्डेय को सन् 1937 में कलकत्ता और बनारस भेजा था। पांडेय जी के शब्दों में "मैं काशी के कुछ दिग्गज विद्वानों की सेवा में पहुंचा था। कविवर श्री पंडित बालकृष्ण मिश्रा जी ने कहा विद्वान कोटि का तो नही छात्र कोटि का संस्कृत का एक अच्छा कवि मैं आपको दे सकता हूँ वे थे श्री जानकी वल्लभ शास्त्री मैं उन्हें अपने साथ लाया था।"[11] इसी प्रकार वे देश के शीर्ष विद्वानों की खोज में हमेशा लगे रहते थे। राजा साहब के संस्कृत प्रेम और उनके संरक्षण में किए गये कार्यों को देखकर ही पं. सदा शिवदास ने इस श्लोक की रचना की थी।

'या श्रीगीवर्णिकान्तार कलित ललद्वल्लकी मण्डयन्ती।

गंगाभंग चुम्बन्मृदुलतर मरूल्लिहय मानालकान्ता।।

सा डेड लैग्वेज कल्यामरगंणललना भारतीयचतेत्वां।

त्वसंगीतालयं सा मुख्रयतु यशोगीतिकागीत तानैः।।'[12]

भारतीय संगीत के क्षेत्र में राजा चक्रधर सिंह ने बड़ी खोज की थी। अनेक प्राचीन संगीत शास्त्रों का यत्नपूर्वक संग्रह कर गहन अध्ययन किया था। अवलोकन, आलोचना और उपयोगिता पर विचारोपरान्त उन्होंने प्राचीन और अर्वाचीन पद्धतियों का समन्वय करते हुए एक नूतन नृत्य शैली का सूत्रपात किया साथ ही साथ उक्त

शैली को समृद्ध करने के लिए भी उन्होंने पर्याप्त सामग्री की रचना कर ग्रंथों में संग्रह किया।

राजा चक्रधर सिंह विरचित पाँच ग्रंथ इस प्रकार हैं:–

1. नर्तन सर्वस्व
2. ताल तोयनिधि
3. राग रत्न मंजूषा
4. मुरज परण पुष्पाकर
5. ताल बल पुष्पाकर

यहाँ इनकी परिचयात्मक जानकारी दी जा रही है:–

नर्तन सर्वस्व

"साढ़े छह किलो का यह विशाल ग्रंथ मोती जैसे अक्षरों में संस्कृत भाषा में लिखा गया है। इस ग्रंथ का आधार विशाखदत्त प्रणीत 'नर्तन रहस्यम्' है जिसे मीलूगढ़ के युद्धोपरांत संस्थापक राजा मदन सिंह खजाने से अपने साथ रायगढ़ ले आये थे। आज 'नर्तन रहस्यम' का अता पता नहीं है। राजा चक्रधर सिंह के मझले पुत्र सुरेन्द्र सिंह के शब्दों में 'नर्तन रहस्यम्' मोती महल की किस दीवार में चुनवा दिया गया अब भी यह रहस्य का विषय है।"[13]

नर्तन सर्वस्व की भूमिका लगभग 350 पृष्ठों की है, जो शिखरणी छंद में आबद्ध है इसमें राज परिवार, संस्थापक राजा मदन सिंह के शौर्य दियागढ़ के नृत्याचार्य विशाखदत्त द्वारा दो राजकुमारियों की नृत्य शिक्षा, मीलूगढ़ में व्याह और कुशलता के कारण मीलूगढ़ पर रायगढ़ नरेश के आक्रमण की विशद चर्चा है" इसमें यह भी चर्चा है कि राजा चक्रधर सिंह का रायगढ़ समूचे देश में संगीत नृत्य विद्या के लिए विख्यात है इसे कौन नहीं जानता ?[14]

नर्तन सर्वस्व एक प्रकार से इस परम विद्या का व्याकरण ही है जिसमें वर्णानुक्रम से बनने वाले बोलों की बारह खड़ी दिखायी गयी है जैसे– धा–धि–धिन इन्हीं अक्षरों से बाद में बोल परणों की रचना का विशद वर्णन किया गया है नर्तन सर्वस्व में नृत्य के समय अंग, उपांग, वर्णाक्षर और सभी रसों का अलग–अलग विस्तार से विवेचना किया गया है अंत में शताधिक नृत्य कथानकों का संग्रह किया गया है जिसमें राधा लास्य, यक्ष, परण, कालीय मर्दन, काली लास्य आदि प्रमुख हैं।

"इस ग्रंथ में काव्य और शास्त्र का सुंदर समन्वय हुआ है ।"[15] लाखों रूपये के खर्च और दिग्गज आचार्यों के सहयोग से लिखा गया यह अनुपम ग्रंथ मझले राजकुमार के पास मोती महल में सुरक्षित तो है लेकिन जनसामान्य के दर्शन से दूर है। इसकी उपलब्धता के लिए लोग चिंतित तो है किन्तु पर्याप्त प्रयास नहीं हो रहा है। नर्तन सर्वस्व पर विस्तार से प्रकाश डालते हुए राजा चक्रधर सिंह के पौत्र और सुरेन्द्र कुमार के ज्येष्ठ पुत्र देवेन्द्र प्रताप ने कहा है:–

'इस ग्रंथ को लिखने में राजा साहब को अत्यधिक परिश्रम करना पड़ा' इसका सुलेख श्री चिंतामणी कश्यप ने किया था। संगीत मर्मज्ञ पं. भूषण महाराज ने राजा साहब के सम्मुख नर्तन सर्वस्व कारक तैयार किया था। पं. सदाशिव दास शर्मा, भगवान दास पांडे और पं. शारदा प्रसाद सप्ततीर्थ ने इसे श्लोक बद्ध किया था। इसका हिन्दी रूपांतरण तत्कालीन रायगढ़ रियासत के छोटे दीवान डॉ. बलदेव प्रसाद मिश्र और सुलेख आनंद मोहन बाजपेई ने किया था। ग्रंथ लेखन 1935 में शुरू हुआ और सन् 1938 में अखिल भारतीय संगीत सम्मेलन इलाहाबाद में प्रथम बार प्रदर्शित किया जिसकी भूरि–भूरि प्रशंसा हुई। यह राजा चक्रधर सिंह का संगीत नृत्य के विकास में स्थायी दस्तावेज है।

नर्तन सर्वस्वम मूलतः कत्थक नृत्य का सर्वांग शास्त्र है जो कि काली मजबूत जिल्द में बंधी है। सुनहरे अक्षरों से कवर पेज पर लिखा है "नर्तन सर्वस्वम्" उसके नीचे राजा चक्रधर सिंह का नाम है तथा सबसे नीचे 1938 ई. लिखा हुआ है।

"पं. जयलाल महाराज, अच्छन महाराज, शम्भू महाराज, सीताराम जी, नारायण प्रसाद जैसे श्रेष्ठ आचार्य राजा चक्रधर सिंह प्रणीत बोल परनों को पूरे हाव–भाव की अभिनय के साथ प्रस्तुत करते जिसमें उनका भाव बेहतर होता उसे रिकार्ड करते। राजा साहब स्वयं तबले पर होते। तोड़े, टुकड़े परन बोल शायद उन्हीं की नजरों से अंतिम बार गुजरते थे तभी वे टिक लगाया करते थे।"[16]

नर्तन सर्वस्वम् में 1000 से अधिक पृष्ठ हैं। डॉ. बलदेव जी लिखते हैं कि मेरी स्मृति धोखा न खा रही हो तो उसका प्रथम श्लोक शायद यह है –

नौ–योजन दूर गस्ततः सुमतः पुररायगढ़स्य खलूत्तरतः

गढ़ पर्वत नामक एक गिरि विलसत्यति सुन्दर उच्चतरः

एको केलो नाम कल्लोलिनी ये स्वरै स्वरै परिक्रम्य भाति

निर्यबन्धं मदं–मदं वहति तारूण्य श्री मानिनी भामिनीव

शायद यह नर्तन सर्वस्वम की भूमिका का समापन अंश है।

गानं मनोज्ञा नटनं वरं वादनश्च
भावान्दु साय्यूर्वाभिनय सरसं नटानाम्
अद्यापि भारत कला परीक्षाणार्थ
दृष्टिगोचर भवति रायगढ़ समस्त

नर्तन सर्वस्वम् में नर्तन का विभाजन निम्नानुसार पररम्परा से हटकर किया गया है –

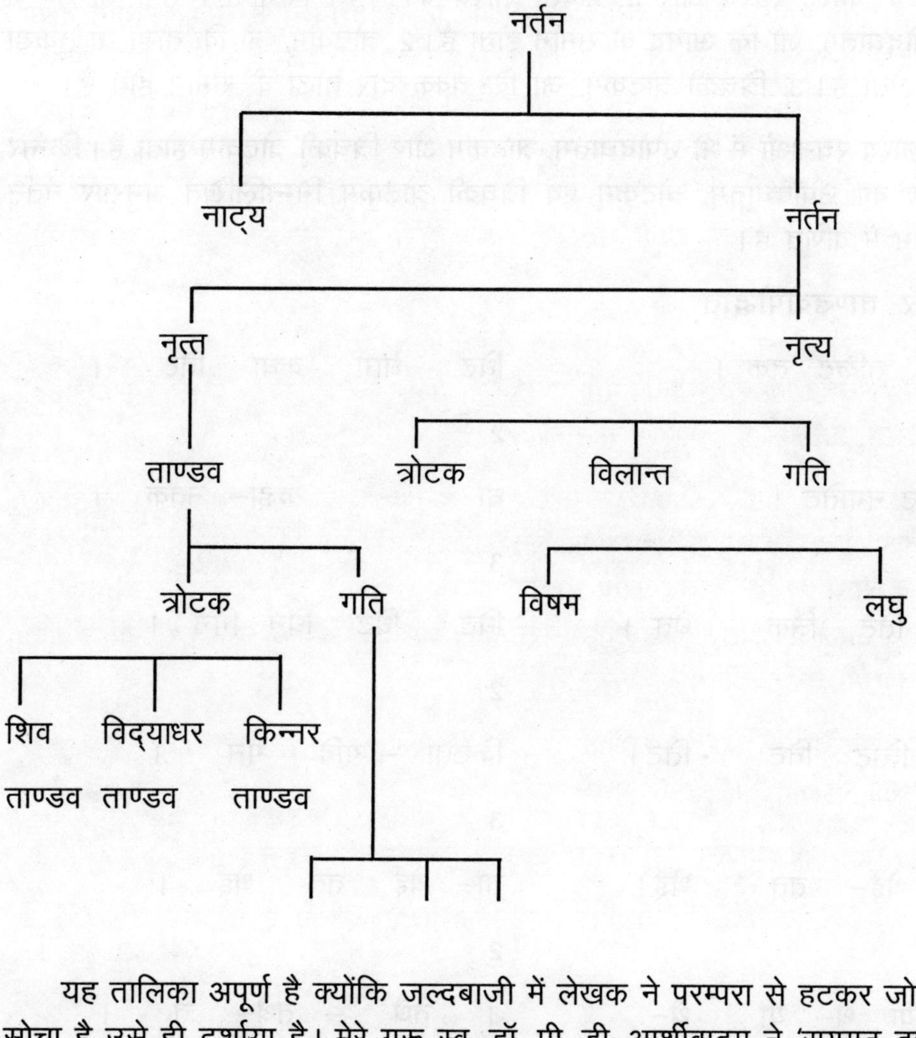

यह तालिका अपूर्ण है क्योंकि जल्दबाजी में लेखक ने परम्परा से हटकर जो नया सोचा है उसे ही दर्शाया है। मेरे गुरू स्व. डॉ. पी. डी. आर्शीवादम ने 'रायगढ़ दरबार' में 'नर्तन सर्वस्वम' के बारे में जो जानकारी दी है वह अब तक ही उपलब्ध सबसे

अधिक एवं प्रमाणिक है। उसके अध्ययन के उपरांत ही यहां मैंने कुछ उद्धरण आवश्यकतानुसार देने का प्रयास किया है :–

त्रोटकम् – नर्तन के अंतर्गत नृत्त एवं नृत्य को दो भागों में विभाजित किए हैं। जिसमें नृत्त अर्थहीन एवं नृत्य अर्थमय के लिए प्रयोग हुआ है। नृत्त के अंतर्गत तांडव के तीन प्रकार का वर्णन है। 1. शिव तांडव 2. विद्याधर तांडव 3. किन्नर तांडव इन तीनों में विद्याधर और किन्नर ताण्डव नई सोच है।

उपर्युक्त ताण्डव के अतिरिक्त उन्होनें ग्रंथ में 1. कृष्ण लास्य 2. राधा लास्य 3. दुर्गा लास्य 4. काली लास्य और 5. पार्वती लास्य का वर्णन किया है। सभी ताण्डव में 1. उपोद्घातम्, जो कि आमद के समान होता है। 2. त्रोटकम्, जो कि तोड़ा या टुकड़ा जैसा होता है। 3. त्रिचक्री त्रोटकम्, जो कि चक्करदार तोड़ा के समान होते हैं।

लास्य रचनाओं में भी उपोदघातम्, त्रोटकम् और त्रिचक्री त्रोटकम् होता है। किन्नर ताण्डव का उपोदघातम्, त्रोटकम् एवं त्रिचक्री त्रोटकम् निम्नलिखित अनुसार नर्तन सर्वस्वम् में वर्णित है।

किन्नर ताण्डवोपोद्धात

धगत तकिट तक ।	धिट धागे क्रधा तिट ।
+	2
नगतिट नगतिट ।	धा – कड़ा– नतक ।
0	3
धेध तिट त्रिक धेत ।	धिट धिट धिन गिन ।
+	2
क– त्तिट तिट तिट।	किटता – गदि गन ।
0	3
ता– थेई– तत् थेई।	ता– थेई तत् थेई ।
+	2
थै या थै– या थै–	। तथै – तथै– त ।
0	3

–तथै–	ता–	तथै	।	–तथै–	तथै	–त		।
+				2				
थै–	ता–	तथै	–त ।	थै	–तथै–	तथै–		।
0				3				

।।ता।।

+

किन्नर ताण्डव त्रोटकम्

क्रधा–	क्रधा–	घेघे	।	दिन	गिन	घेघे	दिन	।
+				2				
गिनधन –	तकिट		।	तक	धिट	धिट	धिट	।
0				3				
तकिट	तकिट	धिन	।	धग	तिट	क्रध	तिट	।
+				2				
त्रि	–क्कत	त्रि–	क्कत ।	घेघे	नक	घेघे	नक	।
0				3				
धि–	न्ननधि	–न्नन	।	कत्	तिट	कत्	तिट	।
+				2				
घेघे	तिट	घेघे	तिट ।	धग	तिट	घेघे	तिट	।
0				3				
क्रधे –	त्तगिदि	–न्त ।		नग	तिर	किट	तक	।
+				2				
थै–	तिट	थै– क्रधे	।	–त्त	गिदि	–न्त	नग	।
0				3				

तिर	किट	तक	थै–	।	तिट	थै–	क्रधे	–त्त	।
+					2				
गिदि	–न्त	नग	तिर	।	किट	तक	थै–	तिट	।
0					3				

।।थै।।

\+

किन्नर ताण्डव त्रिचक्रि त्रोटकम्

तग	तिट	धग	तिट	।	धिट	धिट	क्रध	तिट	।
+					2				
धिट	धग	तिट	धिट	।	धग	तिट	घेघे	तिट	।
0					3				
तिट	कत	गदि	गन	।	त्रिक	धित	तग	–न्न	।
+					2				
त्रिक	धित	तग	–न्न	।	धित	तग	–न्न	धित	।
0					3				
तग	–न्न	त्रिक	धित्	।	तग	–न्न	धा–	धा	।
+					2				
धा–	– –	त्रिक	धित्	।	तग	–न्न	त्रिक	धित्	।
0					3				
तग	–न्न	धित्	तग	।	–न्न	धित्	तग	–न्न	।
+					2				
त्रिक	धित्	तग	–न्न	।	धा–	धा–	धा–	– –	।
0					3				

त्रिक	धित	तग	–न्ना	।	त्रिक	धित	तग	–न्न	।
+					2				
धित	तग	–न्ना	धित	।	तग	–न्ना	त्रिक	धित्	।
0					3				
तग	–न्ना	धा–	धा	।	धा	–	–	–	।(तीन बार)
+					।				

इस ग्रंथ में दूसरी महत्वपूर्ण बात ''गति'' के संबंध में है। रचनाकार ने 'गति' शब्द के लिए अन्य शास्त्रों का अनुकरण नहीं किया है। बल्कि 'गति' को उन्होनें नायिका के साथ जोड़ा है जैसे प्रवत्सपतिका और कृष्णा अभिसारिका आदि। इसे और स्पष्ट करने के लिए नर्तन सर्वस्वम् का निम्नलिखित उद्धरण प्रस्तुत है। जिसके आधार पर कत्थक नृत्य के प्रदर्शन में सम्बन्धित नायिकाओं को अधिक कुशलता के साथ प्रस्तुत किया जा सकता है। इसे राजा साहब का कत्थक नृत्य में विशेष योगदान कहना अतिश्योक्ति नहीं होगी।

कृष्णाभिसारिका गति

एक विलास प्रिय कामिनी ग्रीष्म ऋतु बीत जाने पर निर्मल आकाश पर इधर उधर घूमते हुए एक सुन्दर मेघ के टुकड़े को देखकर अपने प्रेमी के पास जाने के लिये अत्यंत उत्सुक हो गई।

उस स्त्री ने सोचा ''अब मैं इस समय क्या करूँ – दिन में नायक के पास पहुँचने का समय तो चला गया और वर्षा कालीन मेघों के आने से अपने विहार का स्थान भी भ्रष्ट हो गया।

खैर कोई चिन्ता नहीं। उद्यमी के लिये दुष्कर ही क्या है – आज काले रंग के वेष धारण करती हूँ और अभी नायक के पास पहुँचती हूँ।

इस प्रकार स्थिर करके उस कामिनी ने दूती के द्वारा पूर्व परिचित अन्य संकेत की सूचना नायक के पास भेज दी और कृष्णाभिसार के योग्य वेशभूषण सजाने में लीन हो गई। उसने सबसे पहले मोतियों के आभूषणों को उतार डाला – क्योंकि काले श्रृंगार में यह चमकीले मोती विशेष बाधक हो सकते थे। फिर शब्दायमान पायजेबों को हटाया – क्योंकि वे भी अभिसार का डिंडोरा पीटने वाले थे– तदनन्तर उसने कुछ चमकीले रतन टिकी हुई काली कंचुकी तथा सुन्दर काले रंग की साड़ी और दुपट्टे धारण कर लिये।

इस प्रकार वह सुन्दरी मनोरम वेश से सजकर घने अन्धकार में मनोरथ रूपी रथ पर सवार हो शीघ्र चल पड़ी – उसने अपनी रक्षा का भार मनोभाव वीर को सौंप रखा था।

यह गोरी होने पर भी सोलह वर्ष की होने के कारण श्यामा कहलाने वाली है–ऐसी कामिनी बड़े हर्ष के साथ नीले जल वाली जमुना के तट पर आधी रात से कुछ पहले नीले तमाल के कुंज में जा रही है।

"कोई देख लेगा तो अच्छा नही होगा।" इस प्रकार सोच कर वह नायिका अपनी चंचल दृष्टि को इधर उधर दौड़ाती हुई और पैरों को धीरे धीरे बढ़ाती हुई जा रही है। मार्ग में सहसा वायु ने उसके घूँघट को हटा दिया – घूंघट खुल जाने से जब वो मुख चन्द्र की चांदनी से दिशाओं को प्रकाशमान करने लगी तो भय से अत्यन्त काँप उठी – और जड़ीभूत हुई। कुछ काल बाद ओ सुन्दरी अपने घूँघट के कपड़े को धीरे से सम्हाल कर सावधान हो ज्यों ही आगे बढ़ी त्यों ही क्रोध में तमतमाये हुये से अप्रिय चन्द्रमा (द्विजराज) सामने दिखाई पड़े।

वो कामिनी चन्द्रमा को सम्बोधन करती हुई बोली "हे चन्द्रमा तुम्हारा जन्म मन ही से हुआ है और पुत्र का नाम है नन्दन अर्थात् आनन्द देने वाला – इसलिये तुमको चाहिए कि अपने पिता मन को आनन्द दो। वह न करके तुम उसे पीड़ित करते रहो – ये कहाँ का न्याय है – फिर लक्षित न हो जाऊँ इस शंका से व्याकुल होकर वह न तो आगे ही बढ़ सकी न पीछे ही हट सकी।

वह सोचने लगी बहुत प्रयास से बना हुआ यह काले रंग का वेश इस समय निष्फल हो रहा है – मैने उस चन्द्रमा का क्या बिगाड़ा जो आज ये मेरे ऊपर क्रोध कर रहा है।

इस समय जल (जीवन) देने वाला मेघ भी नही दिख पड़ता है – जो इस नवोदित चन्द्रमा को छिपाये – क्या ओ कहीं से आ नहीं सकता ये उसी की ऋतु का समय है – इस प्रकार ओ कामिनी मन ही मन सोच रही थी – कि चन्द्रमा के चारों ओर थोड़ा–थोड़ा बादल प्रकट हो गया – उस बादल के बीच मे चन्द्रमा इस प्रकार शोभित हो रहा है जैसे नीले कपड़े से घिरा हुआ उस कामिनी का सुन्दर मुख – काले धुएँ से उत्पन्न बादल मन को मदान्ध करता हुआ कामिनी कान्ति को छिपा बैठा और चारों फैल गया – वह बादल पड़े पड़े इस प्रकार घनीभूत हो गया कि फिर रास्ता सोचना तक कठिन हो गया – और वो स्त्री अन्धकार के कारण रास्ते में आगे बढ़ तक न सकी।

पदं पदथां समयं ददाति
प्रयाति मन्दं हृदयेन् वेगात्
श्रुतवापि घोरं घन गर्जनं नो
प्रत्यौति कान्ता पहुतान्तरात्मा

वह स्त्री डर डर कर रास्ते में पैर रख रही थी – अन्धकार के कारण धीरे–धीरे चल रही थी – भयंकर बादल का गरजना सुन कर भी लौट नहीं रही है क्योंकि उसकी आत्मा नायक के पास पहुँच चुकी है। वह तो अब केवल शरीर मात्र से ही जा रही है।

उसी समय अपने प्यारे मेघ की गोद में बल खाती हुई बिजली उस नायिका को सहयोग देने के लिए तथा उसको रास्ता दिखलाने के लिए और मन को अधिक मदान्ध करने के लिये तैयार हो गई।

विद्युत्प्रभोभ्दासित मार्ग मध्ये
सुखं व्रजंती सुविशाल नेत्रा।
वार्विन्दु वर्षे व्यथितेव किंचिन्मनो दृढं चालयितुं न शोके।

सुन्दर विशाल नेत्रों वाली कामिनी बिजली की चमक से प्रकाशित रास्ते में सुख पूर्वक चली। इतने में फुहारे गिरने लगी वह उन जल बिन्दुओं की वर्षा से कुछ व्यथित सी हो गई परन्तु उसने अपने दृढ़ मन को विचलित न होने दिया। आगे चली रूकी नहीं।

मन ही मन में अत्यंत हर्षित हुई। उस सुन्दरी ने आगे बढ़ कर अपने संकेत गृह को देखा। उस गृह को देखते ही वह स्त्री रोमांच पूर्ण हो गई। कुछ क्षण बाद उस स्त्री ने वहाँ एक सुन्दर पुरूष को देखा जो अपनी दृष्टि इधर उधर चला रहा था। उस पुरूष को देखकर वह एक डग भी आगे नहीं बढ़ सकी। जान पड़ा जैसे किसी ने उसे जड़ीभूत कर दिया हो।

उस पुरूष के नेत्र भी उसी को देखने के लिये बहुत काल से उत्सुक थे। वे शीघ्र ही उस हिरणाक्षी पर दौड़ पड़े और अमृत भाव से उसकी सौन्दर्य सुधा का पान करने लगा। वह प्यारा नायक अपनी प्रियतम के पास पहुँकर प्रसन्न हुआ और उसके गले पर अपना हाथ रखते हुए बोला, ''प्रिय प्रियतमे चलो भीतर चलो अब यहाँ क्यों खड़ी हुई हो। ''वह कामिनी बड़ी नजाकत के साथ अपनी सुन्दर कमर को कुछ झुकाकर और अपने आधे मुख को नायक की छाती में स्थिर कर तथा दोनों भुजाओं को उसके गले में डाल कर आनन्द मग्न हो नायक से उसी प्रकार चिपक गई जैसे काले बादल में बिजली।

प्रवत्स्यत्पतिकागति

वियोग व्यथा से संतप्त नायिकाओं के शरीर को रात भर जो आपके आलिंगन स्पर्श वगैरह से कुछ ठंडक प्रदान करता था वह शिशिर भी खतम हो गया।

भ्रमरों के समूह को धोखा देता हुआ कलियों के वृन्द को विकसित करता हुआ तथा मालियों के मन को चंचल बनाता हुआ एवं कुछ अव्यक्त संदेश देता हुआ वसन्त भी आ पहुँचा।

इस चैत्र महीने में सूर्य भगवान दिन में अत्यधिक संताप करने वाले होते हैं। दिन के अन्त में इन दिनों संध्या भी मेरे ही भ्रान्त दिखाई पड़ती है।

पवन देव भी इस वसन्त के समय लतिका के सम्पूर्ण पत्तों को प्रतिक्षण हिलाते हुए बहने लगे। रफ्तार पहिले से अधिक तेज थी। कालिन्दी के पुलिन में क्रीड़ा करते हुए वे सहृदयों के हृदय को स्तबद्ध बना रहे थे।

इसी रमणीय समय में कोई नायिका अपनी प्रिय सखी से कहने लगी, "हे सखी मालूम पड़ता है कि मेरे प्रियतम आजकल मेरे ऊपर अधिक स्नेह करते है। मैं उनकी भावनाओं का ध्यान करके अपने को गौरवमयी समझती हूँ।

मेरे अंगो का स्पर्श करते हुए जब वे हंस कर कुछ कहते हैं तो मुझे अपूर्व आनन्द का अनुभव होता है। किन्तु सखी न मालूम उसके सहवास के समय में भी मेरे हृदय में काम का संचार क्यों नहीं होता।

गाँव में घूमघूम कर भी मैं नागरिक कहीं कुछ आनन्द नहीं पाता। इस प्रकार आजकल वह जिससे कहते हैं उसका मेरी अपेक्षा अधिक स्नेह होगा।

सखी ने नायिका के भोले भाले वचन को सुनकर हृदय में वेदना से पीड़ित होकर आँखों में आँसू भरकर नीचे मुख किये हुये किसी प्रकार उसको पति की विदेश यात्रा के समाचार को उससे कहा।

पति के विदेश जाने के समाचार के अंगारे के समान जलते हुए शब्दों को सुन कर नायिका के चेहरे का रंग फीका पड़ गया। ठीक ही है जो मुग्धा नायिका स्वयं कामवान से विद्ध हो वह नवीन वियोग की व्याधि को किस प्रकार सहेगी।

पलंग के ऊपर बैठी हुई वह सुन्दरी आधी रात के समय आँसू से पलको को सिक्त कर धैर्य पूर्वक किसी प्रकार पति के हाथ को पकड़ कर प्रेम से उसकी प्रवृत्ति के विषय में पूछने लगी।

वो कहने लगी, "प्रियतम अभी तुम्हें आये कितने दिन हुए ? मैं तो जानती हूँ कि मेरे लिये एक क्षण के समान बीत गये। हृदयेश्वर मैं चाहती हूँ कि तुम्हारे साथ निकुंज में इस बार वसन्त की बहार लूटूँ।

प्रिय । मेरी यह अभिलाषा कोई बहुत बड़ी नहीं है। तुम इसे पूर्ण कर विदेश जा सकते हो। यह तो निश्चित ही है ग्रीष्म में पृथ्वी के समान ही में अपने रूखे मनोरथों के साथ जल उठूँगी।

प्रियतम। किन्तु वर्षाकालीन आ जायेगा उस समय जबकि जलध पंक्तियों की गंभीर गीतों को सुन कर मयूर बंद नृत्य करने के लिये उत्सुक हो उस समय तुम हमारी अवश्य सुधि लेना।

आँखो से आँसू भरकर प्रियतमा के कहे हुए वचनों को सुन कर सुदूर देश में प्रातः काल होते ही प्रयाण करने वाले प्रियतम की कैसी दशा हुई होगी इसकी कल्पना विदेश स्थित वियोगियों को स्वयं सोचनी चाहिए।

दृढ़तर आलिंगनों से अपने वश में लाकर बज रही है करधनी जिसकी ऐसी नायिका को गोद में लेकर प्रियतम ने कुछ स्पष्ट बोलते हुए प्रियतमा का गाढ़ चुम्बन किया।

प्रियतम ने कहा, "सुन्दरी मेरा ध्यान तो सदा तुम्हारे तरफ लगा रहता है भला तुम्हीं बताओ तुम्हारे बिना विदेश में क्या आनन्द मिलेगा ? लेकिन तो भी परिस्थिति के फेर में पड़कर प्राणी को विदेश जाना ही पड़ता है।

यह निश्चित समझ रखो कि जब जब मुझे अवकाश मिलेगा मैं पत्र वगैरह भेज कर तुम्हारी खबर लेता रहूँगा। तुम्हें भूलकर मैं वहाँ भी कुछ नहीं कर सकता।

इस प्रकार इसी भाँति सान्त्वना देकर जब वह बाहर जाने के लिये तैयार हुआ तब तक ले जाने के लिये उसके पास दया के साथ मित्र वृंद उपस्थित हो गये।

सहृदयों के आगमन को देखकर कुछ कृत्रिम हासकर उसने कहा। ये साथी भी अपनी प्रियतमा को छोड़कर मेरी ही भाँति कुछ दिन के लिए विदेश जाने को तैयार हो गये हैं।

यदि तुम्हें मेरे कहने के ऊपर विश्वास न हो तो इन साथियों को ही देखकर संतोष करो। क्योंकि ये भी प्रेयसी छोड़कर जाना नहीं चाहते। मेरे साथ ही ये फिर साथ ही चले आयेगें। ऐसा कहकर जब वह चलने को उद्यत हुआ तब उस नायिका ने लाज शर्म को छोड़कर उसके कपड़े को पकड़कर दोनों हाथों से उसे रोककर यह कहकर रोने लगी कि तुम मत जाओ।

यदि अपने मित्रों से तुम्हें शर्म मालूम होती हो तो शिष्टाचार के लिये तुम जाओ किन्तु मध्यान्ह के श्रम को दिखाकर शाम तक अवश्य लौट आना।

मैं तुम्हारे लिये अपने पिता के घर को छोड़ दिया। अपने लड़कपन की सखियों को भी मैनें तुम्हारे लिये ही छोड़ दिया। यदि तुम चले जाओगे तो तुम्हारे विरह में मैं प्राणों को किस प्रकार धारण कर सकूँगी।

तुम्हारे चले जाने पर मेरी सखिया मेरे ऊपर हंसेगी वह कहेगी कि इसका पति इसके प्रति हठ अनुराग नहीं रखता। अन्यथा वसन्त में इसे छोड़कर कैसे बाहर चला जाता।

प्रियतमा के इस प्रकार के अनुनय को सुनकर उसने जाने के विचार को शिथिल कर दिया। उसने प्रियतमा के मनोहर मुख का चुम्बन कर हँसना शुरू किया।

प्रवत्स्यत्वतिका नायिका में इस प्रकार दिखाकर नर्तक सभासदों को खूब प्रसन्न कर सकता है।

नर्तन सर्वस्वम् में नृत्य के तकनीक के संबंध में भी चर्चा की गई। नर्तन सर्वस्वम् के पृष्ठ 89–90 में उद्दृत निम्नलिखित अंश है।

नृत्य के आरंभ में नर्तक को चाहिए कि वह बड़े हाव–भाव के साथ अपनी कमर को वक्र करें। दाहिने पग को स्थिरता के साथ सीधा जमावे। तथा बाह्य पग की एड़ी उठा कर पीछे की ओर कुछ अन्तर पर रखे। दाहिने हाथ को सिर के ऊपर अर्द्धचन्द्राकार रूप में रखे तथा बायें हाथ को कुछ वर्तुलाकार (गोल) झुका कर हाव के साथ फैलावे। नर्तक को चाहिए कि इस प्रकार की अवस्था में स्थित होकर दोनों हाथों की तर्जनी उंगलियों की सबसे ऊपर वाली रेखाओं को दोनों अंगूठों के शिरों भागों से स्पर्श करें। परन्तु इस प्रकार स्पर्श करते समय अंगूठे के शिरों भागों से स्पर्श करते समय अंगूठे सीधे रहने चाहिए। इस प्रकार की मुद्रा शाम्भवी मुद्रा नाम से प्रख्यात है। नर्तन के आरंभ में नर्तक को चाहिए कि इस शाम्भवी मुद्रा को धारण करे तथा समग्र शरीर में उपरोक्त अर्द्धनारीश्वर नामक अंगहार का अभिनय करे। इसके अनन्तर ताल, ताल पर भवों, छाती तथा मणिबन्धों को एक के बाद एक हौले–हौले हिलाते हुए नर्तक भावों का प्रदर्शन करे। नृत्य के आरम्भ काल में नर्तक बड़े हाव–भाव और लीला विलास के साथ अपने दोनों पैरों को सुन्दरता पूर्वक रखता हुआ चलता है। नाट्य शास्त्र के आचार्य लोग इस हावपूर्ण चाल को पादविन्यास भंगी कहते है।

उपर्युक्त उद्धरण में अर्धनारिश्वर अंगहार की चर्चा है। जिसको कत्थक नृत्य के प्रारम्भ की अंग भंगिमा कह सकते हैं। इस भंगिमा को लेकर नर्तकों में आशंका रहती

है। किंतु राजा चक्रधर सिंह ने बहुत ही स्पष्ट रूप से दोनों पैरों की स्थिति को स्पष्ट किया है। इस भंगिमा का नाम भी इन्होनें अर्धनारिश्वर अंगहार कहा है। जबकि पूर्व में इस भंगिमा का कोई नामकरण नही था। दाहिना हाथ और दाहिना पैर और बायाँ हाथ और बायाँ पैर की स्थिति को शिव का अर्धनारिश्वर रूप आधा ताण्डव और आधा लास्य कहा जा सकता है। उपर्युक्त उद्धरण में दूसरा शब्द शाम्भवी विचारणीय है। जिसमें अर्धनारिश्वर अंगहार के साथ हथेलियों को शाम्भवी मुद्रा में अवस्थित करता है। इस मुद्रा के निर्माण को भी इन्होनें बहुत ही स्पष्ट रूप से वर्णित किया है।

उद्धरण में तीसरा शब्द है ''पादविन्यासभंगी'' जो कि शाम्भवी मुद्रा में अर्धनारिश्वर अंगहार के साथ नर्तक भौं, छाती और कलाई को हाव–भाव और लीला विलास अनुरूप ताल में पैर को सुंदरता पूर्वक रखते हुए चलता है। इस चाल को उन्होनें नृत्य करते समय 'पादविन्यासभंगी' कहा है। स्पष्ट है कि नृत्य करते समय नर्तक की चाल सामान्य चाल से भिन्न पादविन्यासभंगी के अनुरूप होना चाहिए। इसके अतिरिक्त राजा साहब से पादगति का भी नर्तन सर्वस्व में वर्णन किया है। जैसे –

घर्षित पाद :– घर्षित चरण की गति वह है जिसमें समपाद बिना उठाए हुए आगे पीछे दायें बायें सुविधानुसार सरकाये जाये। इस गति का प्रयोग तब होता है जब नर्तक बिखरी हुई गुलाल पर गज आदि की आकृति बनाना चाहता है। अथवा बिना घुंघरू बजाये मूक नृत्य करना चाहता है।

पार्श्वगपाद :– पार्श्वगपाद की गति वह है जिसमें नर्तक एक पैर को पार्श्व की ओर हटा कर फिर उसे दूसरे पैर की दूसरी ओर रख देता है। इसी क्रम से वह दूसरे पैर का भी वह हटाता और रखता है।

नोट – इस गति में तत् पर विशेष आघात होता है।

उपर्युक्त दोनों गतियों का प्रयोग कत्थक नृत्य में होता है। घर्षित पाद गति जयपुर घराने की कलाकार ठाट आदि में बहुत ही कुशलता से प्रयोग करते हैं। पार्श्वपाद गति का भी गत निकास एवं अभिनय के दौरान विभिन्न चालों में कत्थक नर्तक प्रयोग करते हैं इस प्रकार से राजा साहब ने 16 पाद गतियों का वर्णन अपने ग्रंथ में किया है।

नर्तक पहले उपोद्घात को पढ़े उसके बाद चक्रदार त्रोटक अथवा शुद्ध त्रोटक के अनुसार अपना मनोहर नृत् दिखावे। उपोद्घात उस त्रोटक को कहते हैं जिसे नर्तक पैरों के नाच के समय सर्वप्रथम विलम्बित लय से पड़ता है तथा उसी को फिर पैरों के से निकाल कर नाचता है। उपोद्घात में अंतिम सम 'ता' अक्षर होता है तथा उसकी समाप्ति अर्द्धनारीश्वर अंगहार में होती है।

एक से अधिक आवर्ती वाला त्रोटक यदि तीन बार पढ़ने से सम पर आवे तथा जिसका अंतिम सम 'धा' पर अवसर हो उसे त्रिचक्री चक्रदार त्रोटक कहते हैं।

त्रोटक :– किसी भी ताल में अधिक आवर्ती वाला कूटाक्षर समूह यदि एक ही बार पढ़ने से सम पर आ जाय तथा उसका अंतिम समय "थे" अक्षर पर आवे तब उसे त्रोटक कहते हैं। मृदंग के पाट वर्ग चौबीस "क" क वर्ग ट वर्ग त वर्ग के पाँच–पाँच च वर्ग के ज्ञ को छोड़कर चार तथा भा या र ल ह इस प्रकार इन चौबीस अक्षरों में औ को छोड़कर अन्य को भी स्वर लगा कर जो शब्द बनाये जा सकते हैं वह ताण्डव के लिये उपयुक्त है।

उपर्युक्त अनुसार उपोद्‌घात तोड़ा या टुकड़ा प्रारम्भ करने से पूर्व पैरों से विलम्बित लय में उस त्रोटक के लिए लय बनाने को कहा जा सकता है। उसके पश्चात् त्रोटक और त्रिचक्री त्रोटक आदि का प्रदर्शन किया जाना चाहिए।

त्रोटक को सादा तोड़ा या टुकड़ा तथा त्रिचक्री त्रोटक को चक्करदार तोड़ा या टुकड़ा कहा जा सकता है।

कृष्ण हस्त – जब नट केशवे को पकड़ कर भगवान श्रीकृष्ण को सुन्दर श्यामल शरीर का भाव बताता है तथा अराल हस्त की मुद्रा से जहाँ पर उंगलियां कुछ नत हो वेणु की रचना करे तब वहाँ कृष्ण हस्त को प्रयोग समझा जाय।

पार्वती हस्त – जब हाथों को वरदाभ्य मुद्रा से ऊँचे नीचे करके उनमें अर्द्ध चन्द्र हस्त की मुद्रा बनाई जाय तब उसे पार्वती हस्त की मुद्रा कहते हैं।

राधा हस्त – जहाँ पर कपित हस्त से घूँघट तथा पताका हस्त से अंगो के गोरा पन का भाव बताया जाय उसे राधा हस्त कहते हैं।

राजा साहब द्वारा वर्णित उपर्युक्त कृष्ण हस्त, पार्वती हस्त तथा राधा हस्त आदि अन्य ग्रंथो जैसे अभिनय दर्पण में वर्णित देव हस्त आदि के समान कहा जा सकता है।

उपलब्ध जानकारियों में राजा साहब का कत्थक नृत्य को एक और मुख्य देन है नर्तन सर्वस्व में वर्णित 16 श्रृंगार और 12 आभूषण। इसके पूर्व संगीत दर्पण में 'सोलह श्रृंगार' के नाम से निम्नलिखित अनुसार 14 श्रृंगारों का ही वर्णन है।

1. केश धोना
2. तेल लगाना
3. बाल साफ करना

4. जूड़ा बांधना
5. नहाना
6. कपड़े पहनना
7. सिंदूर लगाना
8. चंदन लगाना
9. टिकली लगाना
10. फूलमाला पहनना
11. दाँत साफ करना
12. पान खाना
13. महावर लगाना
14. अंजन लगाना

राजा साहब ने उर्पयुक्त श्रृंगार के स्थान पर क्रम के अनुसार सोलह श्रृंगार का बहुत ही प्रायोगिक ढंग से संयोजन किया है। नर्तन सर्वस्व के अनुसार 16 श्रृंगार निम्नलिखित अनुसार हैं–

1. स्नान
2. वस्त्र धारण
3. स्नेहानुलेपन
4. केश प्रसाधन
5. तिलक धारण
6. अंजन धारण
7. तिल निर्माण
8. अलकतक धारण
9. अलंकार प्रसाधन
10. ताम्बूल चर्वण

11. सुगन्धी लेपण

12. विलास गति

13. स्फीत दृटि

14. स्मित

15. प्रेम

16. शील

उपर्युक्त 16 श्रृंगार राजा साहब की व्यापक सोच और व्यवहारिक रूप से क्रमबद्ध है। इनके अध्ययन से राजा साहब की एक नवीन विचारधारा सामने आती है। उन्होनें बाहय अलंकरण के साथ–साथ स्त्री सौंदर्य के लिए अंतरंग भावनारूपी श्रृंगारों को महत्व दिया है। यह 5 श्रृंगार – 1. विलास गति 2. स्फीत गति 3. स्मित 4. प्रेम तथा 5. शील है।

राजा साहब के नर्तन सर्वस्व में लिखित 12 आभूषण इस प्रकार है।

1. झूमर
2. कर्णफूल
3. बेसर
4. ग्रेवेयर
5. हार
6. चूड़ी
7. कंकण
8. बाजूबंद
9. अंगूठी
10. करधन
11. पायजेब
12. नूपुर

उपर्युक्त 12 आभूषण को धारण करने का क्रम भी व्यवहारिकता के अनुसार है जो सिर पर झूमर से लेकर पैरों में अलकतक लगाने तक पूर्ण होता है। आभूषण पहनने के पश्चात् नायिका पान बनाती और खाती है। तत्पश्चात् इत्र लगाती है और अपने प्रिय से मिलने के लिए समसिद्ध हो जाती है।

यहाँ तक नायिका का श्रृंगार स्वाभाविक है और परम्परागत रीति रिवाज के अनुसार ही हैं, किन्तु अंतिम पाँच श्रृंगार नायिका के अनुकूल स्वभावगत है और राजा चक्रधर सिंह का कत्थक को विशेष योगदान के रूप में स्वीकार किए जा सकते हैं।

विलास गति में नायिका धीरे–धीरे अभिमान और लावण्य के साथ चलती है, कभी साड़ी का पल्लू संवारती और कभी घूंघट खोलती और बन्द करती है। इस प्रकार 'विलासगति' के साथ नायिका खिड़की के पास पहुँच जाती है। यह हुआ बारहवां श्रृंगार। तेरहवें श्रृंगार में नायक की उपस्थिति आवश्यक होती है नायक को सिपाही के वेष में प्रस्तुत करना उचित होता है क्योंकि बाला के नयनों के कटाक्ष बाण सिपाही के वेष में उपस्थित प्रेम से अनभिज्ञ युवक हृदय पर आसानी से प्रभावशाली हो सकते हैं। जब नायक खिड़की के पास खड़ी नायिका की ओर देखता है तो उसके अद्भूत सौंदर्य सुधा का पान करने लगता है। इसी को नायिका की 'स्फीत दृष्टि' कहा गया है। तत्पश्चात् नायिका अपने गर्दन को थोड़ा सा झुकाकर आँखों के कोने से देखते हुए हल्की सी मुस्कुराहट प्रदर्शित करती है, जिसे 'स्मित' कहा गया है। तदुपरांत दोनों में 'प्रेम' का या स्नेह का भाव उत्पन्न होता है जिसे नायिका लज्जा के साथ प्रदर्शित करती है। यह पंद्रहवां श्रृंगार 'प्रेम' है। नायिका ने नायक का कमल जैसा चेहरा देखा तो पहले मोहित होकर प्रेम प्रकट किया और मुस्कुराई किंतु तुरन्त बाद लज्जा के कारण और अपनी मान मर्यादा का स्मरण कर खिड़की को बन्द कर देती है। इस प्रकार यह नायिका की स्वभावगत विशेषता का श्रृंगार 'शील' है।

सोलह श्रृंगार और बारह आभूषण का प्रयोग कत्थक नृत्य में सदियों से चला आ रहा है किन्तु शास्त्रकारों के विभिन्न भ्रमात्मक तथ्यों का निवारण राजा चक्रधर सिंह ने 'नर्तन सर्वस्वम्' में करने का सफल प्रयास किया हैं।

मालतीलास्य

मुरली के स्वर से मिलकर नुपूरों का ध्वनि इस प्रकार हो रही है "झिनकिट झिनकिट छुमुक थेई"

हे प्रियतम। यमुना जी के तट पर आज अत्यंत मनोहर नृत्य रचा गया है कैसी मधुर उसकी ध्वनि सुनिये दिग दिग ना दिग दिग ना दिग दिग दिग दिग थो दिग दिग थो दिग दिग दिग दिग तत् त्रिक थेई यक थेई त्रिक थेई यक थेई त्रिक थेई यक थेई।

चपल नयनी नायिका बृज में इस प्रकार नृत्य कर रही है– "तथै तथै झुम झनननन नवननं" मंजीरादि नाना प्रकार के वाद्यों से जो कि " सनुक झुनुक रून रूनुक झुनुक झुनुक" बज रहे हैं सभा रमणीय हो रही है आज वह प्रभा दर्शनीय है तथा वह विभाव प्राप्त करने योग्य है।

हे कान्ते। मैं तुम्हारी अभिलाषा करता हूँ तुमको चाहिए कि तुम मृदु मधुर ललित प्रेम रस का सदैव परिपालन करो।

विलासगति

धीर गंभीर भाव से मंद गमन किया जाय, साड़ी के सिकोड़ने, संभालने, और घूँघट के खोलने, बंद करने आदि की क्रियाएँ दिखाये जाय। तथा इस प्रकार खिड़की के पास तक पहुँचने की क्रिया दिखाये जाय। यह बारहवें श्रृंगार विलासगति के संबंध का अभिनय हुआ। अब शेष चार श्रृंगार विलासगति के संबंध का अभिनय हुआ। अब शेष चार श्रृंगार बच गये। उनके प्रदर्शन के लिये नायक सानिध्य आवश्यक है इसलिये अब नायक को आगमन की बात कही जाती है।

नायकस्वरूपम्

बाला के कटाक्ष की महिमा विशेष रूप से बताने के लिये यह आवश्यक है कि नायक को प्रेम रसानुभाववहीन बताया जाय। तभी तो कटाक्ष के असर की महिमा होगी। प्रेमरसानुभवहीन नायक भाव बतलाने के लिये उसे सिपाही वेष में प्रकट किया जाना उचित है। क्योंकि सिपाहियाना ठाट में श्रृंगारिकता का समावेश बहुत ही कम रहा करती है। नायक का सिपाहियाना ठाट दिखाने के लिये शेरवानी पहिनने और उसकी बटनें लगाने का अभिनय किया जाय। कमर पट्टा बाँधकर उसमें तलवार और कटार आदि खोंसने की क्रिया की जावे। उसके पगड़ी बाँधने की भी क्रिया दिखलाई जावे। और यह बताया जावे कि मानों वह घोड़े पर चढ़कर नायिका की खिड़की के सामने से निकल रहा हो। अगर उसे दाढ़ी मूँछ वाला बताना है वेशभूषा के साथ दाढ़ी मूँछ का भाव और उसे कंघी करने तथा संवारने आदि का भी भाव दिखा दिया जावे।

प्रथम दर्शनम्

खिड़की के पास नायिका का वह अनुपम सौन्दर्य देखकर नायक ठिठक गया और घोड़े को रोककर ललचाई आखों से उस बाला की रूप सुधा का पान करने लगा। और क्षुब्ध निर्निमेष तथा कर्तव्यमूढ़ बन गया। प्रथम दर्शन के संबंध में इस प्रकार का भाव प्रगट किया जावे। अब इसके बाद नायिका के शेष चारों श्रृंगारों का वर्णन प्रारंभ होता है।

स्फीत दृष्टि –

प्रिय पुरूष को देखकर नायिका के नेत्र जो विकसित मुदित स्नेहपूर्ण होकर खुलने और बन्द हो जाने वाले तथा चंचलता युक्त तिरछे और कटाक्ष क़रने वाले हो जाते हैं। तथा देख देखकर फिर भी देखने का लालच प्रकट करते हैं। उनका नाट्य करके नर्तक स्निग्ध दृष्टि का अभिनय किया करता है यह तेरहवी श्रृंगार का अभिनय हुआ।

स्मितम् –

ओठ, थोड़े सिकोड़े तथा जिनसे दांतो की कुछ कुछ झलक दिखलाई पड़ जाय और उसके संबंध के अन्य प्रयोग भी दिखला दिये जाय (उदाहरणार्थ, गर्दन टेढ़ी या आंखें तिरछी करना) तो स्मित का अभिनय होता है। यह चौदहवें श्रृंगार का अभिनय है।

स्नेह –

नेत्र में अनुराग और लालसा हो तथा मुख पर लज्जा की हलकी सी लाली दौड़ जाय इस तरह प्रेम भाव का प्रदर्शन किया जाता है यह पन्द्रहवें श्रृंगार का अभिनय है।

शीलम् –

धैर्येण तन्नप्रतया च युक्तं

मनः स्थिरे शान्तिमिते च नेत्रे।

शान्तो भवेदाकृति सन्निवेशः

शीलस्यभावः परिदर्शितः स्यात्।।

मन धैर्य और नम्रता से युक्त हो नयन शान्त और स्थिर हो तथा आकृति शान्त हो तो शील का अभिनय होता है। यह सोलहवें श्रृंगार का अभिनय है।

नायक का अभिराम मुख कमल देखकर स्निग्ध नायिका ने तरल नेत्रों और मुस्कुराहट से पहिले प्रेम का भाव दिखाया और फिर शील संकोच के कारण खिड़की का दरवाजा बन्द करके भीतर चली गयी।

कटाक्ष

कामदेव के शरो प्रेरित होने के कारण नेत्रों के बीच के तिल के इधर उधर घुमने को ही कटाक्ष कहते हैं। यह दो प्रकार का होता है, श्याम और धवल।

अंजन युक्त नेत्रों से विरचित कटाक्ष को श्याम कहते हैं। अंजन रहित नेत्रों से सम्पादित कटाक्ष को धवल कहते हैं। राजधर्मों अभिनय में श्याम कटाक्ष का उपयोग होता है। उससे अन्यत्र स्थल में श्वेत कटाक्ष का उपयोग होता है।

उपर्युक्त अनुसार कटाक्ष के संबंध में राजा साहब ने कामदेव के बाणों से प्रभावित होने के कारण आँखों को काले गोले का इधर–उधर घुमाने को कटाक्ष कहा है जबकि पूर्व में नृत्य करते समय तीर के समान आँखो से दृष्टिपात करने को कटाक्ष कहा गया है। राजा साहब ने अंजन रहित और अंजन युक्त दोनों आँखों के कटाक्ष को श्याम और धवल कहा है, जो कि उनकी कल्पना है।

षड्ज स्वर गति

बाँये हाथ से खिलता हुआ कमल और दाहिने हाथ से सूर्य बनाकर नर्तक षड्ज स्वर की गति को दिखावे। षड्ज गति दिखलाने में ब्रह्माजी की उत्पत्ति के समय की कथा दिखानी चाहिए ऐसा विद्वानों का मत हैं।

ऋषभ स्वर गति

बाँये हाथ से अर्द्ध चन्द्र और दाहिने हाथ से सिकुड़ता हुआ कमल बनाया जावे तो ऋषभ स्वर की गति का प्रयोग होता है।

गांधार स्वरगति

बाँये हाथ से शुकतुँड और दाहिने हाथ से करूणा का भाव दिखाकर गान्धार स्वर का नर्तन किया जाता है।

मध्यम स्वरगति

प्रसन्नवदन होकर शिव का ध्यान करके हाथों से पताका बनाकर निः शक भाव से मध्यम का अभिनय करें।

पच्चम स्वरगति

वेशभूषा से सुसज्जित होकर हाथों को पल्लव के आकार का बनाकर पंचम स्वर का अभिनय किया जाता है।

धैवल स्वरगति

आश्चर्य का भाव दिखाकर और हाथों से गोल घेरा बना कर धैवल का अभिनय दिखाया जाता है।

निषाद स्वरगति

हाथों की सूँड के समान हाथ करके सिंर हिलावे तथा दीन दृष्टि दिखावे तो निषाद का अभिनय होता है।

तबले के जितने अक्षर कहे गये हैं उनमें से ट ण ल और र इन वर्णों का आदि में आना विषिद्ध है शेष वर्ण यथा स्थान आदि मध्य तथा अन्त सभी जगह आ सकते हैं।

सप्त स्वरों के संबंध में अनेक ग्रथों में चर्चा की गई है किंतु नृत्य के संबंध में शारंगदेव ने संगीत 'दर्पण में चर्चा की है। राजा चक्रधर सिंह ने भी नृत्य में सप्त स्वरों को उपर्युक्तानुसार दर्शाया है।

राजा साहब के दरबार में अनेक विद्वान संगीतज्ञ एवं नर्तक नियुक्त थे अतः विचारोपरान्त निश्चित ही स्वरों का यह नृत्य निरूपण प्रयोग रूप में अधिक सार्थक होगा।

राजा साहब ने अपने ग्रंथ को 'नर्तन सर्वस्वम' कहा है इससे यह भी विचार आता है कि 'नृत्य' कहने से वह कहीं न कहीं सार्वभौमिकता को इंगित कर सकता था। 'नर्तन' कहकर उन्होंने एक शैली की सम्पूर्णता को बांध दिया है। सही मायने में 'नृत्य' के स्थान पर 'नर्तन' ही अधिक उपयुक्त प्रतीत होता है।

तालतोय निधि

राजा चक्रधर सिंह प्रणीत दूसरा विश्वप्रसिद्ध ग्रंथ तालतोय निधि है, यह ताल के कठिन कायदों का खजाना ही है इसका वजन बत्तीस किलो है इसके लिखने में पाँच वर्षों का समय लगा था। नर्तन सर्वस्व के पूर्ण होने और प्रशंसित होने पर राजा साहब का उत्साह दूना हो गया वे आराम करने के बजाय पुनः इसके लेखन में प्राण प्रण से जुट गये।

"इसमें चक्र सहित तीन सौ चौरासी मात्राओं तक के बोलों का विशद विवेचन है इसमें एक एक ताल की कई उपजातियाँ हैं, इसमें सवारी ताल, अष्टताल, सन्निपात ताल उल्लेखनीय किंतु कठिनतम ताल हैं।"[17] 11, 13, 17, 19 जैसे मात्राओं यहां तक 43 मात्राओं में सम पड़ने वाले अप्रचलित तालों की रचना की गयी है, जो पांडित्य प्रदर्शन तो करता है, लेकिन प्रचलन में नहीं आ सका। 1970 पृष्ठ के इस विशाल ग्रंथ को लिखने में 20:25 ग्रंथों, सैकड़ों आचार्यों के बोलों को आधार मानकर राजा साहब ने उनके समकक्ष बोल परणों का प्रणयन किया है। "इसमें प्राचीन तथा अर्वाचीन ग्रंथों का सहारा लिया गया है, जो इस प्रकार है 1. संगीत कलाधर, 2. संगीत रत्नाकर, 3. संगीत सार,

4. संगीत मकरंद, 5. संगीत सुदर्शन, 6. संगीत परिजात, 7. संगीत दामोदर, 8. संगीत दर्पण, 9. रसंगीत जवाहर प्रकाश, 10. स्वर ताल समूह, 11. अष्टोत्तर शतताल लक्षणम, 12. मूलाधार, 13. नाद–विनोद, 14. मृदंग सागर, 15. अभिनव ताल मंजरी, 16. तबलये नियाजी, 17. ललन सागर, 18. वाचपसा मिथान, 19. शब्दार्थ चिंतामणी, 20. शब्द कल्पद्रुम''[18]

राजा साहब ने इस ग्रंथ के लिए अपार धन राशि खर्च की थी। बड़े–बड़े उस्तादों को खुश कर राजा ने उनसे दुर्लभ बोल प्राप्त किये थे। इस ग्रंथ में उस्ताद नत्थू खां का बुलबुल परण भी है। ''कहते है राजा के सामने उस्ताद नत्थू खां ने इस परण का निर्माण कर बुलबुल को चहकाया था।'' इसमें ताल के बोल है और उसका विवेचन हिन्दी और संस्कृत दोनों ही भाषाओं में किया गया है। इसे लेखबद्ध करने वाले चिंतामणी कश्यप पहले सारंगढ़ दरबार में ट्रेसर थे उन्होंने तालचक्रों का निर्माण बड़ी सफाई से किया है। इसमें तालों के बोल तालांग, दुगुन, चौगुन पर चक्रों के भीतर लिखे गये हैं।

ताल तोय निधि माघ सं. 1997 बसंत पंचमी शनिवार तारीख 01.02.1941 को पूर्ण हुआ था। रचयिता के बारे में भीतर के पृष्ठ पर यह लिखा गया है – ''विविध विरूदावलि विभूषित श्री मन्महा महनीय श्री भूपदेव सिंहात्मज रायगढ़ नरेश श्री चक्रधर सिह विरचित''[19]। यह ग्रंथ भी मझले कुमार श्री सुरेन्द्र कुमार सिंह के पास सुरक्षित है इसके भी दर्शन दुर्लभ ही है यदि सौभाग्य से कभी यह ग्रंथ प्रकाशित होता है तो ताल वाद्यों में एक बड़ी क्रांति आ सकती है।

राग रत्न मंजूषा

रागरत्न मंजूषा, रागकल्पद्रुमांकुर, संगीत परिजात, अभिनव भारती, रामचंद्रिका सार, अभिवन राग मंजरी जैसे प्रसिद्ध ग्रंथों के आधार पर लिखा गया संगीत का अद्वितीय ग्रंथ है। यह ग्रंथ राग रागिनियों का खजाना है इसमें करीब 1200 राग रागिनियों का वंश वृक्ष सहित वर्णन है । इसकी पांडुलिपि शायद पं. भूषण संगीताचार्य ने तैयार की थी क्योंकि चिंतामणी के शब्दों में राग रत्न मंजूषा की एक कॉपी जो हमारे पास जीर्ण शीर्ण हालत में है उसमें भूषण महाराज के हस्ताक्षर हैं।[20] इस ग्रंथ पर विद्वान एक मत नहीं है रायगढ़ में कत्थक के अनुसार यह ग्रंथ राजा चक्रधर सिंह के मरणोपरांत उनकी अस्त व्यस्त लाइब्रेरी में पड़ा था। ''एक दिन राजा ललित कुमार सिंह जब दरबार में व्यस्त थे, सीलन भरी पुस्तकालय से इस क्षत विक्षत ग्रंथ को मझले राजकुमार ले आए।''[21] तब से उन्हीं के पास सुरक्षित है। दूसरी ओर राजा साहब द्वारा प्रणीत ग्रंथों को लिपिबद्ध करने वाले चिंतामणी कश्यप का कहना है ''यह ग्रंथ लिखा नहीं गया था सिर्फ राग के प्रकार सरगम आदि रफ में तैयार किया गया है।''[22]

इसमें राग और 36 रागनियों के अंग उपांगों का वर्णन है। इस ग्रंथ का आधार 'राग विबोत', 'राग माला' आदि ग्रंथ है।

मुरज परण पुष्पाकर

इसका वजन लगभग 20 किलो है इसमें सिर्फ पखावज के बोल परण आबद्ध हैं। यह ग्रंथ 1943 से 1945 के बीच लिखा गया इसमें तालों को चित्र के माध्यम से दर्शाया भी गया है इसे कत्थक नृत्य का विश्वकोश कहा जा सकता है "राजा चक्रधर सिंह को यह ग्रंथ सबसे ज्यादा प्रिय था। बाहर से आए विद्वानों को बड़ी ललक के साथ वे इसे दिखाते थे"[23] मुरज पर्ण पुष्पाकर एक प्रकार से नृत्य की रचनाओं का संपूर्ण ग्रंथ है। कत्थक के शास्त्रीय पक्ष को उजागर करने वाले इस दुर्लभ ग्रंथ में लक्षणों के अतिरिक्त कवित्त छंद, लास्य, तांडव का भी चित्र सहित विस्तार से विवेचन किया गया है। अब यह ग्रंथ मात्र स्मृतियों में है इसके कठिन कायदों को प्रदर्शित करने वाले कार्तिक–कल्याण, फिरतू और बर्मनलाल भी इस दुनिया में नहीं हैं। जानकारी नहीं है कि यह ग्रंथ किसके पास है?

नाम के अनुसार "मुरज परण पुष्पाकर" पखावज के परणों का संग्रह है। "इस ग्रंथ को लिखने में तीन वर्ष लगे। यह हरे लाल रंग के जिल्द में दो खंडो में लिखा है। यह ग्रंथ छोटे संदूक के आकार का जिसे विशेष ऑडर देकर लंदन से बनवाया गया।"[24]

रायगढ़ दरबार से सम्बन्धित नर्तक और वर्तमान में अन्य अनेक नर्तक विभिन्न माध यमों से प्राप्त इसी ग्रंथ के बोल परणों पर नृत्य किया करते है।

"यह ग्रंथ संस्कृत भाषा में रंगीन चित्रों के साथ लिखा गया है और उसका हिन्दी अनुवाद भी किया गया है। गजविलास परण के अंतर्गत परणों के कई भेद दिए है। कई परण तो हाथी के चित्र के ऊपर लिखे गए है। हाथी की पूँछ से लेकर सूंड़ तक परण अंकित है। छोटी परण छोटी जगह पर बड़ी परण हाथी के पृष्ठ और पेट पर अंकित किए गए हैं। इन चित्रों में वॉटर कलर का उपयोग हुआ है। दलबादल कड़क बिजली जैसे परणों के लिए प्राकृतिक चित्र बनाए गए हैं।"[25]

'मुरज परण पुष्पाकर' में अनेक परणों का संकलन है जिसमें से कुछ का वर्णन आगामी अध्याय में किया गया है। "मुरज परण पुष्पाकर" नृत्य का सम्पूर्ण ग्रंथ है तो तालतोयनिधि ताल प्रधान है। मुरज परण पुष्पाकर में नृत्य की अंग प्रत्यंगो, बोल परण, लास्य और अभिनय सभी का एक साथ चित्रण किया गया है साथ ही भावों और अलंकारों को स्पष्ट करने के लिए प्रकृति और नायिकाओं की चेष्टाओं के रंगीन चित्र भी अंकित किए गए है।"[26]

ताल बल पुष्पाकर

इस ग्रंथ के बारे में भी कलाकारों द्वारा सुना गया है । यह ग्रंथ भी उपलब्ध नहीं है। इस ग्रंथ को लिपिबद्ध करने वाले चिंतामणी कश्यप का कथन भी चौकाने वाला है उनके अनुसार यह ग्रंथ भी लिखा नहीं गया है। इसके लिए तबले के बोल का परन एवं प्रकार रफ में बनकर तैयार था। "सन् 1946 से मुझे श्रीमान राजा साहब की आज्ञा से खम्हार ऑफिस में भी कार्य करना पड़ा। जहां 1953 तक कार्य किया इसी बीच मैंने राजा चक्रधर सिंह जी की वंशावली तथा कई छोटे–छोटे ग्रंथों को लिखा जैसे उर्दू शायरी, नृत्य के परन आदि।"[27]

"इस ग्रंथ में राजा साहब ने तबले के इतिहास पर शुरू में विस्तार से प्रकाश डाला है। तबले की उत्पत्ति ताल और बल से मानते है। ताल बल पुष्पाकर के अनुसार ताल तो एक है राकेंदु ताल जिसे त्रिताल कहा जाता है पर यहाँ उपभेद 2057 बताया गया है। यहाँ कायदा, रेला, पेशकार और तिहाईयों का भी सुंदर वर्णन हुआ है। वास्तव में ताल बल पुष्पाकर तबले पर ही केंद्रित ग्रंथ है।"[28]

इन ग्रंथों से एक बात तो तय है कि राजा साहब गुणग्राही थे। उनका अध्ययन एवं संपर्क बड़ा ही विशद था। उन्होंने अपार धन खर्च कर शताधिक विद्वानों की सहायता से इन ग्रंथों का निर्माण किया था और संगीत नृत्य के विकास में अपूर्व सहयोग दिया था। जितना वे कत्थक नृत्य के विकास के उन्नयन के लिए जागरूक थे उतना ही ताल वाद्यों के बोल परणों के विकास के लिए भी। तबला, मृदंग और पखावज के बोल परनों के ताल तोयनिधि, तालबल पुष्पाकर और मुरजपरण पुष्पाकर जैसे विशाल ग्रंथों का प्रणयन कोई साधारण घटना नहीं जिसे भुला दिया जाये। उन्होंने बोलों के अनुरूप चित्र भी तैयार किये थे उनके बोल नामों के अनुरूप ही है जिसमें मंदाक्रांता, विश्वद्य, गजमुक्ताहार, दलबादल, गज विलास, सार्थकपरण, शुभ्रभानु, अभिसारिका, विजिनच्छिन्दः, सुवर्णराजि, परिक्रमा, शार्दूलविक्रीड़, वल्लभ, मृगच्छवि, सुतीक्षण, आड़ीप्रियरजनी आदि भी प्रचलित हुए थे ये सभी चित्रात्मक के साथ ध्वन्यात्मक भी हैं।

आवश्यकता इस बात की है कि ये महान ग्रंथ जन मानस को कैसे उपलब्ध हों? विभिन्न मनीषियों द्वारा लिखित सामग्री और चर्चा से इन ग्रंथों की अल्प जानकारी ही अब तक उपलब्ध है। शासन के सहयोग, संगीत नृत्य के अनुरागी महान विद्वानों की चाहत तथा इस महान राजा के विशाल ह्रदयी वंशजों की उदार सोच से ही यह संभव हो सकता है।

1. रायगढ़ का सांस्कृतिक वैभव, डॉ. बलदेव, पृष्ठ 138.
2. रायगढ़ दरबार (अंग्रेजी), डॉ. पी.डी. आर्शीर्वादम, पृष्ठ 28.
3. शोध प्रबंध– 'रायगढ़ रियासत के नरेश चक्रधर सिंह का प्रशासन, साहित्य एवं कला में योगदान, शोधार्थी– रणजीत कुमार बारीक, पृष्ठ 76
4. संगीत सम्राट महाराजा चक्रधर सिंह, संगीत पत्रिका, मई 1977, प्यारे लाल श्रीमान सरस पंडित.
5. रायगढ़ में कथक, कार्तिक राम, पृष्ठ 15.
6. रायगढ़ में कथक, कार्तिक राम, पृष्ठ 15.
7. पं. मुकुटधर पांडेय संस्मरण.
8. लघु शोध प्रबंध– रायगढ़ नरेश चक्रधर सिंह एवं उनका युग, मिश्रा अर्चना, पृष्ठ 44.
9. संगीत सम्राट महाराजा चक्रधर सिंह, संगीत पत्रिका, मई 1977, प्यारे लाल श्रीमान सरस पंडित.
10. पं. मुकुटधर पांडेय स्मृति पुंज पृष्ठ 16.
11. पं. मुकुटधर पांडेय स्मृति पुंज पृष्ठ 17.
12. पं. मुकुटधर पांडेय स्मृति पुंज पृष्ठ 18.
13. रायगढ़ में कत्थक, कार्तिक राम, पृष्ठ 30.
14. शोध प्रबंध– रायगढ़ रियासत के नरेश राजा चक्रधर सिंह का प्रशासन, साहित्य एवं कला में योगदान, रणजीत कुमार बारीक, पृष्ठ 231.
15. रायगढ़ में संगीत परंपरा, जगदीश मेहर, पृष्ठ 16.
16. रायगढ़ का सांस्कृतिक वैभव, डॉ. बल्देव पृष्ठ 110.
17. रायगढ़ में संगीत परंपरा, जगदीश मेहर, पृष्ठ 16
18. रायगढ़ में कत्थक, कार्तिक राम, पृष्ठ 31.
19. रायगढ़ में कत्थक, कार्तिक राम, पृष्ठ 31.
20. शोध प्रबंध– 'रायगढ़ रियासत के नरेश चक्रधर सिंह का प्रशासन, साहित्य एवं कला में योगदान, शोधार्थी– रणजीत कुमार बारीक, पृष्ठ 244.
21. –वही–
22. –वही–
23. कार्तिक राम, रायगढ़ में कत्थक पृष्ठ 31.

24. रायगढ़ का सांस्कृतिक वैभव, डॉ. बलदेव, पृ. – 120
25. रायगढ़ का सांस्कृतिक वैभव, डॉ. बलदेव, पृ. – 120
26. रायगढ़ में कत्थक, कार्तिक राम, पृष्ठ 32
27. शोध प्रबंध– 'रायगढ़ रियासत के नरेश चक्रधर सिंह का प्रशासन, साहित्य एवं कला में योगदान, शोधार्थी– रणजीत कुमार बारीक, पृष्ठ 245.
28. रायगढ़ का सांस्कृतिक वैभव, डॉ. बलदेव, पृ. – 121.

— — —

3

रायगढ़ दरबार के गुरूओं एवं नर्तक कलाकारों का जीवन परिचय

रायगढ़ दरबार में कत्थक नृत्य के तत्कालीन लगभग सभी श्रेष्ठ नृत्याचार्य रहे। जयलाल महाराज, नारायण प्रसाद जी, जगन्नाथ प्रसाद जी, मोहन लाल जी, अच्छन महाराज जी, लच्छू महाराज, शम्भू महाराज, सीता राम जी आदि गुरू दरबार में रहकर पं. अनुज राम, पं. कार्तिक राम, पं. कल्याण दास, पं. बर्मन लाल, पं. फिरतू दास एवं पं. रामलाल को नृत्य में प्रशिक्षित किया अतः संदर्भ हेतु इनका जीवन परिचय यहाँ दिया जा रहा है। रायगढ़ दरबार की रचना धर्मिता से प्रभावित दरबार के प्रसिद्ध मृदंगाचार्य पं. जगदीश सिंह के सुपुत्र पं. वेदमणि सिंह ने कत्थक नृत्य के लिए उपयोगी अनेक महत्वपूर्ण बंदिशों की रचना की । अतः इनका भी संक्षिप्त जीवन परिचय यहाँ दिया जा रहा है।

पंडित जयलाल जी महाराज

पं. जयलाल जी का जन्म 1885 में जयपुर के एक सुप्रसिद्ध कत्थक परिवार में हुआ था। आपके पिता पं. चुन्नीलाल जी तथा पितामह पं. गिरधारीलाल जी थे। दोनों नृत्य के प्रकांड विद्वान थे। अतः कत्थक नृत्य के जयपुर घराने की नृत्य कला इनको विरासत के रूप में मिली।

जगन्नाथ प्रसाद जी और मोहनलाल जी के बाद जयलाल जी रायगढ़ आये और प्रथमतः कार्तिक राम जी को फिर फिरतू दास जी को नृत्य की शिक्षा देना प्रारम्भ किये। "फिरतू महाराज जी के अनुसार जयलाल जी सही मायने में शिक्षक थे। वे अपने शिष्यों को सही शिक्षा देते थे।"[1]

जयलाल जी के पुत्र राम गोपाल अपने पिता से नृत्य और तबले की शिक्षा ले रहे थे और फिरतू दास जी भी उनके साथ सीख रहे थे।

रामगोपाल जी की बहन का नाम जयाकुमारी था। जयाकुमारी की माँ जयलाल जी को एक दरबार में पुरस्कार स्वरूप मिली थीं। उन दिनों वह एक बहुत ही प्रसिद्ध तवायफ थीं और अच्छी गायिका थीं। जयाकुमारी जयलाल जी से नृत्य की शिक्षा ली थीं और उस समय कुशल नृत्यांगना थीं।

जयलाल जी जयपुर से सन् 1930–31 में रायगढ़ पहुंचे थे। रायगढ़ से पहले वे जयपुर, बिकानेर, पटियाला तथा इन्दौर आदि दरबार में भी रह चुके थे। रायगढ़ पहुंचने के बाद उन्होंने उसे अपना घर समझा और राजा साहब की मृत्यु सन् 1947 तक 15 वर्ष वहीं रहकर दरबार के नर्तकों को नृत्य की शिक्षा दिये । वे अधिकांश समय दरबार में नर्तकों को नृत्य की शिक्षा या अभ्यास कराते रहते थे। वे कत्थक नृत्य में अन्य तबला वादकों से अधिक अच्छा संगत करते थे। वे कुशल गायक भी थे।

जयलाल जी रायगढ़ दरबार में कार्तिक राम जी, कल्याण दास जी, फिरतू दास जी और बर्मनलाल जी को नृत्य की शिक्षा दी। उन्हें दरबार में 250/– रूपये प्रतिमाह तनख्वाह मिलती थी। इसके अतिरिक्त उन्हें राशन, कपड़ा और अन्य सुविधाएँ भी दी जाती थीं।

जयलाल जी शिक्षा के समय अत्यंत कठोर एवं अनुशासित होते थे। उन्होंने दरबार में नर्तकों को सख्ती से नृत्य की शिक्षा दी और अपनी शैली का स्थायी प्रभाव नर्तकों में छोड़ गए।

अच्छन महाराज

अच्छन महाराज कत्थक नृत्य के लखनऊ घराने के मूर्धन्य कलाकार थे। ये वर्तमान कत्थक जगत के युग पुरूष पं. बिरजू महाराज के पिता थे। 'अच्छन महाराज इलाहाबाद कॉन्फ्रेंस के बाद 1933 में रायगढ़ आये''[2] रायगढ़ में इन्होंने सर्वप्रथम कार्तिक राम जी को नृत्य सिखाना प्रारम्भ किया । तत्पश्चात राजा साहब के कहने से फिरतू दास जी की भी इनसे शिक्षा प्रारंभ हुई।

अच्छन महाराज बच्चों से बहुत ज्यादा स्नेह करते थे और फिरतू दास कत्थक नर्तकों में सबसे छोटे थे। इनका भरपूर स्नेह उन्हें मिलता था। कुछ दिनों के बाद रामपूर दरबार से एक पुलिस कॉन्सटेबल नवाब साहब का संदेश लेकर आया कि अच्छन महाराज नवाब साहब को बिना कोई सूचना दिये आ गए हैं अतः इन्हें मैं वापस ले जाने आया हूँ । किन्तु राजा चक्रधर सिंह ने उन्हें अनुमति नहीं दी । तत्पश्चात वे कुछ और वर्ष रायगढ़ में रहे और कार्तिक राम, फिरतू दास, कल्याण दास एवं बर्मन लाल को नृत्य की शिक्षा दिए।

यह अनुमान लगाया जाता है कि अच्छन महाराज सन् 1938 में रायगढ़ आए। रामपुर नवाब किसी कारणवश कलकत्ता गये थे और अच्छन महाराज भी उनके साथ थे। संयोग से उस दौरान राजा चक्रधर सिंह भी वहां थे। अच्छन महाराज उस समय बहुत ही प्रसिद्ध नर्तक के रूप में जाने जाते थे। राजा चक्रधर सिंह भी उनकी नृत्य में दक्षता के बारे में सुने थे और वहां अच्छन महाराज का नृत्य देखकर राजा चक्रधर सिंह अत्यन्त प्रभावित हुए । एक बार कलकत्ता में उन्होंने शम्भू महाराज का भी नृत्य देखा था और प्रभावित हुए बिना न रह सके थे। "राजा साहब ने अच्छन महाराज को रायगढ़ आमंत्रित किया और वे जब रायगढ़ आये तो उनके साथ उनके दोनों भाई लच्छू महाराज और शम्भू महाराज भी रायगढ़ पहुंचे। कत्थक प्रदर्शन के पश्चात अच्छन महाराज को बिदाई के रूप में राजा साहब ने 3000/– रूपये दिये किन्तु अच्छन महाराज शीघ्र ही वे पैसे बच्चों और अन्य लोगों में बांट दिये जो ये कह रहे थे 'अच्छन महाराज की जय' और उसके बाद वे एक बच्चे की तरह रोने लगे क्योंकि लखनऊ वापस जाने के लिए उनके पास पैसे नहीं थे। राजा साहब ने लखनऊ जाने के लिए उन्हें पुनः 1000/– रूपये और दिये।"[3]

अच्छन महाराज पुनः सन् 1939–40 मे रायगढ़ आये और दरबार में नर्तक के रूप में नियुक्त हुये। उन्हें राशन और रहने आदि की सुविधा के अतिरिक्त प्रतिमाह 500/– रूपये तनख्वाह दी जाती थी।

लच्छू महाराज

लच्छू महाराज जी सुप्रसिद्ध नर्तक कालिका प्रसाद जी के द्वितीय पुत्र थे। इनका नाम बैजनाथ प्रसाद मिश्र था। प्यार से इन्हें लोग लुच्चा कहते थे । धीरे–धीरे यह लच्छू महाराज के नाम से प्रसिद्ध हुए । नृत्यकला में इन्हें असाधारण प्रतिभा थी। इन्हें इनकी विशेषता के कारण लास्य सम्राट कहा जाता था। नृत्य के साथ–साथ इनकी रूचि साहित्य में भी थी जिससे वे आगे चलकर एक अच्छे कवि और उच्च कोटि के नृत्य रचनाकार बन गए। लच्छू महाराज जी के गत निकास, अभिनय, लास्य का अंदाज और साथ ही उनका साहित्यक दृष्टिकोण राजा चक्रधर सिंह को बहुत प्रभावित किया था। रामपुर दरबार छोड़ने के बाद लच्छू महाराज कलकत्ता आए और वहां से रायगढ़ पहुंच गए। लच्छू महाराज एक बहुत बड़े आयोजन में नृत्य प्रस्तुत करने कलकत्ता गए थे, उस दौरान राजा चक्रधर सिंह भी कलकत्ता में थे, ये आषाण का महीना था । लच्छू महाराज राजा साहब से मिले और उन्हें अपना नृत्य दिखाया। उनका नृत्य इतना आकर्षित था कि राजा साहब उस रात्रि में सो नहीं पाये और उनके नृत्य के बारे में सोचते रहे। राजा साहब उनका बहुत सम्मान करते थे और उन्हें रहने के लिए एक विशेष बंगला दिया गया था जो कि रायगढ़ स्टेशन के सामने था।

लच्छू महाराज रायगढ़ दरबार के सभी नर्तकों को नृत्य की शिक्षा दिये पर उनके मुख्य शिष्य बर्मन लाल जी रहे। वे बर्मन लाल जी को अपने निवास स्थान में अभिनय की शिक्षा देते थे और उसे दरबार में प्रस्तुत कराते थे। महाराज जी बर्मनलाल को कई प्रकार की ''गति'' की शिक्षा दिये साथ ही साथ श्रवण कुमार की धार्मिक कथा पर भी गतभाव की शिक्षा दिये। वे सन् 1939–40 दो वर्ष रायगढ़ में रहे। लच्छू महाराज कवि भी थे अतः वे वहाँ आयोजित मुशायरों में भी भाग लेते थे।

शम्भू महाराज

शम्भू महाराज लखनऊ घराने के सुप्रसिद्ध नर्तक थे। पं. कालिका प्रसाद जी के सबसे छोटे पुत्र थे। इन्हें अभिनय सम्राट कहा जाता था। कुशल नर्तक के साथ–साथ ये अच्छे गायक और तबला वादक भी थे। शम्भू महाराज के स्वभाव में भावुकता थी। उन्हें स्वाभिमान इतना अधिक था कि छोटा सा भी अपमान बर्दाश्त नहीं कर सकते थे। उन्हें अपने घराने की श्रेष्ठता का इतना एहसास था कि वे इस सम्बन्ध में कोई टिप्पणी सहन नहीं कर सकते थे।

''रायगढ़ दरबार में जब भी शम्भू महाराज का नृत्य होता वे ताल त्रिताल में ही नृत्य प्रस्तुत करते । जयपुर के कलाकार अन्य तालों में भी नाचते थे। जब दरबार में उन्हें पंचम सवारी में नाचने को कहा जाता तो वे तीनताल के टुकड़ों को ही बनाकर अन्य ताल में प्रस्तुत करते । जिसे राजा साहब और जयपुर के कलाकार स्वीकार नहीं करते । इस बात पर भी रायगढ़ में कई झगड़े हुए।''[4] अभिनय के क्षेत्र में शम्भू महाराज की अद्‌भुत विशेषता थी। विधाता ने इन्हें दो ऐसे नेत्र दिए जो भाव प्रकट करने में नव रस स्पष्ट दृष्टिगोचर होते थे। ठुमरी, ग़ज़ल अथवा भजन इसके हर शब्द को मिसालों अर्थात उपमाओं से भर देते थे। प्रत्यक्ष दर्शकों का कहना है कि वे एक ही शब्द में हजारों प्रकार से पूरी रात अभिनय करने की क्षमता रखते थे। जब अच्छन महाराज रायगढ़ दरबार में थे गणेश उत्सव के समय शम्भू महाराज अपना नृत्य प्रदर्शन करने वहां पधारे। राजा साहब उन्हें बिदाई के रूप में एक हजार रूपये दिये । रायगढ़ दरबार में शम्भू महाराज ने किसी को नृत्य की शिक्षा नहीं दी किन्तु एक अच्छे नर्तक एवं अच्छन महाराज और लच्छू महाराज के भाई के रूप में रायगढ़ दरबार में रहे।

नारायण प्रसाद जी

नारायण प्रसाद जी कत्थक नृत्य के जयपुर घराने के सुप्रसिद्ध नर्तक थे। नारायण प्रसाद जी एक अच्छे नृत्य गुरू एवं नर्तक होने के अतिरिक्त आकर्षक व्यक्तित्व के धनी थे। उनके नृत्य में कत्थक के सभी अंगों का समावेश था। लयकारी पर उनको

उतना ही अधिकार था जितना कि अभिनय पर। नारायण प्रसाद जी रायगढ़ के गणेश उत्सव में प्रतिवर्ष आकर अपना नृत्य प्रदर्शन करते थे और राजा साहब उन्हें प्रत्येक बार एक हजार रूपये बिदाई के रूप में देते थे। किन्तु कुछ समय बाद नारायण प्रसाद जी रायगढ़ में चार वर्ष रह गये और रायगढ़ के प्रायः सभी नर्तकों को झपताल एवं एकताल में नृत्य की शिक्षा दी। रायगढ़ के राजा चक्रधर सिंह के मृत्यु के बाद सन् 1948–58 तक नारायण प्रसाद गांधर्व महाविद्यालय, दिल्ली में कार्य करते हुए अनेक शिष्य–शिष्याओं को अपने घराने की शिक्षा दिये।

श्री सीताराम जी महाराज

ये बिहार के एक धार्मिक स्थान बैद्यनाथ धाम के थे। यह कहा जाता है कि ये बिन्दादीन महाराज के वरिष्ठ शिष्य थे। एक बार नेपाल महाराज ने बनारस में कालिका, बिन्दादीन जी की जुगलबंदी देखी। उनके अभिनय से इतने प्रभावित हुए कि उन्हें सात लाख का इनाम दिये और अपने साथ नेपाल चलने को कहा । चूँकि वे लखनऊ में नवाब वाज़िदअली शाह के दरबारी नर्तक थे अतः बिन्दादीन महाराज अपने वरिष्ठ शिष्य सीताराम जी महाराज को नेपाल भेजे। नेपाल महाराज उर्फ पन सरकार सीताराम जी के शिष्य बन गए और कत्थक नृत्य की शिक्षा लेने लगे। सीताराम जी महाराज नेपाल में 15 वर्ष रहने के पश्चात कलकत्ता आये और उन्होंने बहुतों को नृत्य की शिक्षा दी। कलकत्ता के पश्चात वे बॉम्बे गए और वहां उन्होंने मैडम मेनका को नृत्य की शिक्षा दी । मैडम मेनका इंगलैण्ड जा रही थी वहां सीताराम जी से साथ चलने हेतु निवेदन किया किन्तु वे नही गये और सन् 1937 में रायगढ़ आ गये। जहां वे 1942 तक रहे। "सीताराम जी का शरीर विशाल था, उनका कद 6 फीट से ज्यादा था। वे दरबार के सबसे मोटे व्यक्ति थे। उस समय उनकी उम्र 80 वर्ष से ज्यादा थी। इस प्रकार दरबार के सबसे बुजुर्ग कलाकार थे किन्तु जब वे नृत्य करने के लिये खड़े होते थे तो 10 वर्ष के लड़के के जैसे लगते थे जो कि इनकी विशेषता थी। उन्हें रायगढ़ में बर्मनलाल जी को नृत्य शिक्षा हेतु कहा गया था। रायगढ़ के बाद वे बॉम्बे चले गये और फिल्मों में नृत्य निर्देशक बन गए।"[5]

सीताराम जी धार्मिक प्रवृत्ति के व्यक्ति थे। वे प्रतिदिन प्रातः 5 बजे से 8 बजे तक 3 घंटे नियमित रूप से पूजा करते थे। वे महामृत्युंजय मंत्र का जाप भी नियमित रूप से करते थे। वे पूजा के दौरान भी शिष्यों को शिक्षा देते थे ।

"उनका अभिनय बहुत खूबसूरत था। उन्हें बिंदादीन महाराज के लिए आदर और समर्पण था। एक बार वे अच्छन महाराज और लच्छू महाराज के साथ दरबार में नृत्य करने हेतु मना कर दिये क्योंकि वे दानों उनके गुरू पुत्र थे अतः उनकी बराबरी वे नहीं

करना चाहते थे। सीताराम जी महाराज अविवाहित थे। एक नेपाली शिष्या उनकी सेवा करती थी। उसने अपना पूरा जीवन अपने गुरू के अंतिम समय तक सेवा में लगा दिया। रायगढ़ दरबार में गणेश मेला, अन्य कई अवसरों पर उसने नृत्य किया और राजा साहब से पुरस्कृष्त भी हुयी। वह सीताराम महाराज के साथ ही रहती थी।"[6] सीताराम जी महाराज शुद्ध शाकाहारी थे। वे अपना खाना स्वयं बनाते थे अतः यात्रा के दौरान कई बार उन्हें भूखा रहना पड़ता था। वे भगवान शिव के महान भक्त थे। वे अपने जीवन के अंतिम समय में अपने निवास स्थान बैद्यनाथ धाम चले गये और शंकर भगवान की पूजा करते हुए समाधी में लीन हो गये ।

जगन्नाथ प्रसाद जी

पं. जगन्नाथ प्रसाद जी रायगढ़ दरबार के प्रथम नृत्य गुरू थे जिन्होंने अनुजराम को नृत्य की शिक्षा दी। ये जयपुर घराने के नर्तक थे किन्तु नेपाल दरबार से ये रायगढ़ पहुँचे और रायगढ़ दरबार में दो या तीन वर्ष रहकर अनुजराम को कत्थक नृत्य की शिक्षा दिये।

मोहनलाल जी

मोहन लाल जी बनारस से आये थे और लगभग चार वर्ष रायगढ़ में रहकर अनुजराम को नृत्य की शिक्षा दिये । ये रायगढ़ दरबार में पहुँचने वाले दूसरे नृत्य गुरू थे जिन्होंने अनुजराम और अन्य को नृत्य की शिक्षा दी। इनके बाद कई कत्थक नृत्य गुरू रायगढ़ पहुँचे और दरबार में नर्तकों को नृत्य की शिक्षा दिये।

पं. अनुजराम मालाकार

पं. अनुजराम मालाकार रायगढ़ के निकट के एक छोटे से गाँव से सम्बन्ध रखते हैं। इनके पिता का नाम जगदेव मालाकार था जो कि छत्तीसगढ़ अंचल के 'गम्मत' नाचा में कुशल थे। उन्होंने अपने पुत्र को बाल्य काल से इसकी शिक्षा दिए। रायगढ़ राज के निकट ही सारंगढ़ था जहाँ राजा चक्रधर सिंह अकसर आया जाया करते थे। राजा चक्रधर सिंह की दूसरी पत्नी बसंतमाला सारंगढ़ राजा की पुत्री थी। एक बार राजा चक्रधर सिंह सारंगढ़ आए हुए थे और उस दौरान उन्होंने मालगुजार से वहां के स्थानीय नाच और गाने सुनने की इच्छा जाहिर की, तब मालगुजार ने कहा कि, उनके गांव का एक लड़का नाच करने में बहुत ही दक्ष है, राजा साहब ने तुरंत उस लड़के को बुलाने कहा और लड़के को बुलाकर राजा साहब के सामने नृत्य हेतु तैयार किया गया। राजा साहब स्वयं तबला बजा रहे थे और अनुजराम बहुत ही कुशलता से गम्मत नाच रहे थे। राजा साहब उससे बहुत प्रभावित हुए और मालगुजार को कहकर

अनुजराम को रायगढ़ दरबार बुला लिए । राजा साहब ने अनुजराम के पिता को यह कहा कि वे अनुजराम को अपने स्वयं के पुत्र के समान देखभाल करेंगे और उसे कला में पारंगत करेंगे। अनुजराम के पिता बहुत प्रसन्न हुए और अनुजराम को रायगढ़ में छोड़ दिए।

बड़ी रानी डिसेश्वरी देवी को भजन कीर्तन करने का शौक था। वे ढोलक बजाने में भी प्रवीण थीं। "उन्होंने अपने जयेष्ठ पुत्र राजकुमार ललित सिंह की तरह बालक अनुजराम का पालन पोषण किया।"[7]

जगन्नाथ प्रसाद जी से दो वर्ष तक अनुजराम जी की कत्थक नृत्य की शिक्षा हुयी। अनुजराम को शिक्षा देने के बाद जगन्नाथ प्रसाद जी रायगढ़ छोड़ दिए । हाजी मोहम्मद खाँ (बांदा वाले) से इनको गायन की शिक्षा मिली। सप्ताह में एक दिन अनुजराम रनिवास में नृत्य करते। गाने में हाजी मोहम्मद और तबले पर ठाकुर लक्ष्मण सिंह उनका साथ दिया करते थे। इसके बाद रायगढ़ दरबार में जब जयपुर के मोहनलाल जी का आगमन हुआ तब उन्होंने भी अनुजराम को नृत्य की शिक्षा दी।

इसी बीच अचानक अनुजराम का एक पैर खराब हो गया। वे अपने गाँव जाकर महीनों झाड़–फूँक तथा मालिश आदि कराने के बाद रायगढ़ दरबार लौटे। उनका पैर ठीक हो गया था और पुनः नृत्य की शिक्षा लेने लगे। किन्तु यह अधिक दिनों तक नहीं चला और राजा साहब उन्हें अपने निजी सहायक का कार्य कराने लगे।

रायगढ़ दरबार में अनुजराम के चार–पाँच वर्ष तक रहने के बाद अन्य नर्तक कार्तिक राम जी, फिरतू दास जी, कल्याणदास जी व बर्मनलाल जी आए। जब रायगढ़ में प्रसिद्ध गुरू और कलाकार पहुंचे अनुजराम मुख्य रूप से जयलाल जी से तबले की शिक्षा लिए उसके बाद उन्होंने मुनीर खॉ साहब और नत्थू खाँ साहब से भी तबले की शिक्षा ली और रायगढ़ दरबार के तालीम खाना तथा कॉनफ्रेंस आदि में नर्तकों के साथ तबला संगत करने लगे।

जब कार्तिक राम जी टाटा नगर में नृत्य की शिक्षा दिया करते थे, तब बहुत दिनों तक अनुजराम उनके साथ रह कर संगीत के विभिन्न पक्षों की शिक्षा छात्रों को दिया करते थे। राजा साहब के देहपतन के बाद वे उनके द्वारा दिए गए गाँव में जा कर खेती करने लगे।

पंडित कार्तिक राम

"पं. कार्तिक राम का जन्म वर्तमान चांपा–जांजगीर जिले के एक छोटे से गांव भंवरमाल में सन् 1910 में हुआ था। उनके चाचा माखन लाल गम्मत नाचा के मास्टर

थे। कार्तिक राम जी उनकी पार्टी के बाल कलाकार थे। एक बार गणेश मेला, रायगढ़ में उन्हें परी के रूप में नृत्य करते राजा चक्रधर सिंह ने देख लिया। बालक जितना सुंदर था, उसका पदसंचालन उतना ही सघन और ललित । राजा साहब ने उन्हें रायगढ़ के लिए तुरन्त चयन कर लिया। उनके लिए आवास, खान–पान की व्यवस्था की, उपर से 25 रूपए मासिक छात्रवृत्ति की व्यवस्था भी कर दी ।''[8]

कथक नृत्य से आपका आत्मिक सम्बन्ध रहा है और जबसे होश सम्हाला तभी से इसमें रच–बस गए। तत्कालीन रायगढ़ नरेश स्व. श्री चक्रधर सिंह जी (जो विलक्षण बहुमुखी कला प्रतिभा के धनी थे) का ही संबल प्राप्त कर देश के मूर्धन्य कलाकारों के संरक्षण में आपको नृत्य की शिक्षा प्राप्त हुई । प्रारंभिक शिक्षा अपने युग के ख्यातनामा जयपुर घराने के कथक कलाकार पं. शिवनारायण जी से मिली। इसी घराने के मूर्धन्य कलाकार पं. जयलाल जी महाराजं से आपने लगभग दस वर्षों तक नृत्य की गहन शिक्षा ली। जयपुर घराने के ही लब्ध–प्रतिष्ठित कथक कलाकार पं. शिवलाल जी, पं. नारायण प्रसाद जी, पं. सुंदर प्रसाद जी, पं. मोहनलाल जी तथा लखनऊ घराने के अच्छन महाराज भी आपके गुरू हैं।

''कार्तिक राम के अनुसार– मेरी प्रारंभिक शिक्षा मुझे अपने युग के ख्यात कथक स्वर्गीय शिवनारायण, स्वर्गीय सुन्दरलाल, स्वर्गीत मोहन–लाल और अच्छन महाराज ने दी। ये लोग मेरे प्रमुख गुरू थे। अच्छन महाराज से लास्य की शिक्षा ली। उन्होंने मेरी कला को खूबसूरती प्रदान की। शंभू महाराज से नृत्य की गति मिली और लच्छू महाराज से भाव। अल्लादिया भी भाव पक्ष के मेरे विशेश गुरू थे। शिवलाल और मोहनलाल से मैंने गतियां और मूक भाव का बारीकी से अध्ययन किया । उपर्युक्त गुरूओं से मैंने करीब दस वर्ष तक नृत्य की शिक्षा ली।''[9]

इन गुरूओं की कृपा और कठिन साधना के फलस्वरूप आप बीस वर्ष की आयु में ही कथक के सभी अंगों में निष्णात होकर कथक की दुनिया में कई वर्षों तक छाए रहे। देश के सभी संगीत सम्मेलनों में आप आमंत्रित होते थे। सन् 1933 की मिर्जापुर संगीत–कॉन्फ्रेंस में स्वर्ण पदक तथा सन् 1933 में संपन्न म्यूजिक कॉन्फ्रेंस, इलाहाबाद में नृत्य में प्रथम स्थान प्राप्त किया। सन् 1935 में अखिल भारतीय संगीत सम्मेलन (कलकत्ता) में तथा सन 1937 में इलाहाबाद में संगीत सम्मेलन में स्वर्ण पदक प्राप्त किए। सन् 1935 में दिल्ली के अखिल–भारतीय संगीत सम्मेलन में आपको विशेष सम्मान मिला। सन् 1939 में इटावा में भी आपको विशेष सम्मान प्रदान किया गया । पुराने कलाकारों को स्मरण होगा कि नृत्य की तैयारी में 'कार्तिक और कल्याण' की जैसी जोड़ी उस समय देश में दूसरी नहीं थी। सन् 1930 और 1940 के मध्य का समय

वह था, जब पं. कार्तिक राम के साथ पखावज व तबले पर संगति करने वाला कलाकार विरल ही मिल पाता था। कठोर कला–अनुशासन और अथक मेहनत उनके नृत्य को विशिष्ट गरिमा देते रहे।

नृत्य के सिवा आपने उस्ताद कादिरबख्श व अहमद जान थिरकवा सरीखे मूर्धन्य कलाकारों से तबला–वादन तथा बाबा ठाकुर दास से पखावज वादन की भी शिक्षा प्राप्त की।

"मैंने उन्हें ठाकुर दिग्विजय सिंह एडवोकेट के प्रांगण में नृत्य करते देखा था। उस समय कार्तिक राम जी की पूरी तैयारी थी। वे चक्करदार परनों की प्रस्तुति में जमीन से एक हाथ उपर उठ जाते थे। वहीं मैंने सघन पदचाप के बाद उनके पांव में बंधे घुंघरूओं के बीच सिर्फ एक घुंघरू को बजते या किलकते हुए देखा और सुना था। देश का कोई ऐसा बड़ा शहर न होगा, जहां कार्तिक राम जी के पदचाप सुनाई न पड़े हों। कार्तिक राम अपने समय के महान नर्तक थे। उन्हें जीवन में काफी पुरस्कार और शोहरत मिली। सन् 1978 में उन्हें संगीत नाटक अकादमी का फेलोशिप मिला था।"[10]

राजा चक्रधर सिंह की सन् 1947 में मृत्यु के पश्चात कार्तिक राम जी को दुर्दिन भी देखने पड़े और सन 1960 से 1976 तक आप अपना समय रायपुर तथा जमशेदपुर में बिताने को विवश हुए। भारत सरकार के संस्कृति मंत्रालय ने आपको 'फेलोशिप' प्रदान कर गौरवान्वित किया है। आपको मध्यप्रदेश शासन ने वर्ष 1981 में शिखर सम्मान से अलंकृत किया हे।

सन् 1982 में भोपाल में चक्रधर नृत्य केन्द्र की स्थापना हुई तब पं. कार्तिक राम जी को वहां का प्रथम गुरू नियुक्त किया गया। यहां इन्होंने छात्रवृत्ति प्राप्त योग्य शिष्य–शिष्याओं को कड़ी मेहनत से नृत्य की शिक्षा दिये। जिनमें से डॉ. सुचित्रा हरमलकर, श्रीमति अल्पना वाजपेयी, डॉ. विजया शर्मा व श्रीमति अनुराधा सिंह का नाम बखूबी लिया जा सकता है। "कुछ वर्ष चक्रधर नृत्य केन्द्र, भोपाल में कार्य कर वे अपने गांव भंवरमाल लौट आए और 'जननी जन्मभूमिश्च स्वर्गादपि गरियसी' की उक्ति को चरितार्थ करते हुए पंचतत्व में विलीन हो गए।"[11]

पं. कल्याण दास महन्त

कल्याण दास महन्त का जन्म ग्राम मड़वा (नवापारा), जिला–बिलासपुर में 10 अक्टूबर सन् 1921 को हुआ था। छोटे कद और सौम्य मुखाकृति के कल्याण दास महन्त के चलने–फिरने और बातचीत के लहजे में ही नर्तक अदाकारी प्रकट होती है। कल्याण दास के पिता श्री कुशलदास स्वयं एक गुणी संगीतज्ञ थे और लोक नृत्य कर्मा

के लिए प्रसिद्ध थे। इन्हीं के संरक्षण में इन्होंने गम्मत नृत्य की शिक्षा ली जो कि छत्तीसगढ़ी नाचा के नाम से जाना जाता है। एक समय कल्याणदास जी का 'नाचा' सारंगढ़ में हुआ और उनकी नृत्य भंगिमाओं से प्रभावित होकर राजा ने उन्हें अपने दरबार में रख लिया । ''राजकुमारी (राजा चक्रधर सिंह की पत्नी) स्वयं नृत्य नाटिका की शौकीन थी। दरबार में राधा–कृष्ण नाटिका खेली जाती थी और कल्याणदास जी उसमें भाग लेते थे।''[12] एक बार राजा चक्रधर सिंह ससुराल (सारंगढ़) पहुँचे और कल्याणदास की प्रतिभा को पहचान कर उन्होंने राजा जवाहर सिंह से उन्हें माँग लिया। रायगढ़ दरबार में उन्हें पं. जयलाल, अच्छन महाराज, लच्छू महाराज आदि ने नृत्य की शिक्षा दी। हाजी मुहम्मद, भाई लाल खाँ से उन्होंने गायन और नत्थू खाँ, अहमद खाँ थिरकवा, कादरबख्श आदि से तबले की शिक्षा ली। इस प्रकार कल्याणदास जी नृत्य के साथ–साथ गायन एवं तबला बजाने में भी दक्ष थे। इनका अभ्यास कार्तिक राम जी के साथ प्रतिदिन 6–7 घंटे चलता था। कल्याण दास एवं कार्तिक राम की जोड़ी कथक जगत में खूब रौशन हुई।

''रायगढ़ दरबार में कल्याणदास महंत जी को पं. जयलाल, अच्छन महाराज, शंभू महाराज और लच्छू महाराज से नृत्य की, हाजी मुहम्मद, भई लालखाँ से गायन की और नत्थू खाँ, अहमद खाँ थिरकवा, कादर बख्श आदि से तबले की शिक्षा मिली।''[13] कल्याण दास जी अभिनय की दृष्टि से सर्वोत्तम कलाकार थे। उनका भाव प्रदर्शन अत्यधिक सम्मोहक होता था। महंत जी के अनुसार ''राजा साहब को हम दोनों पर अभिमान था। वे हमें एक पल के लिए भी दूर रखना नहीं चाहते थे। हमारे लालन पालन से लेकर घर बसाने तक उन्होंने ध्यान दिया।''[14]

राजा साहब की मृत्यु के बाद कल्याण दास जी उड़ीसा चले गए जहां उन्होंने कई वर्षों तक नृत्य की शिक्षा दी। 'कला पथक' में भी वर्षों तक सीनियर आर्टिस्ट के रूप में अपनी सेवा देते रहे। सन 1964 में वे इंदिरा कला संगीत विश्वविद्यालय, खैरागढ़ में व्याख्याता के पद पर आसीन हुए। कल्याण दास जी ने ढलती उम्र में काव्य प्रभाकर की परीक्षा पास की जिससे कला के प्रति उनकी समर्पण भावना को समझा जा सकता है। महंत जी वर्षों तक कला परिषद, भोपाल के सदस्य थे। वे समूचे देश में परीक्षक के रूप में भ्रमण करते थे। सन् 1986 में उन्हें मध्य प्रदेश सरकार (संस्कृति विभाग) ने शिखर सम्मान से सम्मानित किया । पं. कल्याण दास महन्त को पुस्तक प्रकाशित करने का बहुत शौक था। बाद में वे अपना समय लिखने में ही बिताने लगे थे । किन्तु अंत तक उनकी इच्छानुसार ''भाव नृत्य'' पुस्तक प्रकाशित नहीं हो पायी। डॉ. भगवान दास माणिक एवं डॉ. कृष्ण कुमार सिन्हा उनके योग्यतम शिष्य हुए हैं। डॉ. भगवान दास माणिक आजकल ग्वालियर के शासकीय महाविद्यालय में प्रोफेसर हैं। डॉ. कृष्ण कुमार

सिन्हा राजनादगांव (छ.ग.) में 'कथक कल्याण केन्द्र' के नाम से एक संस्था संचालित कर रहे हैं।

पं. बर्मन लाल

बर्मन लाल का जन्म वर्तमान चांपा–जांजगीर जिले के दतौल नामक ग्राम में 24 अप्रैल सन् 1916 को हुआ था। "उनके मामा मुकुत राम स्वयं भूपदेव सिंह के जमाने से रायगढ़ दरबार में रहते थे और शिवनारायण, सीताराम, अनोखेलाल, चांदखां, महंत ठाकुरदास आदि के शिष्यों में से थे । बर्मन लाल जी को नृत्य की शिक्षा अपने मातुस से ही शुरू शुरू में मिली थी, वे नाचा के भी लोकप्रिय कलाकार थे। राजा चक्रधर सिंह को उनकी प्रतिभा का पता चला तो उनके मामा को भेजकर उन्हें अपने दरबार में बुला लिया। बर्मनलाल जी को पं. जयलाल महाराज, सीताराम, लच्छू महाराज, अच्छन महाराज, शंभू महाराज जैसे शीर्ष कत्थकों से करीब दस वर्षों तक शिक्षा मिली। संगीत के चारों अंगों की शिक्षा उन्होंने इस प्रकार ली थी, नत्थू खां से तबला, भूषण महाराज से गणितकारी, नन्हें लाल से राग रागनियां विशेष रूप से उल्लेखनीय हैं।"[15]

बर्मनलाल जी रायगढ़ दरबार में सन् 1932 से 1947 तक नृत्य की कठिन साधना करते रहे। सन 1936 में इलाहाबाद और कानपुर के सम्मेलनों में वे प्रथम आए । इससे राजा चक्रधर सिंह इतने प्रसन्न हुए कि उन्हें केलो तट पर रहने के लिए पर्याप्त जगह दे दी और फिर बर्मनलाल जी रायगढ़ के निवासी हो कर रह गए।

सन् 1948 में राजा चक्रधर सिंह के असमय देहपतन से उनके सर्वाधिक प्रिय शिष्य बर्मनलाल जी एक प्रकार से खामोश हो गए। उनकी वाकपटुता, शेरो–शायरी, सघन पद चालन, अनूठे भाव–भंगिमा को जैसे लकवा मार गया। लेकिन वे जल्दी सम्हल गए। 1947 से 1949 तक बर्मनलाल जी ने अपनी सेवा वाडिया मूव्हीटोन्स बम्बई के चलचित्रों में दी और कर्नल सोखे और मिस मेनका को नृत्य क्षेत्र में सहयोग किया । मिस मेनका आजीवन उन्हें अपना गुरू मानती रहीं। बम्बई से लौटने पर वरिष्ठ कलाकार के रूप में उन्होंने अपनी सेवा मध्यप्रदेश के समाज कल्याण विभाग को दी। कला पथक रायगढ़ में वे लम्बे समय तक सेवारत थे। इसी प्रकार संगीत समाज बाल्को–कोरबा तथा अम्बिकापुर में कई वर्षों तक वे नृत्य शिक्षक के पद पर प्रतिष्ठित रहे। जीवन के उत्तरायण में केलो तट पर उन्होंने संगीत सम्राट चक्रधर सिंह की स्मृति में एक नृत्य केन्द्र की स्थापना की और कई योग्य शिष्यों को नृत्य संगीत की शिक्षा प्रदान की।

बर्मनलाल जी को सबसे पहले 26 जनवरी 1954 को राष्ट्रपति पुरस्कार से सम्मानित किया गया । फिर तो सम्मान और पुरस्कारों की झड़ी सी लग गई। मध्यप्रदेश राज्य

सरकारं की ओर से माननीय मंडलोई जी ने उन्हें प्रशस्ति पत्र दे कर सम्मानित किया। गांधर्व महाविद्यालय देहली, प्रयाग संगीत समिति, इलाहाबाद, श्रीराम संगीत महाविद्यालय, रायपुर, भातखण्डे संगीत महाविद्यालय, बिलासपुर और अनेक निजी तथा शासकीय सांस्कृतिक संस्थाओं द्वारा उन्हें अनेक सम्मान और पुरस्कारों से नवाजा गया था। इंदिरा dyklaहr fo'ofo|ky ;][kSkx<+e/; izsdykifjषद, भोपाल, संगीत अकादमी, दिल्ली आदि के महत्वपूर्ण सेमीनार तथा प्रशिक्षण में बर्मनलाल जी ने अपनी अद्भुत कला का प्रदर्शन करते हुए कथक के क्षेत्र में एक इतिहास रचा। उनकी सुदीर्घ सेवा और साधना के कारण मध्यप्रदेश शासन ने सन 1991–92 के शिखर सम्मान से उन्हें अलंकृत किया।

''पहली बार भारत सरकार ने उन्हें मास्को जाने हेतु 30 सितम्बर 1960 को आमंत्रित किया, लेकिन वे किसी आत्मीय के देहावसान के कारण नहीं जा सके। दूसरी बार जब छत्तीसगढ़ शासन ने उन्हें पद्मश्री दिए जाने वाला प्रस्ताव पास किया, जिस दिन एतद् विषयक सूचना उनके निवास स्थान, रायगढ़ पहुंची, उस दिन पंडित बर्मनलाल जी महाप्रयाण कर चुके थे।''[16]

पंडित फिरतू महाराज

फिरतू महाराज का जन्म बिलासपुर जिले के बुन्देला ग्राम मे 07 जुलाई सन् 1921 को हुआ था । ये भी गम्मत के कलाकार थे। इनके पिता मंदिर के पुजारी थे। ये सन् 1930 में रायगढ़ आये। इन्होंने सन् 1933 में प्रथम बार इलाहाबाद म्यूज़िक कॉन्फ्रेंस में भाग लिया और रातों–रात प्रसिद्ध हो गये । फिरतू महाराज नृत्य अंग अर्थात बोल, परन के लिए निष्णात थे। लंबे बोल और चक्करदार परन के लिए प्रसिद्ध फिरतू महाराज कथक की गोष्ठियों में लगातार तीन–चार घंटे पढ़त कर श्रोताओं को मन्त्रमुग्ध कर देते थे।

फिरतू महाराज ने छत्तीसगढ़ और उड़ीसा में कथक के सैकड़ों शिष्य तैयार किये हैं, जिनमें उनके पुत्र राममूर्ति, पुत्री बासंती वैष्णव एवं नाती सुनील लोकप्रिय व प्रमुख हैं ।

फिरतू महाराज को जयलाल महाराज, अच्छन महाराज, सीताराम जी, मुहम्मद खाँ (गायन), छुट्टन भाई और हरनारायण आदि से नृत्य तथा गायन की शिक्षा मिली। वे करीब 7 वर्ष तक लगातार रायगढ़ दरबार में रहे।

''पं. फिरतू महाराज पूरे छह फीट के स्वभाव से अक्खड़ शत प्रतिशत सत्यवादी, झूठ, गप्पें, खयाली के दुश्मन, कम बोलने वाले, तिलक लगाए मस्तक उठाकर चलने

वाले इस स्वाभिमानी नर्तक को कौन नहीं जानता है? भूखों मरने की नौबत में भी जिन्होंने रायगढ़ दरबार की मृत प्राय परंपरा को पुनर्जीवित किया। अनैतिकता, अन्याय न सहने के कारण वे राजा साहब के उतने प्रिय नहीं हो सके जितने अन्य खुशामदखोर दरबारी कलाकार, ऐसे लोगों की संख्या उस जमाने में नगण्य थी। कहा जाता है कि युवावस्था में इस जवान कत्थक की हड्डियां इतनी मजबूत थी कि लास्य के लिए उसमें जगह ही नहीं थी। पं. जयलाल महाराज ने कम से कम हजार भर शिष्य तो जरूर तैयार किए होंगे, इन सब में सर्वाधिक प्रिय एवं योग्य पं. फिरतू महाराज ही थे। विशुद्ध तांडव नृत्य में संगीत सम्राट और ताण्डव नृत्य के विलक्षण कलाकार राजा चक्रधर सिंह भी उनकी समता नहीं कर सके। उनमें शिवत्व की प्रधानता थी शिव ताण्डव की शुद्धता को वे आजीवन बनाए रखे। कलाकार भावुकता के कारण ऊंचे हॉकने लगते हैं, ऐसे लोगों को दो टूक जवाब देकर चुप करा देना फिरतू महाराज के लिए बहुत बड़ा काम न था। एक बार डॉ. बलदेव ने कत्थक के घराने को लेकर कुछ अतिश्योक्ति पूर्ण बात कह दी इस पर फिरतू महाराज बिगड़ गए थे जबकि वे उनको अतिशय सम्मान देते थे।''[17]

''एक बार नेपाल नरेश ने उन्हें अपने दरबार में रख लिया था (वे रूष्ट होकर रायगढ़ दरबार से निकल गए थे) तब रायगढ़ नरेश ने उन्हें कड़ा पत्र लिखकर वापस बुला लिया, इससे फिरतू महाराज की श्रेष्ठता पर प्रकाश पड़ता है। कम लोगों को मालूम है इस घटना के कारण फिरतू महाराज को राजसी कसाघत का शिकार होना पड़ा''[18]

लंबी बीमारी के बावजूद फिरतू महाराज ने रायगढ़ दरबार के कत्थक के विकास के लिए सर्वाधिक कार्य किया है। उन्होंने रायगढ़, बिलासपुर तथा राउरकेला में वर्षों तक नृत्य की शिक्षा देकर शताधिक शिष्य तैयार किए । फिरतू महाराज सन् 1952 से 72 तक बालमंदिर रायगढ़ में नृत्य संगीत के शिक्षक रहे। सन् 1963 में उन्होंने वैष्णव संगीत विद्यालय की स्थापना की जिसकी शाखा अभी भी रायगढ़ के अतिरिक्त कोरबा और बिलासपुर में भी सुगमता से चल रही है। जहाँ इनके पुत्र राममूर्ति वैष्णव के असामयिक निधन के पश्चात इनकी पुत्री सुश्री बासंती वैष्णव व नाती सुनील वैष्णव शिक्षा दे रहे हैं। और रायगढ़ शैली के प्रचार प्रसार में सतत प्रयास रत हैं।

पं. रामलाल

रायगढ़ दरबार के प्रमुख नर्तकों अनुजराम, कार्तिक राम, फिरतू दास, कल्याण दास और बर्मनलाल के बाद रामलाल का नाम आता है। इनका जन्म 06 मार्च 1936 को हुआ। उस समय रायगढ़ दरबार का कत्थक पूरे उत्साह एवं जोश के साथ था।

रामलाल जी की मुख्यतः नृत्य शिक्षा के कारण इनकी शैक्षणिक शिक्षा मात्र मिडिल स्कूल तक हो पाई। रामलाल जी को नृत्य की प्रारंभिक शिक्षा उनके पिता कार्तिक राम जी से मिली उसके पश्चात रायगढ़ दरबार के गुरू पं. जयलाल महाराज एवं अन्य से भी नृत्य की दुर्लभ शिक्षा मिली। पं. कार्तिक राम जी के अनुसार "रामलाल को नृत्य की शिक्षा स्वयं राजा चक्रधर सिंह, जयलाल महाराज और मैंने दी है। नृत्य की सुव्यवस्थित f'k{kk mlusge rhukxq vkal sd jhc 11 oर्ष तक ली। मैंने उसे चार वर्ष की उम्र से ही तालीम देनी शुरू कर दी थी। नृत्य का रियाज राजा साहब स्वयं अपने सामने कराते, उसके सामने तबले के कठिन बोल प्रस्तुत करते और वह ज्यों को त्यों घुंघरूओं में उतार देता । राजा साहब खुश हो जाते, हमारी भी खुशी का कोई ठिकाना नहीं रहता।"[19]

रामलाल नृत्य के अतिरिक्त तबला वादन और ठुमरी, ग़ज़ल गायन में भी कुशल हैं। "राजा साहब कृत 'निगारे फरहत' और 'जोशे–फरहत' के सैकड़ों शेर उन्हें आज भी कण्ठस्थ हैं।"[20]

पं. रामलाल को सन् 1995 में संगीत नाटक अकादमी, दिल्ली से पुरस्कृत किया गया। छत्तीसगढ़ शासन, संस्कृति विभाग द्वारा सन् 2006 में चक्रधर सम्मान से सम्मानित किया गया।

"महाराज चक्रधर सिंह को स्मरण करते हुए रामलाल जी लिखते हैं– 'मुझे महाराज चक्रधर सिंह से बचपन में सबसे ज्यादा प्यार मिला और आर्शीवाद मिला। मुझे कभी–कभी स्वयं तबला बजा कर अभ्यास कराते एवं नृत्य बंदिश लिख कर देते और अपने सामनें गुरूओं के सामने सुबह छः बजे अभ्यास कराते तथा खाना भी अपने साथ खिलाते । रात्रि में मुझे प्रोत्साहन के लिए दरबार में गुरूओं के बीच नृत्य प्रदर्शन कराते थे। वह प्यार मैं जीवन भर नहीं भूल सकता।"[21] रामलाल जी इस समय चक्रधर नृत्य केन्द्र, भोपाल में गुरू के पद पर सुशोभित करते हुए अनेक शिष्य–शिष्याओं को कत्थक नृत्य की शिक्षा दे रहे हैं।

श्री वेदमणि सिंह ठाकुर

राजा चक्रधर सिंह के दरबार में एक से एक गुणी संगीतज्ञ थे । ठाकुर जगदीश सिंह 'दीन' मृदंगाचार्य भी उन्हीं संगीतज्ञों में से एक थे। इनके वादन से प्रभावित होकर रायगढ़ नरेश ने इन्हें अपने दरबार में आमंत्रित किया। "दरबार में इनकी मुलाकात भारत के मशहूर संगीतज्ञों से हुई। उनकी चीजें भी इन्हें सुनने को मिलीं। उस्ताद मुनीर खाँ, लखनऊ के खलीफा आबिद हुसैन एवं कई अन्य उस्तादों से भी इन्हें बहुत सी चीजें मिलीं। ये गणितकारी एवं लयकारी में काफी दक्ष थे, अतः ये ऐसी अनोखी चीजों की

रचना बजाते थे, जिसे सुनकर बड़े–बड़े घरानेदार वादक विस्मय में पड़ जाते थे। इनका कथन–'दम छोड़ दूँगा, सम नहीं छोड़ूँगा' लय पर अपूर्व अधिकार का परिचायक है।''[22]

ठाकुर जगदीश सिंह के सुपुत्र वेदमणि सिंह ठाकुर का जन्म 13 मार्च 1935 को रायगढ़ में हुआ। बचपन से ही संगीतमय वातावरण पाकर आपकी संगीत प्रतिभा विकसित होने लगी थी। आपके पिता ठाकुर जगदीश सिंह रायगढ़ राज दरबार में मृदंग एवं तबला वादक के सम्मानित पद पर आसीन थे। अतः उस्ताद मुनीर खाँ, खलीफा नत्थू खाँ, खलीफा आबीद हुसैन खाँ, उस्ताद कादीर बक्श, बाबा ठाकुर दास, पं. जयलाल जी, पं. अच्छन महाराज तथा वाग्‍्यकार पं. भूषण संगीताचार्य आदि अनेक कला प्रवीण विभूतियों की कृपा उन्हे प्राप्त थी। ये सभी ठाकुर जगदीश सिंह के घर आते और वेदमणि सिंह को गोद में लेकर स्नेह से आशीर्वाद देते थे। इन सभी महान विभूतियों की कृपा एवं सांगीतिक वातावरण ने इन्हें कुशल तबला वादक तथा संगीतज्ञ बनाया। संगीत कला के साथ–साथ आपकों साहित्य कला में भी रूचि है। आपने नृत्य से सम्बंधित अनेक रचनाएँ लिखी जिन्हें आगामी अध्याय में दर्शाया गया है। ये रचनाएँ निश्चित रूप से रायगढ़ दरबार की साहित्यिक एवं सांगीतिक वातावरण से प्रभावित है।

— — —

1. रायगढ़ दरबार (अंग्रेजी), डॉ. पी. डी. आर्शीवादम, पृष्ठ 75.
2. रायगढ़ दरबार (अंग्रेजी), डॉ. पी. डी. आर्शीवादम, पृष्ठ 76.
3. रायगढ़ दरबार (अंग्रेजी), प्रो. (डॉ.) पी. डी. आर्शीवादम, पृष्ठ 77.
4. रायगढ़ दरबार (अंग्रेजी), डॉ. पी. डी. आर्शीवादम, पृष्ठ 78.
5. रायगढ़ दरबार (अंग्रेजी), डॉ. पी. डी. आर्शीवादम, पृष्ठ 78.
6. रायगढ़ दरबार (अंग्रेजी), डॉ. पी. डी. आर्शीवादम, पृष्ठ 78.
7. रायगढ़ का सांस्कृतिक वैभव, डॉ. बलदेव, पृष्ठ 148.
8. रायगढ़ का सांस्कृतिक वैभव, डॉ. बलदेव, पृष्ठ 149.
9. रायगढ़ का सांस्कृतिक वैभव, डॉ. बलदेव, पृष्ठ 150.
10. रायगढ़ का सांस्कृतिक वैभव, डॉ. बलदेव, पृष्ठ 151.
11. रायगढ़ का सांस्कृति वैभव, डॉ. बलदेव, पृष्ठ 152.
12. रायगढ़ में कथक, पं. कार्तिक राम, पृष्ठ 25.
13. रायगढ़ में कत्थक, पं. कार्तिक राम, पृष्ठ 26.
14. रायगढ़ में कत्थक, पं. कार्तिक राम, पृष्ठ 26.
15. कार्तिक राम, रायगढ़ में कत्थक, पृष्ठ 28.
16. रायगढ़ का सांस्कृतिक वैभव, डॉ. बलदेव, पृष्ठ 162.
17. डॉ. बलदेव से भेंटवार्ता, 09 अक्टूबर 2004.
18. डॉ. बलदेव से भेंटवार्ता.
19. रायगढ़ में कत्थक, कार्तिक राम, पृष्ठ 28.
20. रायगढ़ का सांस्कृतिक वैभव, डॉ. बलदेव, पृष्ठ 163.
21. रायगढ़ का सांस्कृतिक वैभव, डॉ. बलदेव, पृष्ठ 163.
22. संगीत पत्रिका–अप्रैल 1963, ठाकुर जगदीश सिंह 'दीन' मृदंगार्जुन, वेणमणि सिंह ठाकुर, पृष्ठ 31.

4

राजा चक्रधर सिंह द्वारा रचित रचनाएँ

1. शुद्ध नृत्य की रचनाएं–

रायगढ़ दरबार सांगीतिक गतिविधियों के लिए प्रसिद्ध रहा है। इस दरबार के विभिन्न शासक वेद सिंह, द्रिप सिंह, भूपदेव सिंह, नटवर सिंह, चक्रधर सिंह एवं ललित कुमार सिंह आदि संगीत प्रेमी के साथ–साथ स्वयं महान संगीतज्ञ भी थे। एक बार रायगढ़ दरबार में प्रसिद्ध तबला वादक कादर बख्श आये। राजा साहब ने उनसे 'धिर धिर' बोल बजाने का आग्रह किया। राजा चक्रधर सिंह को चिड़िया लड़ाने का शौक था। दरबार हाल के पीछे 20–25 कुक्कु चिड़िया खूंटी से बंधे होते थे। वे सब एक पैर पर खड़े होकर दूसरे पैर के सहारे पंख से मुंह ढंककर सो रहे थे। कादर बख्श जी के धिर धिर बजाने से वे सोते रहे पर जब राजा चक्रधर सिंह तबला लेकर बजाने लगे, वे सब चहकने लगे। यह प्रभाव था राजा साहब के तबला बजाने में।''[1]

कहने का तात्पर्य यह है कि ऐसे महान संगीतज्ञ राजा के दरबार में संगीत एवं नृत्य की अनेक रचनाओं का निर्माण हुआ जो कि भारतीय संस्कृति की विशेषताओं के साथ–साथ प्रकृति, मानवीय संवेदना, चमत्कार एवं ध्वन्यात्मकता से परिपूर्ण है। राजा साहब चूंकि स्वयं संगीत एवं नृत्य के मर्मज्ञ थे अतः उन्होंने शुद्ध नृत्य के बोलों की भी रचना की, विशेषता यह है कि इसके पूर्व शुद्ध नृत्य की बंदिशों का नामकरण नहीं होता था। बोलों के विशेष समूह से वे आमद, तोड़े, परन, आदि के नाम से जाने जाते थे किन्तु राजा साहब ने इन आमद या परनों को सार्थक नाम दिये और उनके नामों के अनुकूल ध्वनियों के बोलों का समावेश किया। निरर्थक बोलों के साथ बीच–बीच में वे अर्थमय शब्दों का मिश्रण कर अपनी सर्जना की कुशलता एवं विशिष्टता का भी परिचय दिया है। उदाहरण स्वरूप यहाँ राजा साहब द्वारा रचित कुछ उपलब्ध परनों का नोटेशन दिया जा रहा है। जो कि मुझे मेरे गुरू डॉ. पी.डी. आर्शीवादम् के शोध ग्रंथ, पं. कार्तिक राम जी द्वारा लिखित रायगढ़ में कथक एवं विभिन्न विद्वानों से साक्षात्कार तथा चर्चा के दौरान प्राप्त हुआ है। परनों के नामकरण एवं इसमें तदनुरूप

बोल समूह के प्रयोग से यह स्पष्ट है कि राजा साहब की कल्पना अनुकूल ही इसका नृत्य संयोजन होना चाहिए –

त्रितालीय–त्रिचक्रिपर्ण–प्रकरण

गजविलास

धिकिट धे –त्त धे– । ता– – – घेघे तिट। कृतनं – – – कृत। नं– – – तड़ धे–।

\+ 2 0 3

त्ता – – – तड़ –न्न। किट तक गदि गन । नग तिट गेदिं –त । तागे तिट किट तक।

\+ 2 0 3

किड़ धड़ – न्न दिग। दिगन ना – न दिग। तड़ –न्न धे – त्ता। धा – – दिगन धे –।

\+ 2 0 3

त्ता – – – क– त्ता–। –ता – न धि – त्ता–। तड़ धे – त्ता – – –। धे– त्तकिट धा–न।

\+ 2 0 3

धा– – – तड़ धे– । त्ता– – – धे– त्तकि। टधा –न धा– – –। तड़ धे – त्ता – – –।

\+ 2 0 3

धे – तकिट धा – न। धा – – – धिकिट धे। –त्त धे– त्ता – – –। घेघे तिट कृतनं –।

\+ 2 0 3

– – कृतनं – – – । तड़ धे– त्ता – – –। तड़ –न्न किट तक । गदि गन नग तिट ।

\+ 2 0 3

गेदि –त तागे तिट । किट तक किड़ धड़ । –न्न दिग दिगन ना । –न दिग तड़ –न्न ।

\+ 2 0 3

धे– त्ता– धा– –दि । गन धे– त्ता– – –। क– त्ता– – ता –न । धि– त्ता– तड़ धे– ।

\+ 2 0 3

त्ता– – – धे– त्तकि । टधा –न धा– – –। तड़ धे– त्ता– – –। धे– त्तकिट धा –न।

\+ 2 0 3

धा– – – तड़ धे–। त्ता– – – धे– त्तकि । टधा –न धा– – –। धिकिट धे– त्त धे– ।

\+ 2 0 3

त्ता– – – घेधे तिट। कृतनं – – – कृत । नं– – – तड़ धे– । त्ता– – – तड़ –न्न ।

\+ 2 0 3

किट तक गदि गन । नग तिट गेदिं – त । तागे तिट किट तक । किड़ धड़ –न्न दिग।

\+ 2 0 3

दिगन ना– न दिग । तड़ –न्न धे– त्ता– । धा– – दिगन धे– । ता– – – क– त्ता–।

\+ 2 0 3

– ता –न धि– त्ता–। तड़ धे– त्ता– – –। धे– त्तकिट धा –न। धा– – – तड़ धे– ।

\+ 2 0 3

त्ता– – – धे– त्तकि। ट धा– न धा– – –। तड़ धे– त्ता– – –। धे– त्तकिट धा– न ।

\+ 2 0 3

।धा।

\+

उपर्युक्त परन के नाम के अनुसार इसमें गज की आकृति, उसकी चाल एवं उसके संचालन आदि का आभास होता है अतः नृत्य में इनकी ध्वनियों के अनुकूल पद संचालन एवं भावानुसार अंगों का निर्धारण भी होना चाहिए। स्व. डॉ. पी.डी. आशीर्वादम ने अपनी शिष्याओं को इस परन की शिक्षा दी थी।

दलबादल

नगन धे– त धे– । तड़ –न्न धा– धा–। किड़ धे– द्धै– द्धै–। धड़ –न्न धिट धिट।

\+ 2 0 3

धगन क– – –त्। धगन क– – – त्। तिट तिट धिट धिट। तड़िन तकिट तक ।

\+ 2 0 3

दिगिन ना– ड़ धित। तग –न्न धा– – –। ता– धा– तिट कत। घेतिट तगन तग।

\+ 2 0 3

तिट गदिन ता–न । धा– – – ता– धा– । तिट कत घेटित त। गन तग तिट गदि।

\+ 2 0 3

नता –न धा– – – । ता– धा– तिट कत। घेटित तगन तग । तिट गदिन ता– न ।

\+ 2 0 3

धा– – – धेत् धेत्। दिग –न्ना –ड़ धिट। नगन धे– त धे–। तड़ –न्न धा– धा–।

\+ 2 0 3

किड़ धे– द्धै– द्धै–। धड़ –न्न धिट धिट। धगन क– – – त्। धगन क– – – त्।

\+ 2 0 3

तिट तिट धिट धिट। तड़िन् तकिट तक । दिगिन ना– ड़ धित्। तग –न्न धा– – –।

\+ 2 0 3

ता– धा– तिट कत। घेटिट तगन तग । तिट गदिन ता– न । धा– – – ता– धा–।

\+ 2 0 3

तिट कत घेटिट त। गन तग तिट गदि। न ता– न धा– – –। ता– धा– तिट कत।

\+ 2 0 3

घेटिट तगन तग । तिट गदिन ता–न । धा– – – धेत् धेत्। दिग –न्ना –ड़ धिट।

\+ 2 0 3

नगन धे– त धे–। तड़ –न्न धा– धा–। किड़ धे– द्धे– द्धे–। धड़ –न्न धिट धिट।

\+ 2 0 3

धगन क– – –त्। धगन क– – – त्। तिट तिट धिट धिट। तड़िन तकिट तक।

\+ 2 0 3

दिगिन ना– ड़ धित्। तग –न्न धा– – –। ता– धा– तिट कत। घेटिट तगन तग।

\+ 2 0 3

तिट गदिन ता–न । धा– – – ता– धा–। तिट कत घेतिट त। गन तग तिट गदि ।

\+ 2 0 3

न ता– न धा– – – –। ता– धा– तिट कत। घेतिट तगन तग । तिट गदिन ता –न।

\+ 2 0 3

।।धा।।

\+

इस दल बादल परन में आकाश में बादलों का समूह, बिजली का चमकना एवं बादल का गर्जन आदि की कल्पना बोलों की ध्वनियों एवं शब्दों से की गई है। निरर्थक बोलों के साथ–साथ 'नगन', 'धगन' तथा 'तगन' आदि शब्द अर्थ को पुष्ट करते हैं। कत्थक नृत्य के प्रदर्शन में वर्षा का भाव अधिकांशतः प्रदर्शित होते रहा है। अतः कथक में वर्षा के प्रदर्शन को दृष्टिगत रखते हुए इस की रचना की गई है। इस परन के प्रदर्शन में बादल, बिजली एवं गर्जन आदि से सम्बंधित अंग एवं पैर से भी उनके अनुकूल ध्वनियों का निकास आवश्यक है।

थुंगावली

त्रिधिन त्रिधिन नग । धे – त्ता थुं । गा – घुम किट । तक थुंगा – ।

\+ 2 0 3

त क्का थुं गा । धि त्ता थुं गा । किड़ धे – द्धिर । किट तक थुंगा ।

\+ 2 0 3

घिन् नन थुंगा । गिदिं –त ताधा । – किड़ धा– न । थुंगा तड़ धा ।

\+ 2 0 3

थुंगा त्रि क्कत । थुंति हे धा । – थुं – त । धा – त्रि क्कत ।

\+ 2 0 3

थुं ति हे धा। – थुं – त। धा – त्रि क्कत । थुं ति हे धा।

\+ 2 0 3

– थुं – त । धा – त्रिधि न्त्रि । घिन् नग धे– । त्ता थुंगा – ।

\+ 2 0 3

धुम किट तक थुं । गा – त का। थुंगा धि त्ता। थुं गा किड़ धे ।

\+ 2 0 3

– द्धिर किट तक । थुंगा घिन नन । थुंगा गिदि –न्न । ता धा– किड़ ।

\+ 2 0 3

धा– न थुं गा । तड़ धा थुंगा । त्रिक्कत् थुंति । हे धा – थुं ।

\+ 2 0 3

– त धा – । त्रिक्कत् थुंति । हे धा – थुं । – त धा – ।

\+ 2 0 3

त्रिक्कत् थुं ति । हे धा – थुं । – त धा – । त्रिघिन त्रिघिन नग ।

\+ 2 0 3

धे – त्ता थुं । गा – धुम किट। तक थुंगा – । त क्का थुंगा ।

\+ 2 0 3

धित्ता थुंगा । किड़ धे – द्धिर । किट तक थुंगा । घिन नन थुंगा ।

\+ 2 0 3

गिदि – – त ता धा। – किड़ धा– न । थुंगा तड़ धा । थुंगा त्रि क्कत ।

\+ 2 0 3

थुंति हे धा । – थुं – त । धा – त्रि क्कत । थुंति हे धा ।

\+ 2 0 3

– थुं – त । हे – त्रिक्कत् । थुं ति हे धा । – थुं – त ।

\+ 2 0 3

।।धा।।

\+

प्राकृतिक चित्रण के साथ–साथ इस दरबार में रचित रचनाओं में किसी एक विशेष बोल की पुनरावृत्ति से उस रचना का नामकरण भी हुआ है उपर्युक्त बोल में 'थुंगा' शब्द की बार–बार पुनरावृत्ति के कारण इसका नाम थुंगावली तथा इसके बाद के बोल में 'दिंता' शब्द की पुनरावृत्ति से इसका नाम दिंतावली है। इन बोलों में नृत्य की रचना करते समय 'थुंगा' और 'दिंता' का प्रयोग भी इस प्रकार होना चाहिए कि बिना बोले इन रचनाओं में 'थुंगा' और 'दिंता' की स्पष्टता बिल्कुल भिन्न दिखे।

दिन्तावली

ग्रिधिन ग्रिधिन किड़ । धे – त्दि न्ता । किड़ धा दिंता । धग तिट धा दिं ।

\+ 2 0 3

ता – किट तक । गदि गन धा दिं । ता दीं – ता । दिं ता दिं दिं ।

\+ 2 0 3

ता धा – द्धा । दिं दिं – ता । धे द्धे – द्धिर । किट धा दिं ता।

\+ 2 0 3

दिंता धिर किट । धा दिंता धा । – दिं – ता । धा – धिर किट।

\+ 2 0 3

धा दिं ता धा । – दिं – ता । धा – धिर किट। धा दिंता धा।

\+ 2 0 3

– दिं – न्ता । धा – ग्रिधिन ग्रि। धिन किड़ धे – । त्दिंता किड़ धा।

\+ 2 0 3

दिंता धग तिट । धा दिंता – । किट तक गदि गन। धा दिंता दीं ।

\+ 2 0 3

– ता दिन्ता । दिं दिं ता धा । – द्धा दिं दिं । – ता धे द्धे ।

\+ 2 0 3

– द्धिर किट धा। दिं ता दिं ता । धिर किट धा दिं । ता धा – दिं ।

\+ 2 0 3

– ता धा – । धिर किट धा दिं । ता धा – दिं । – ता – धा ।

\+ 2 0 3

धिर किट धा दिं । ता धा – दिं । – ता – धा । ग्रिधिन ग्रिधिन किड़ ।

\+ 2 0 3

धे – त्दि न्ता । किड़ धा दिंता । धग तिट धा दिं । ता – किट तक ।

\+ 2 0 3

गदि गन धा दिं । ता दीं – ता । दिं ता दिं दिं । ता धा – द्धा ।

\+ 2 0 3

दिं दिं – ता । धे द्धे – द्धिर । किट धा दिंता । दिंता धिर किट ।

\+ 2 0 3

धा दिंता धा । – दिं – ता । धा – धिर किट । धा दिता धा ।

\+ 2 0 3

– दिं – ता । धा – धिर किट । धा दिंता धा । – दिं – – ता ।

\+ 2 0 3

।।धा।।

\+

यजुर्वेदी

क – तग । धे – तगदि त । धा किट तकिट त । का – धे – ।

\+ 2 0 3

त्ता – गदि । गन गदि गन । धा – तिट तिट । किड़ नक धे– ।

\+ 2 0 3

क – त्तिट । घेघे तिट किड़ नक । थुं थुं तिट कत । गदि गन तकिट त ।

\+ 2 0 3

का किट किड़ नक। धे – क्ड़ान् । धा – तकिट त । का किट किड़ नक।

\+ 2 0 3

धे – क्ड़ा न् । धा – तकिट त । का किट किड़ नक। धे – क्ड़ान् ।

\+ 2 0 3

धा – – – ।– – – – । क – त्तग । धे – तग दित ।

\+ 2 0 3

धा किट तकिटत। का – धे – । त्ता – गदि । गन गदि गन।

\+ 2 0 3

धा – तिट तिट। किड़ नक धे –। क – त्ति ट। घेघे तिट किड़ नक।

\+ 2 0 3

थुं थुं तिट कत। गदि गन तकिटत। का किट किड़ नक। धे – क्ड़ान्।

\+ 2 0 3

धा – तकिटत । का किट किड़ नक । धे – क्ड़ा न् । धा – तकिट त।

\+ 2 0 3

का किट किड़ नक। धे – क्ड़ा न् । धा – – – । – – – –।

\+ 2 0 3

क – त्तग । धे – तग दित । धा किट तकिटत। का – धे – ।

\+ 2 0 3

त्ता – गदि । गन गदि गन । धा – तिट तिट । किड़ नक धे – ।

\+ 2 0 3

क – त्तिट । घेघे तिट किड़ नक । थुं थुं तिट कत । गदि गन तकिटत।

\+ 2 0 3

का किट किड़ नक। धे – क्ड़ान् । धा – तकिट । का किट किड़ नक।

\+ 2 0 3

धे – क्ड़ा न् । धा – तकिटत । का किट किड़ नक । धे – क्ड़ा न् ।

\+ 2 0 3

।।धा।।

\+

उपर्युक्त बोल के पढ़न्त से ही मन्त्रोच्चार तथा यज्ञकर्म आदि का आभास होता है अतः इसमें नृत्य प्रदर्शन करते समय नर्तक को इनसे सम्बंधित अंगो की रचना करना आवश्यक होगा।

आड़ी रजनी प्रिया

त – क्क धिकिट। तकिट थुंकिट । दिगिन नागिन । दि – ग्ग दिगन।

\+ 2 0 3

तकिट तगन । तकिट धिकिट । कत गदि गन। धागष्द धिकिट।

\+ 2 0 3

धग नन नन । घे नेने ना ना ना। नगन नगन । क – त्त धिकिट ।

\+ 2 0 3

घेत्रिक धिकिट । कतिट धा दिंता। तकिट धा – न। धा – किट तक।

\+ 2 0 3

कतिट धा दिंता। तकिट धा – न। धा – किट तक । कतिट धा दिंता।

\+ 2 0 3

तकिट धा – न । धा – – त – क्क। धिकिट तकिट । थुंकिट दिगिन ।

\+ 2 0 3

नागिन दि – ग्ग । दिगन नकिट । तगन तकिट । धिकिट कत ग।

\+ 2 0 3

दिगन धा ग द । धिकिट धगन । ननन घे नेने । नानाना नगन ।

\+ 2 0 3

नगन क – त्त । धिकिट घेत्रिक । धिकिट कतिट । धा दिंता तकिट।

\+ 2 0 3

धा – न धा – कि। ट तक कत्तिट। धा दिंता तकिट। धा – न धा – कि।

\+ 2 0 3

ट तक कतिट । धा दिन्ता तकिट। धा – न धा – – –। त – क्क धिकिट।

\+ 2 0 3

तकिट थुंकिट । दिगिन नागिन । दि – ग्ग दिगन । नकिट तगन ।

\+ 2 0 3

तकिट धिकिट । कत गदि गन । धा ग द धिकिट । धगन धिकिट ।

\+ 2 0 3

घेनेने ना ना ना । नगन नगन । क – त्त धिकिट । घेत्रिक धिकिट।

\+ 2 0 3

कतिट धा दिन्ता । तकिट धा – न। धा – किट तक । कतिट धा दिन्ता ।

\+ 2 0 3

तकिट धा – न । धा – किट तक । कतिट धा दिन्ता। तकिट धा – न ।

\+ 2 0 3

।।धा।।

\+

यह परन आड़ लय में है तथा इसमें प्रयुक्त बोल भी स्त्रियोचित प्रतीत होते हैं अतः इसे आड़ी रजनी प्रिया नाम दिया गया है इसे पढ़ने मात्र से ही एक प्रकार की खूबसूरत 'चाल' की कल्पना होती है। नृत्य प्रदर्शन में भी अंगों का अधिक प्रयोग न करते हुए ध्वनियों के अनुरूप पैर एवं उसकी चाल पर नर्तक का ध्यान अधिक केन्द्रित होना चाहिए।

चमकबिजली

गिड़ गिड़ थोम् । गिड़ गिड़ थोम् । – तगन । धागे धागे ।
+ 2 0 3

धागे तिट । कततिर किटतक । तिरकिट देत् । धा – न धा ।
+ 2 0 3

– न कत । कत्ता घिड़नक । तिर किट देत् । गिड़गिड़ घ्ड़ान ।
+ 2 0 3

गिड़गिड़ घ्ड़ान। गिड़गिड़ घ्ड़ान । धा – गिड़गिड़ । घ्ड़ान गिड़गिड़।
+ 2 0 3

घ्ड़ान गिड़गिड़। घ्ड़ान धा – । गिड़गिड़ घ्ड़ान । गिड़गिड़ धा।
+ 2 0 3

गिड़गिड़ घ्ड़ान । धा – गिड़गिड़। थोम् गिड़गिड़। थोम् – घे।
+ 2 0 3

गन धागे । धागे धागे । तिट कत तिर। किटतक तिरकिट।
+ 2 0 3

देत् धा–। न धा – न । कत कता । घिड़नक तिरकिट।
+ 2 0 3

देत् गिड़गिड़। घ्ड़ान गिड़गिड़ । घ्ड़ान गिड़गिड़। घ्ड़ान धा – ।
+ 2 0 3

गिड़गिड़ घ्ड़ान। गिड़गिड़ घ्ड़ान । गिड़गिड़ घ्ड़ान । धा – गिड़गिड़ ।
+ 2 0 3

घ्ड़ान गिड़गिड़। घ्ड़ान गिड़गिड़ । घ्ड़ान धा – । गिड़गिड़ थोम् घे।
+ 2 0 3

गिड़गिड़ थोम्। – तगन् । धागे धागे । धागे तिक ।

\+ 2 0 3

कत तिरकिट तक। तिर किट देत् । धा – न धा । – नकत ।

\+ 2 0 3

कत्ता घिड़नक । तिरकिट देत् । गिड़गिड़ घ्ड़ान। गिड़गिड़ घ्ड़ान ।

\+ 2 0 3

गिड़गिड़ घ्ड़ान । धा – गिड़गिड़ । घ्ड़ान गिड़गिड़ । घ्ड़ान गिड़ धा।

\+ 2 0 3

घ्ड़ान धा –। गिड़गिड़ घ्ड़ान । गिड़गिड़ घ्ड़ान । गिड़गिड़ ता ।

\+ 2 0 3

।।धा।।

\+

उपर्युक्त रचना में भी वर्षा ऋतु में बादल में बिजली चमकने एवं गरजने आदि की ध्वनियों से सम्बंधित बोलों का समावेश है अतः नृत्य के प्रदर्शन में भी इनसे सम्बंधित अंगों का समावेश आवश्यक है।

कड़कबिजली

किड़ धित्ता – किट। धकिट धागे तिरकिट। ताड़े – त्तड़ तड़ । धिं – न्न घेघे तिट।

\+ 2 0 3

धगेन क्ड़ान तुना । कतिट धा – घेघे। दिं – त्र क्रधा तिट। क – त्त गिड़गिड़गिड़गिड।

\+ 2 0 3

धा– त गिड़गिड़गिड़। धा – त गिड़गिड़गिड़गिड़। धा – – – – – – –। किड़ धित्ता–किट।

\+ 2 0 3

धकिट धागे तिरकिट। तड़ि – त्तड़ तड़ । धिं – न्न घेघे तिट । धगेन क्ड़ान तुना।

\+ 2 0 3

कतिट धा– घेघे । दिं– त क्रधा तिट। क – त्त गिड़गिड़गिड़गिड़। धा– त गिड़गिड़गिड़गिड़।

\+ 2 0 3

धा – त गिड़गिड़गिड़गिड़। धा – – – –। किड़ धित्ता – किट। धकिट धागे तिरकिट।

\+ 2 0 3

तड़ि – त्तड़ तड़ । धिं – न्न घेघे तिट । धगेन क्ड़ान तुना । तकिट धा – घेघे ।

\+ 2 0 3

दि–त क्रधा तिट। क–त्त गिड़गिड़गिड़गिड़। धा–त्त गिड़गिडगिड़गिड़। धा– तगिड़गिड़गिड़गिड़।

\+ 2 0 3

।।धा।।

\+

'कड़क बिजली परन' भी वर्षा ऋतु में बिजली चमकने से सम्बंधित भावों की ओर इंगित करता है किन्तु यहाँ बिजली के साथ 'कड़क' शब्द जुड़ा है। वर्षा ऋतु में पहले बिजली चमकती है और तुरंत उसके अनुपात में बादल गरजता है अतः इस परन में बिजली का कड़कना और बादल के गरजने से सम्बंधित ध्वनियों एवं अंग संचालन से इस परन को सार्थक बनाया जा सकता हैं।

अभिसारिका

धिन गिन धिन गिन। तक तक धिन गिन। तक धिन गिन धिन । गिन धिन घिड़ा –न।

\+ 2 0 3

तक गिन घिड़ नक। दिगन नगन तक। तक धिन गिन धिन । गिन तक धिन गिन ।

\+ 2 0 3

घिड़नक धिन गिन। धागे तिरकिट तूनाकता। धिन गिन धिन गिन। धागे तिरकिट तूनाकता।

\+ 2 0 3

धिन गिन धागे तिरकिट। तूना कता धिन गिन। धागे तिरकिट धिन घिड़ । नक दिग नाना कता।

\+ 2 0 3

तक दिग नाना कता। तक दिग नाना कता । तक दिग तक दिग । तक दिग नाना कता।

\+ 2 0 3

तक धिलां –ग धा– । घिड़नक धिन गिन । धागे तिरकिट धिन घिड़। नक दिग नाना कता।

\+ 2 0 3

तकिट धा –ग धा– । धिं – घिड़नक धिन । धागे तिरकिट तूना कता। तक घेघे नक धिन।

\+ 2 0 3

धागे तिरकिट तूना कता।धिनक तकिट घिन। धागे तिरकिट तूना कता। धिरधिरकिटतक धा– धिरधिर।

\+ 2 0 3

किटतक धा– धिरधिरकिटतक।धा––– धिरधिर किटतक।धा– धिरधिरकिटतक धा–। धिरधिरकिटतक धा–––।

\+ 2 0 3

धिरधिरकिटतक धा– धिरधिर। किटतक धा– धिरधिरकिटतक। धा – – – – – । धिन गिन धिन गिन।

\+ 2 0 3

तक तक धिन गिन। तक धिन गिन धिन। गिन धिन घिड़ा –न । तक धिन घिड़ नक।

\+ 2 0 3

दिगन नगन तक । तक धिन गिन धिन । गिन तक धिन गिन । घिड़नक धिन गिन ।

\+ 2 0 3

धागे तिरकिट तूना कता। धिन गिन धिन गिन । धागे तिरकिट तूना कता। धिन गिन धागे तिरकिट।

\+ 2 0 3

तूना कता धिन गिन । धागे तिरकिट धिनघिड़। नक दिग नाना कता। दिग नाना कत दिग।

\+ 2 0 3

नाना कता धागेतिरकिट। धिन गिन तक दिग । तक दिग नाना कता। तक दिग नाना कता।

\+ 2 0 3

तक दिग नाना कता । तक दिग तक दिग । तक दिग नाना कता। तक धिलां –ग धा–।

\+ 2 0 3

घिड़नक धिन गिन । धागे तिरकिट धिन घिड़। नक दिग नाना कता । तकिट धा– ग धा–।

\+ 2 0 3

धिं – घिड़नक धिन। धागे तिरकिट तूना कता। तक घेघे तक धिन। धागे तिरकिट तूना कता ।

\+ 2 0 3

घिनक तकिट धिन।धागे तिरकिट तूना कता।धिरधिरकिटतक धा–धिरधिर। किटतकधा–धिरधिरकिटतक।

\+ 2 0 3

धा– – धिरधिरकिटतक। धा– धिरधिरकिट धा–। धिरधिरकिटतक धा– । धिरधिरकिटतक धा–धिरधिर।

\+ 2 0 3

किटतकधा–धिरधिर किटतक। धा – – – – – – –। धिन गिन धिन गिन। तक तक धिन गिन ।

\+ 2 0 3

तक धिन गिन धिन । गिन धिन घिड़ा –न। तक धिन घिड़नक । दिगन नगन तक।

\+ 2 0 3

तक धिन गिन धिन। गिन तक धिन गिन। घिड़नक धिन गिन । धागे तिरकिट तूना कता।

\+ 2 0 3

धिन गिन धिन गिन । धागे तिरकिट तूना कता। धिन गिन धागे तिरकिट। तूना कता धिन गिन।

\+ 2 0 3

धागे तिरकिट धिन धिड़। नक दिग नाना कता। दिग नाना कत दिग। नाना कताधागे तिरकिट।

\+ 2 0 3

धित गिन तक दिग । तक दिग नाना कता। तक दिग नाना कता। तक दिग नाना कता।

\+ 2 0 3

तक दिग तक दिग। तक दिंग नाना कता । तक धिलां –ग धा–। घिड़नक धिन गिन।

\+ 2 0 3

धागे तिरकिट धिन घिड़। नक दिग नाना कता। तकिट धा–ग धा–। धिं– धिंड़ाल धिन।

\+ 2 0 3

धागे तिरकिट तूना कता। तक घेघे नक धिन। धागे तिरकिट तूना कता। धिनक तकिट धिन।

\+ 2 0 3

धागेतिरकिटतूना कता। धिरधिरकिटतक धा–धिरधिर। किटतकधा–धिरधिरकिटतक। धा––––धिरधिरकिटतक।

\+ 2 0 3

धा–धिरधिरकिटतक धा–। धिरधिरकिटतक धा––––। धिरधिरकिटतक धा–धिरधिर। किटतकधा– धिरधिरकिटतक।

\+ 2 0 3

।।धा।।

\+

उपर्युक्त परन में प्रयुक्त बोल अभिसारिका नायिका की अवस्था के अनुरूप प्रतीत होते हैं नायिका का अभिसरण में जाते समय उसकी गति एवं क्रमशः उसकी नियत स्थल में पहुँचने की तीव्रता इस परन के माध्यम से नृत्य में प्रदर्शित किया जा सकता है।

उत्कण्ठिता

घिड़नक धिन धागे। तिरकिट धिना घिड़नक । धिन तक तक धिन । धागे तिरकिट धिना घिड़।

\+ 2 0 3

नक दीं – नाना कता। ता – घिड़नक धिन। धागे तिरकिट धिना घिड़। नक दीं – नाना कता।

\+ 2 0 3

तक दीं– तक ता–। घिड़नक धिन गिन। धागे तिरकिट धिना धिड़। नक दीं – नाना कता।

\+ 2 0 3

धग –त्तकिट धग। तिट घिना– धा–ग। तिट किट घिना –धा । –ग धग तिट घिन ।

\+ 2 0 3

धग तिट घिना –ग। धा– धा– धिन गिन। धा– धिन गिन धिना। –ग धग तिट किट।

\+ 2 0 3

नग नग तिरकिट तूना। किड़नक तिट किट। तक तक तिन गिन। तागे तिरकिटतूना कता ।

\+ 2 0 3

तिरकिट तूना कता तिरकिट। तूना कता तिन गिन। धड़ –न्न किट तक। नग तिट किट तक।

\+ 2 0 3

धागे तिट घिड़ा –न। धा – धा– तू– ना– । धा– – – घि – न–। धि– ट– क– त– ।

\+ 2 0 3

कै– धिरधिरकिटतकता–न। धा– धिना किटतकता–न । धा– – – घि –न–। धि– ट– क– त–।

\+ 2 0 3

कै– धिरधिरकिटतकता–न। धा–धिना किटतक ता–न। धा– – – घि–न –। धि– ट– क– त– ।

\+ 2 0 3

कै– धिरधिरकिटतक ता–न। धा–धिना किटतक ता–न। धा– – – – – – – । घिड़नक धिन धागे।

\+ 2 0 3

तिरकिट धिना घिड़नक। धिन तक तक धिन। धागे तिरकिट धिना घिड़ । नक दी– नाना कता।

\+ 2 0 3

ता– घिड़नक धिन । धागे तिरकिट धिना घिड़। नक दीं– नाना कता। तक तीं– तक ता– ।

\+ 2 0 3

घिड़नक धिन गिन । धागे तिरकिट धिना घिड़। नक दीं– नाना कता। धग– त्तकिट धग ।

\+ 2 0 3

तिट धिना– धा–ग । तिट तिट धिना– धा । –ग धग तिट धिन । धग तिट धिना –ग ।

\+ 2 0 3

धा– धा– धिन गिन । धा– धिन गिन धिना। –ग धग तिट किट। नग नग तिरकिट तूना।

\+ 2 0 3

किड़नक तिट किट । तक तक तिन गिन। तागे तिरकिट तूना कता। तिरकिट तूना कता तिरकिट।

\+ 2 0 3

तूना कता तिन गिन। धड़न्न किट तक। नग तिट किट तक। धागे तिट घिड़ा –न।

\+ 2 0 3

धा– धा– तू– ना–। धा ––– धि– न–। धि– ट– क– त–। कै– धिरधिरकिटतक ता–न।

\+ 2 0 3

धा– धिनाकिटतकता–न। धा––– धि– न–। धि– ट– क– त–। कै –धिरधिरकिटतक ता–न।

\+ 2 0 3

धा– धिना किटतक ता–न। धा– – – – – – – –। घिड़नक धिन धागे । तिरकिट धिना घिड़नक
।

\+ 2 0 3

धिन तक तक धिन । धागे तिरकिट धिना घिड़। नक दीं– नाना कता। ता– घिड़नक धिन ।

\+ 2 0 3

धागे तिरकिटधिना घिड़। नक दीं –नाना कता। तक तीं –तक ता–। घिड़नक धिन गिन।

+ 2 0 3

धागे तिरकिट धिना घिड़। नक दीं– नाना कता। धग– त्तकिट धग। तिट धिना – धा–ग।

+ 2 0 3

तिट तिट धिना– धा । –ग धग तिट धिन। धग तिट धिना –ग। धा– धा– धिन गिन।

+ 2 0 3

धा– धिन गिन धिना। –ग धग तिट किट । नग नग तिरकिट तूना। किड़नक तिट किट।

+ 2 0 3

तक तक तिन गिन । तागे तिरकिट तूना कता। तिरकिट तूना कता तिरकिट। तूना कता तिन गिन।

+ 2 0 3

धड़ –न्न किट तक । नग तिट किट तक। धागे तिट घिड़ा –न। धा– धा– तू– ना–।

+ 2 0 3

धा – – – घि– न–। धि– ट– क– त–। कै– धिरधिरकिटतक ता–न। धा– धिना किटतक ता–न।

+ 2 0 3

धा – – – घि– न–। धि –ट –क – त–। कै– धिरधिरकिटतक ता–न। धा– धिना किटतकता –न।

+ 2 0 3

धा – – – घि– न–। धि– ट – क – त–। कै– धिरधिरकिटतक ता–न। धा– धिना किटतकता –न।

+ 2 0 3

।।धा।।

+

रायगढ़ दरबार के पूर्व भी नायिकाओं से सम्बंधित कवित्त, पद, छंद या ठुमरी आदि की रचनाएँ तो होती रही हैं किन्तु इस दरबार की विशेषता के अनुरूप शुद्ध नृत्य के बोलों की ध्वनियों एवं लयात्मकता से विभिन्न नायिकाओं का प्रदर्शन अन्यत्र नहीं हुआ है। अतः उपर्युक्तानुसार 'उत्कंठिता' में इस नायिका के अनुरूप अंगों एवं गतियों का प्रयोग होना चाहिए।

स्वर श्रृंगार

धागे तिट कृधा तिट। तागे तिट कृधा तिट। धागे तिट कृधा तिट। तागे तिट कृधा तिट।

\+ 2 0 3

घेघे किट तक दिं– ता–। धे– द्धे– त्तग –न्न। धिं – त्तग –न्न धिं–। त्तग –न्न दिं – ता–।

\+ 2 0 3

तग –न्न दिं – ता–। किड़ धे – द्धग तिट। तागे तिट किट तागे। तिट किट तागे तिट।

\+ 2 0 3

तागे तिट तागे तिट। धागे तिट किट धागे। तिट किट धग तिट। धग तिट धग तिट।

\+ 2 0 3

धगन धिकिट धग । न धिकिट धग तिट। धग तिट धग तिट। धगन धिकिट धग ।

\+ 2 0 3

तिट कृधा किट धग । तिट कत गदि गन। धिकिट तगन धि– । त्तग –न्न धि– त्ता–।

\+ 2 0 3

धिकिट धिकिट किड़ । धि – द्धि– धिट किट। घिन तग –न्न धिन। त्तग –न्न धिं– द्धि–।

\+ 2 0 3

किट तगन धा–न। धा– किट किट तग। न धा –न धा–किट। किट तगन धा–न।

\+ 2 0 3

।।धा।।

उपर्युक्तानुसार रचना में बोलों को ध्वनियों के अनुसार संजोया गया है एक ही प्रवृत्ति के बोलों के समुचित प्रयोग से खूबसूरत ध्वनि निकल रही है अतः इसे 'स्वर

श्रृंगार' नाम दिया गया है इसकी ध्वनियों के अनुकूल ही इसका अंग संचालन निश्चित करना चाहिए।

आमद शिवताण्डव

झिनकिट	थ–र्री	टिगनथ	रिकधिमि
कुकुझि–	न्ना–कुक	झिन्ना–	धिमिनग
धिकथो–	धिधिक्त	धिधिक्त	धिकथो
तकधुंम	किटधिलाँ	–गतक	गदिगिन
धिमिनग	धिमिनग	तकतक	धिमिनग
थरिकथ	रिकथरि	ता–थेई	थेईतथे
थेईतथे	ईतथेई	थेईथेई	तत्त्राम

।।थेई।।

उपर्युक्त परन को रायगढ़ दरबार के कलाकर एवं उनके शिष्य बखूबी करते हैं। इ. क. स. वि. खैरागढ़ के एक सेमिनार में बासंती वैष्णव, डॉ. सुचित्रा हरमलकर एवं श्रीमती अल्पना वाजपेयी ने इसका बखूबी प्रदर्शन किया था।

मत्स्यरंगावली

(पक्षी किलकिला और मीन)

देततेटे	घेघेतेटे	तड़ा– –	– – –ग
ता–कता	–कघेघे	घेघेघेघे	धू–मक
धागेदिं–	गनधागे	दिं–गन	घेतिटत
गिदिगिन	त्रकतता	–नत्रक	तता–न
धरनमी	–नधेत्	धड़न्न	धा– – –
किड़तकधा	दिगड़धा	धाकिटतकधा	दिंगड़धा
घेघेतिट	तगन्न	धा– – –	घेघेतिट
तगन्न	धा– – –	घेघेतिट	तगन्न

।।धा।।

'मत्स्यरंगावली' में पक्षी और मीन के संदर्भ को इस दरबार के कलाकार बखूबी प्रदर्शित करते रहे हैं। इस पूरे परन में यह कथा स्पष्ट परिलक्षित होती है कि तालाब के आसपास किलकिला पक्षी मीन के ताक में है तालाब में मछली इधर से उधर विचरण कर रही है उधर पक्षी पैनी नजर से मछली जिस ओर जा रही है उस तरफ नजर ताक रही है और मौका पाते ही मीन को पकड़कर आसमान में उड़ जाती है। उक्त परन में इस कथा को नृत्य के माध्यम से बखूबी प्रदर्शित किया जाता है।

परण आड़ी प्रिय रजनी

ततक	धितक	नगदी	गतक
दिगन	गतक	थुं–ग	दिगन
तकथ	–री–	तकधि	कतक
तनजि	गजिग	कुकुथुं	नतक
थरक	थरक	धिनध	रीकिट
झिनकु	कुथरी	जिगजि	गजिग
थ–र्री	–तक	तकथ	र्री– – –
झिनक	झिनक	झिनझि	नकिट
कुकुद	धिगिन	नानाकिट	–तक
टिगन	थरीक	थेईथे	ईथेई
झिन्ना	–किट	टिगन	थरिक
टिगन	थरिक	टिगन	थरिक
थरिक	थरिक	दधिगि	नथुंन
झिनकि	ततक	थेईत	थेईत
थेईदि	गदिग	थेईत	थेईत
थेईदि	गदिग	थेईत	थेईत

।।थेई।।

इस परन में भी पूर्वानुसार आड़ लय में बोलों को संजोया गया है अंतर केवल इतना है कि इसे 'आड़ी प्रिय रजनी' कहा गया है एवं बोल समूह में भी भिन्नता है किन्तु इसे भी आड़ लय की विशेषता अनुसार प्रस्तुत किया जाना चाहिए।

गजपरण त्रिचक्री

कततिट	घेघेतिट	कता–न	थुंततड़ ।
+			
–न्नधा–	दिनता–	किड़नग	तकथुंन ।
2			
– – कत	गदिगन	कततिट	कतघेघे ।
0			
तिटकत	गेदा–न	कततिट	कतघेघे ।
3			
तिटकत	घेघेनद	घेघे–ता	–नधा– ।
+			
धा–कत	गदिगन	धा–ता–	धा–कत ।
2			
तिटकत	घेघेतिट	कतघेघे	नदघेघे ।
0			
–ता–न	धा–धा	कतगदि	गनधा– ।
3			
ता–धा	कततिट	कतघेघे	तिटकत ।
+			
घेघेनद	घेघे–ता	–नधा–	धा–कत ।
2			

गदिगन	धा–ता	धा–	क्ततिट ।
0			
घेघेतिट	कता–न	थुनतड़	–न्नधा– ।
3			
दिनता–	किड़नग	तकथुंन	– – कत ।
+			
गदिगन	कततिट	कतघेघे	तिटकत ।
2			
गेदा–न	कततिट	कतघेघे	तिटकत ।
0			
घेघेनद	घेघे–ता	–नधा–	धा–कत।
3			
गदिगन	धा–ता	धा–कत	तिटकत।
+			
घेघेतिट	कतघेघे	नदघेघे	–ता–न।
2			
धा–धा–	कतगदि	गन–धा	ता–धा ।
0			
कततिट	कतघेघे	तिटकत	घेघेनद ।
3			
घेघे–ता	–नधा–	धा–कत	गदिगन ।
+			
धा–ता–	धा–	कततिट	घेघेतिट ।

2			
कता–न	थुनतड़	–न्नधा–	दिनता– ।
0			
किड़नग	तकथुंन	– – कत	गदिगन ।
3			
कततिट	कतघेघे	तिटकत	गेदा–न।
+			
कततिट	कतघेघे	तिटकत	घेघेनद ।
2			
घेघे–ता	–नधा–	धा–कत	गदिगन ।
0			
धा–ता–	धा–कत	तिटकत	घेघेतिट।
3			
कतघेघे	नवघेघे	–ता–न	धा–धा– ।
+			
कतगदि	गनधा–	ता–धा–	कततिट ।
2			
कतघेघे	तिटकत	घेघेनद	घेघेनद ।
0			
–नधा–	धा–कत	गदिगन	धा–ता ।
3			
।।धा।।			
+			

राजा साहब ने गज की विलास गति और आकृति को ध्यान में रखते हुए इस परन की रचना की। अतः नृत्य में भी गज की विलास गति के साथ–साथ उसकी आंगिक रचनाओं को प्रदर्शित किया जाना चाहिए।

दुर्गा कालीलास्य, त्रोटक

फप्फफप्फ	फररर	।	भब्भभब्भ	भननन	।
+			2		
पप्पपप्प	पुणकिट	।	बब्बबब्ब	बननन	।
0			3		
मम्ममम्म	मननन	।	डिड़्डडिड़्ड डननन		।
+			2		
डिनकडि	नकडिन	।	किनडिन	किनडिन	।
0			3		
भुनकभु	नकभुन	।	किनभुन	किनभुन	।
+			2		
चिनकचि	नकचिन	।	किनचिन	किनचिन	।
0			3		
फुफुथेई	– – फुफु	।	थेई – –	फुफुथेई	।
+			2		
– – फुफु	थेई– –	।	फुफुथेई	– –फुफु	।
0			3		
।।थेई।।					
+					

इस रचना को पढ़ने मात्र से दुर्गा जी के काली रूप का स्वरूप दृष्टिगोचर होने लगता है अतः तदनुसार अंग एवं पाद संचालन किया जा सकता है।

परण सार्थक त्रिचक्रि कृष्णलास्य

कुणकिट	करगिड	।	किटतत	कुकुधिधि	।
+			2		
फिरतछू	–मतो–	।	दिनचिक	चं–चं–	।
0			3		
चननग	तकथेई	।	छूमकचां	–गचा–	।
+			2		
ठुनठुन	ठुमकठे	।	–मठेई	झिनझिन	।
0			3		
झिनकिट	तकछूम	।	त्रिकथेई	चिनकचि	।
+			2		
नकथेई	झननन	।	झिनकिट	छननन	।
0			3		
ननन	चिनगिन	।	ठि– – त्	रूणझूण	।
+			2		
थेईतक	थेईरूण	।	झूणथेई	तकथेई	।
0			3		
रूणझूण	थेईतक	।	थेई– –	कुणकिट	।
+			2		
करगिड़	किटतत	।	कुकुधिधि	फिरतछू	।
0			3		
–मतो–	धिमिथिट	।	चं–चं	चननग	।
+			2		

तकथेई छूमकचा । –गचा– ठुनठुन ।

0 3

ठुमकठे –मठेई । झिनझिन झिनकिट ।

\+ 2

तकछूम त्रिकथेई । चिनकचि नकथेई ।

0 3

झननन झिनकिट । छननन नननन ।

\+ 2

चिनगिन ठि– – त् । रूणझूण थेईतक ।

0 3

थेईरूण झूणथेई । तकथेई रूणझूण ।

\+ 2

थेईतक थेई– – । कुणकिट करगिड़ ।

0 3

किटतत कुकुधिधि । फिरतछू –मतो– ।

\+ 2

धिमिथिट चं–चं– । चननग तकथेई ।

0 3

छूमकचा –गचा– । ठुनठुन ठुमकठे ।

\+ 2

–मठेई झिनझिन । झिनकिट तकछूम ।

0 3

त्रिकथेई चिनकचि । नकथेई झननन ।

+			2		
झिनकिट	छनमन	।	ननन	चिनगिन	।
0			3		
ठि– –	त्रूणझूण	।	थेईतक	थेईरूण	।
+			2		
झूणथेई	तकथेई	।	रूणझूण	थेईतक	।
0			3		

।।थेई।।

+

राजा साहब द्वारा इस परन में राधा कृष्ण का संग में नृत्य करने की कल्पना की गई है। निरर्थक बोलों के साथ 'फिरत चूम तो', 'ठुन ठुन ठुमक', रूनझुन आदि शब्दों का प्रयोग बहुत ही सटीक है। इसको लास्य कहने का कारण यह है कि इसमें लास्य अंग से सम्बंधित बोलों या कूटाक्षरों का प्रयोग हुआ है। राधा कृष्ण के युगल नृत्य में दोनों की भावनाएँ भी सम्मिलित हैं साथ ही साथ इस नृत्य में घुंघरू से निकलने वाली ध्वनि को भी बखूबी पिरोया गया है। इस पूरे परन में घुंघरू की ध्वनि पर ध्यान केन्द्रित करना आवश्यक है। क्योंकि वह नृत्य प्रदर्शन के दौरान परन की खूबसूरती को पुष्ट करते हैं।

परण तोपखाना

धत्धत् धा–धक धमधम धमकत ।

+

हैं–तुफं –गधक धमधम धमकत ।

2

धाँय धत्धत् धा–धक धमधम ।

0

धमकत हैं–तुफं –गधक धमधम ।

3

धमधम धाँय धत्धत् धा–धक ।

+

धमधम धमकत हैं–तुफं –गधक ।

2

धमधम धमकत धाँयधक धमधम ।

0

धमकत धाँयधक धमधम धमकत ।

3

।।धाँय।।

+

प्रकृति, चित्रण मानवीय भावनाएँ एवं संवेदनाओं के अतिरिक्त राज दरबार से सम्बंधित होने के कारण राजा साहब ने एक ऐसे परन का उपर्युक्तानुसार निर्माण किया है जिसका नाम उन्होंने 'तोप खाना परन' दिया है, ऐसे प्रयोग से यह स्पष्ट होता है कि नृत्य के माध्यम से मनोरंजन के साथ–साथ विभिन्न अन्य अभिव्यक्तियों को भी प्रदर्शित किया जा सकता है। इन्ही विचारों के क्रम में पं. बिरजू महाराज विभिन्न खेलों हाकी, कबड्डी आदि तथा रेल की आवाज या पक्षियों की अभिव्यक्ति भी नृत्य के माध्यम से बखूबी करते हैं।

त्रोटक बादल बिजली पक्षी

घड़घड़ घड़घड़ बा–दल गरजत ।

+

तड़तड़ तड़तड़ बिजली– चमकत ।

2

धमा –क छमछम छमछम ।

0

ने–हा– बरसत दा–दुर मो–रप ।

3

पपैहा बो–लत टेहकुकु टेहकुकु ।

+

तिकुनधा –तिकुन –धा– टेहकुकु ।

2

टेहकुकु तिकुनधा –तिकुन धा– ।

0

टेहकुकु टेहकुकु तिकुनधा –तिकुन ।

3

।।धा।।

+

पूर्व में भी प्रकृति विशेषकर वर्षा ऋतु से सम्बंधित रचनाओं की चर्चा की गई है। किंतु उपर्युक्त रचना की विशेषता यह है कि इसमें वर्षा के साथ दादुर, मोर एवं पपीहा की आवाज को सम्मिलित कर एक आकर्षण पैदा किया गया है। केवल कत्थक नृत्य शैली की यह विशेषता है कि बोलों के प्रदर्शन के पूर्व इसका पढ़न्त किया जाता है। रायगढ़ दरबार की रचनाओं में विभिन्न ध्वनियों के समायोजन के कारण पढ़न्त में ही रोचकता आ जाती है एवं प्रदर्शन में केवल अंग विन्यास ही नही होता बल्कि किसी ना किसी अर्थ की अभिव्यक्ति भी होती है। जो कि नृत्य के प्रति राजा साहब के चिन्तन को फलीभूत करता है।

परण इन्द्रजाल

तिट कता –न धिट ।

+

कता –न धिट धिट ।

2

कता –न धेकि टधा |

0

तक धेता –न धेत् |

3

ता– कृधे त्ता –न |

+

धिकि टत –क्क धिकि |

2

टता –न धा– किड़तक |

0

दिं– नदिं –न ता– |

3

घेघे –ता –न धित् |

+

ता– कता –न धा– |

2

–ता –न धा– घेघे |

0

–ता –न धित् ता– |

3

कता –न धा– –ता |

+

–न धा– घेघे –ता |

2

–न धित् ता– कता ।

0

–न धा– –ता –न ।

3

।।धा।।

+

उपर्युक्त 'इन्द्रजाल परन' में 'तान' शब्द का प्रयोग देखते ही बनता है और इस 'तान' शब्द की बार–बार पुनरावृत्ति से इन्द्रजाल के भाव को कुशलता के साथ प्रदर्शित किया जा सकता है। परन की बेदम तिहाई भी विषय की सार्थकता को पुष्ट करती है जो राजा साहब की रचना कौशल का परिचायक है।

उपर्युक्त परनों के अतिरिक्त यहाँ पर निम्नलिखित कुछ ऐसे परनों का भी नोटेशन दिया जा रहा है जो कि प्रचलन में अर्थात नृत्य प्रदर्शन में प्रयोग में नहीं देखे गये हैं कि रायगढ़ की धरोहर हैः–

एक्कड़

क– तिट घेघे तिट । कता –न थुं– तड़ । –न्न धा– दिं ता । किड़ नक तिट कत।

\+ 2 0 3

घेघे तिट तक थों । –म कत गदि गन । क– तिट कत्त घेघे। तिट कत घेदा –न।

\+ 2 0 3

क– तिट कत घेघे । तिट कत घेने नद । घेघे –ता –न धा–। धा– कत गदि गन।

\+ 2 0 3

धा– – – क– तिट। कत घेघे तिट कत। घेने नद घेघे –ना। –न धा– धा– कत।

\+ 2 0 3

गदि गन धा– – –। क– तिट कत घेघे । तिट कत घेने नद। घेघे –ता –न धा–।

\+ 2 0 3

धा– कत गदि गन । धा– – – क– तिट। घेघे तिट कता –न। थुं– तड़ –न्न धा–।

\+ 2 0 3

दिं– ता– किड़ नग। तिट कत घेघे तिट। तक थो– – म् कत। गदि गन क– तिट।

\+ 2 0 3

कत्त घेघे तिट कत । घेदा –न क– तिट। कत घेघे तिट कत । घेने नद घेघे –ता।

\+ 2 0 3

–न धा– धा– कत। गदि गन धा – – –। क– त्तिट केत घेघे। तिट कत घेने नद।

\+ 2 0 3

घेघे –त्ता –न धा–। धा– कुत गदि गन। धा– – – क– त्तिट। कत घेघे तिट कत।

\+ 2 0 3

घेने नद घेघे –ता । –न धा– धा– कत। गदि गन धा– – –। क– त्तिट घेघे तिट।

\+ 2 0 3

कता –न थुं– तड़। –न्न धा– दिं– ता–। किड़ नक तिट कत। घेघे तिट तक थों–।

\+ 2 0 3

–म् कत गदि गन । क– तिट कत्त घेघे । तिट कत घेदा –न । क– त्तिट कत घेघे।

\+ 2 0 3

तिट कत घेने नद । घेघे –ता –न धा– । धा– कत गदि गन । धा– – – क– त्तिट।

\+ 2 0 3

कत घेघे तिट कत। घेने नद घेघे –ता । –न धा– धा– कत । गदि गन धा– – –।

\+ 2 0 3

क– तिट कत घेघे । तिट कत घेने नद । घेघे – ता –न धा– । धा– कत गदि गन।

\+ 2 0 3

।।धा।।

\+

रसपंचानन

कततिट कत घेघे तिट, त–क्क धिकिट घेतिट तगन। धिकिट तगन तग तिट, नगन नगन नग तिरकिट।

\+ 2

नग तग नग तगतिट, धा – किट तक धुमकिट तक। थुन धागे घेघे तिट तक, घेदिन तकिट नग तिटकत।

0 3

किड़ नग नगन क–त, धे – द्धे– द्धे–द्धा–न द्धा–न। तिर किट तक धग तिट, तड़ि –त्तगनगेदिन् ता– न।

\+ 2

धा – – – – – – – – – – –, कत तिट तक घेघे तिट तक। तिर किंट तक तिट, तड़ि –त्तगन गेदिन् ता–न।

0 3

धा – – – – – – – – – – –, कत तिट तक घेघे तिट तक। तिर किट तक तिट, तड़ि –त्तगन गेदिन् ता–न।

\+ 2

धा – – – –, – – – – – – – । कत तिट कत घेघे तिट, त क्क धिकिटघेतिटतगन।

0 3

धिकिट तगन तग तिट, नगन नग तिरकिट। नग तग नग तग, त – क्क धिकिटघेतिटतगन।

\+ 2

धुन धागे घेघेतिट तक, घेदिन तकिट नग तिट तक। किड़ नग नगन क– त्त, धे –द्धे–द्धे–द्धा–न द्धा–न।

0 3

तिर किट तक धगतिट, तड़ि– त्तगन गेदिन् ता –न।धा – – – – – – – – –,कत तिट तक घेघे तिट तक।

\+ 2

तिरकिटतक धग तिट, तड़ि – त्तगन गेदिन ता–न। धा – – – – – – – – – –,कत तिट तक घेघे तिट तक।

0 3

तिर किट तक धगतिट, तड़ि– त्तगन गेदिन्ता–न। धा – – – – – – – – – – – –।

\+ 2

कत तिट कत घेघे तिट, त – क्क धिकिट तगन। धिकिट तगन तग तिट, नगन नगन नग तिरकिट।

0 3

नग तग नग तग तिट, धा– किट तक धुमकिट तक। थुन धागे घेघे तिट तक, घेदिन तकिट नगतिट तक।

\+ 2

किड़ नग नगन क–त्त, धे –द्धे–द्धे–द्धा–न–द्धा–न। तिर किट तक धग तिट, तड़ि–त्तगन गेदिन् ता–न।

0 3

धा – – – – – – – – –, कत तिट तक घेघे तिट तक। तिर किट धगतिट, तड़ि–त्तगन गेदिन् ता–न।

\+ 2

धा – – – – – – – कत तिट तक घेघे तिट तक। तिर किट तक धग तिट, तड़ि–त्तगन गेदिन ता–न।

0 3

।।धा।।

\+

शाम्भवी

धिट धिट धागे तिट। तागे तिट क – त्तिट । नग तिट कत कृधे । – त किट धग द्दि।

\+ 2 0 3

गन नग तिट कृधे । –त्ता – न धे– त्ता। कृधा – न धा – कृधे । – त्ता – न धे – त्ता–।

\+ 2 0 3

कृधा – न धा – कृधे। – त्ता – न धे – त्ता। कृधा –न धा– धिट। धिट धागे तिट धागे ।

\+ 2 0 3

तिट क – त्तिट नग । तिट कत कृधे –त । किट धग – द्दिगन । नग तिट कृ – त्ता ।

\+ 2 0 3

– न धे – त्त– कृधा। – न धा– कृधे – त्ता। – त धे – त्ता – कृधा। न धा– कृध े –त्ता।

\+ 2 0 3

–न धे– त्त– कृधा । –न धा– धिट धिट। धागे तिट तागे तिट। क– त्तिट नग तिट ।

\+ 2 0 3

कत कृधे –त्त किट। धग – द्दिगन नग। तिट कृधे – त्ता –न। धे – त्ता – कृधा – न।

\+ 2 0 3

धा – कृधे – त्ता – न। धे – त्ता – कृधा न। धा – कृधे – त्ता –न। धे – त्ता – कृधा–न।

\+ 2 0 3

।।धा।।

\+

घुमड़बादल

घिं तिरकिट धिकिटधिं तिर। किट धिकिट कत कत। धग तिट कृधे – द्धि। का तिरकिट धिकिट घेघे ।

+ 2 0 3

तड़ –न्न धित् धित्। धिकिट तगदि गन। कत कत कत किट। कत धिन नादि – न्त।

+ 2 0 3

तिटकत गदिगन धा–धा–। तिटकतगदिगन धा– धा–। धा– घिन नादि–न्त। तिटकत गदिगन धा–धा–।

+ 0 2 3

तिटकतगदिगन धा– धा–। धा– घिन नादि–न्त। तिटकत गदिगन धा– धा–। तिटकतगदिगन धा–धा–।

+ 0 2 3

।।धा।।

+

मत्तमयूर

धात्रिक धिकिट कत। घेघे तिट किट ता –। धा– न धिकिट धात्रि। क धिकिट कत घेघे।

+ 2 0 3

तिट घेघे तिट दिन । दिन धात्रिक धिकिट । कत घेघे तिट ता –। न धा – तकिट धा –।

+ 2 0 3

धात्रिक धिकिट घिन। धड़न्न तग – द्धि। गन तग दिग तक। तिट कत धा– न दि।

+ 2 0 3

गन नाना कत तिट। कत थुं थुं किटतकदिं–गड़। धा – थुं थुं किटतकदिं–गड़। धा–थुंथुंकिटतकदिं–गड़।

\+ 2 0 3

। ।धा। ।

\+

रंगविलास

धकिट धकिट धन। दिन तक किटतक धेकि। ट ता कतिट तगन। तगन धग दिगन।

\+ 2 0 3

धग तिट कतकधि । किट घिन तड़–न्न । कतक धिकिट कत। क धिकिट घिन तड़।

\+ 2 0 3

– न्न घिन तड़ –न्न। ता – धा–नगतिरकिटतक। धा – दि – न्ता – धे–। धग तिट धग दिन।

\+ 2 0 3

नक किटतक धिकिट त। गन किट तड़ – न्न। तगन धा–न धा–। किट तक गदि गन।

\+ 2 0 3

नग – तिरकिटतक तग। न धा–न धा – ता –। न धा – तकिट धा–। ता तिरकिट धिकिट कृधा।

\+ 2 0 3

किट तक गदि गन। धिकिट त गदिगन। नग नग तिरकिटतक ता। कतिट धा दिंता ध ो–।

\+ 2 0 3

तग – न्न धा – कत। गदि गन धा– – ना। –ग तिरकिट ता – ग। धा – – – गदि गन ।

\+ 2 0 3

धा– – ना–ग तिरकिट। तक ता–ग धा– – –। गदि गन धा– – ना। –ग तिरकिटतक ता–न्न।

\+ 2 0 3

।।धा।।

\+

पंचानन

धा– धा– दिं– ता–। कृ – द्धा दिं – ता–। धग तिट किट तक। तग तिट किट तक।

\+ 2 0 3

कतिट तगेन तक । किट तक तिर किट। दिगन नगन नग। घिड़ नग तिर किट।

\+ 2 0 3

नग तिर किट नग। तिर किट दिं – ता–। धा– धा– दिं – ता–। क –– तकिट तक।

\+ 2 0 3

तिर किट घेघे दिग । गेदा –न गदि –द्धा। किट तक गदि गन। धा– ता– धा– ती–।

\+ 2 0 3

धागे नागे दीं – – – – – –। – न कत घेतिरकिटतक। धा – – – किट तके। तिर किट घेघे दिग।

\+ 2 0 3

गेदा –न गदि –द्धा। किट तक गदि गन । धा– ता– धा– ती–। धागेनागे दी – – – – –।

\+ 2 0 3

–न कत घेतिरकिटतक। धा – – – किट तक। तिर किट घेघे दिग। गेदा –न गदि –द्धा।

\+ 2 0 3

किट तक गदि गन। धा– ता – धा– ती–। धागेनागे दीं – – – – – –। –न कतघेतिरकिटतक।

\+ 2 0 3

।।धा।।

\+

नवरस

कत किटतक तकिट धा। कृधा – धा– न धा– । धिनतिरकिटतक तगतिट। धा तिरकिट धिकिट धा–।

\+ 2 0 3

धे द्धे ता तिरकिट धा तिरकिट। के तिरकिटतक घे तिरकिटतक। के तिरकिटतक घे तिरकिटतक। धिनतिर किटतक धा – – –।

\+ 2 0
3

कत्तधाकिटतकिट तका किट। तकधुमकिटतक तकिटतका किट। किटतक धगतिट द ाकिट धा। घेघे दां–दां– गेदिं–ता–न।

\+ 2 0 3

त–किटतक धुम किट तक। तकिट तकिट दि –कता–न । धिट कता–न धग– द्गिन। कत्तिटकत घेघे तिट कत धा।

\+ 2 0 3

नग तिट कत घेघे तिट कत धा। धगन धिकिट धगतिट धगतिट। नगन नगन नगतिट गदिगन। दिगदिंता तिटकत गदिगन।

\+ 2 0 3

नगतिट नग नग नग नग। धुंतड़न्न धान गद्दी धिट धतिट। गषधिन्नातिट धात्रिक्कतघेघेतान। घिन्नाघेघेतिरकिटतगतिरकिटतकदीं।

\+ 2 0 3

धगतिटतकधगतिटकिड़नगतिरकिटतक। किड़धाद्धाधिकिटकिटतिटतगतिटतगतिटकत्तिट। क्ड़ां–किड़नगतिरकिटतकधिरकिटतक।

\+ 2 0

धा – – – – किड़ धाद्धा धिकिट कि।

3

टतिटतगतिटकतिटक्ड़ां–किड़नगतिर। किटतकधिरकिटतक धा – – – –। किड़धाद्धा धिकिटकिटतिटतगतिटकतिट।

\+ 2 0

क्ड़ां–किड़नगतिरकिटतकधिरकिटतक।

3

।।धा।।

\+

कत्थक नृत्य में कवित्त या छंद के प्रदर्शन की परम्परा रही है। ये लय बद्ध होती हैं और इन रचनाओं की तिहाई में नृत्य या तबला पखावज के बोलों का भी मिश्रण किया जाता है। रायगढ़ दरबार की विशेषता के अनुकूल राजा साहब द्वारा रचित कवित्त में भी निरर्थक बोलों की ध्वनि से किसी विशेष अर्थ की ओर संकेत किया गया है। जैसे – तट तिट कृत राधा, इसमें 'तिट' का शाब्दिक अर्थ कुछ नहीं है। यह तबले का बोल है किंतु राजा साहब के कवित्त की इस पंक्ति में तिट का अर्थ 'निकट' से बखूबी लगाया जा सकता है। इस तरह के प्रयोग राजा साहब द्वारा रचित निम्नलिखित छंदो में देखा जा सकता है।

लास्य तोड़ा

तट	तिट	कृत	राऽ	।
+				
धाऽ	ऽऽ	दिन	दिन	।
2				
नट	कृत	ध्या	नध	।
0				
रत	कृत	तकृ	तकृ	।
3				
तत	दिन	जाऽ	तति	।

+				
नदृष	गन	दृषा	दृषा	।
2				
दृषा	नव	सेऽ	राऽ	।
0				
धाऽ	राऽ	धाऽ	राऽ	।
3				
।।धा।।				
+				

कृष्ण लास्य तोड़ा

कि	किं	कु	कु	।	कं	ऽ	ग	क	।
+					2				
द	म	त	ले	।	दि	ना	ना	थे	।
0					3				
द	त्त	वा	ऽ	।	का	न्	ऽ	ते	।
+					2				
गि	र	व	र	।	त	रू	न	त	।
0					3				
रू	न	प्रि	य	।	का	न्	ते	ऽ	।
+					2				
रा	ऽ	धा	ऽ	।	ऽ	ऽ	ऽ	ऽ	।
0					0				
धि	धि	क	क	।	न	क	धा	ऽ	।

+					2				
धि	का	ऽ	न	|	ऽ	धा	धि	का	|
0					3				
ऽ	न	धा	ऽ	|	धि	का	ऽ	न	|
+					2				
धा	ऽ	ऽ	ऽ	|	धि	का	ऽ	न	|
0					3				
धा	ऽ	धि	का	|	ऽ	न	धा	ऽ	|
+					2				
धि	का	ऽ	न	|	धा	ऽ	ऽ	ऽ	|
0					3				
धि	का	ऽ	न	|	धा	ऽ	धि	का	|
+					2				
ऽ	न	धा	ऽ	|	धि	का	ऽ	न	|
0					3				

||धा||

+

राधिका लास्य

दे–गो–	री–द ग	दे–दे–	भरकत
+			
हैं–अनं	–गद ग	दे–दे–	धधकत
2			
हीं– – –	दे–गो–	री–द ग	दे–दे–

0			
भरकत	है–अनं	–गदष्ग	दे–दे–
3			
धधकत	हीं– – –	दे–गो–	री–दष्ग
+			
दे–दे–	भरकत	है–अनं	–गदष्ग
2			
दे–दे–	धधकत	हीं–दष्ग	दे–दे–
0			
धधकत	हीं–दष्ग	दे–दे–	धधकत
3			
।।ही।।			
+			

कृष्णलास्य त्रोटक

मुरलीस्व	रमिलित	नूपूरध्व	र्निभवति ।
+			
झिनकिट	झिनकिट	छुमकछ	मकथेई ।
2			
यमुनापु	लिनमृदु	नर्तनम	नुरचित ।
0			
मध्यर	मनदिगदिग	नादिगदिगना	दिगदिगदिगदिग ।
3			
थोदिगदिगथो	दिगदिगदिगदिग	ततत्रक	थेईयक ।

+						
थेईत्रक	थेईयक	थेईत्रक	थेईयक ।			
2						
थोदिगदिगथो	दिगदिगदिगदिग तत्त्रक		थेईयक ।			
0						
थेईत्रक	थेईयक	थेईत्रक	थेईयक ।			
3						
।।थेई।।						
+						

माधवी लास्य

कुसुमित	नवसह	।	काऽ	रलता	ऽरस	।
+			2			
परवश	मरूति स	।	रति	ससुवा	सम	।
0			3			
रसमय	कुसुम स	।	मय	निशि दिशिदिशि।		
+			2			
विकिरति	मदनेऽ	।	कोऽ मल हाऽ	सम्		।
0			3			
कलकलना	ऽदिनि	।	कऽ	लोऽ	सलिलेऽ।	
+			2			
सथपक	लय लह	।	रौ	ऽस	विलाऽ सऽ।	
0			3			
हरि रिव व–	ल्लव	।	ललनाऽ वलयै	ऽ		।

+		2		
रचयति	ताऽ राऽ ।	पटलै ऽ राऽसंऽ ।		
0		3		
विधुरिह	कलयेऽ ।	सकलं ऽ मृदु नृष ऽ ।		
+		2		
त्यति दिगु दिग थै ऽयक ।		थैऽ दिग दिग थै ऽयक ।		
0		3		
थै ऽ दि़ग दिग थैऽ यक ।		थै ऽ ऽ ऽ कुसुमित ।	(तीन बार)	

राधाकृष्णलास्य भावविभोर

तक	तम	गन	टक	।
+				
टकी	–ल	गी–	धन	।
2				
धन	धन	तिन	को–	।
0				
मनो़	रम	मू	रत	।
3				
नई	–ना	–ग	री–	।
+				
गुना	–ग	री–	कला	।
2				
–नि	धी–	का–	न्हाँ	।
0				

कि–	रा–	धा–	– –	।
3				
कला	–नि	धी–	का–	।
+				
न्हाँ	की–	रा–	धा–	।
2				
– –	कला	–नि	धी–	।
0				
का–	न्हाँ	की –	रा–	।
3				
।।धा।।				

विशेषता यह भी है कि छंदों में एक–एक कथा समाहित है। निम्नलिखित अमृत–ध्वनि में राजा साहब ने एक पनिहारिन का परिदृश्य उसकी अंतर्व्यथा के साथ प्रस्तुत किया है। पानी भरने, बादल की घटा, बिजली का चमकना आदि को विभिन्न बोलों की ध्वनियों से भी जोड़ा हैं नृत्य में इन छंदों की प्रस्तुति करते समय इसके साहित्य के साथ–साथ सम्बंधित ध्वनि को भी ध्यान में रखना आवश्यक है, जो कि कत्थक नृत्य शैली में प्रयोग होने वाली कवित्तों या छंदो से इन्हे भिन्न रूप देता है।

अमृतध्वनि

झमझम	पा–नी–।	भरतती	– – –।
+		2	
पनिहा–	री–झक।	झो–र–	धिरी–स।
0		3	
घनबर	सा–घटा।	– – –	घकघक।
+		2	

घनघन	घो– – र।	घकघक	घनघन ।
0		3	
घो–रव	रवअति ।	विद्दूत	दमकत ।
+		2	
खो–चत	चितभई ।	सौ–चत	चखजल।
0		3	
बूं–दत	बरसत ।	कान्हन	निरखिसु।
+		2	
अं–कक	करिअनु।	रा–गग	गतश्रम ।
0		3	
चक्रक	पियालख।	झझझझ	झरिरस ।
+		2	
रि–झझ	झमझम ।	ततततथेईतत	ततथेईततततत।
0		3	
।।थेई।।			
+			

रायगढ़ दरबार की नृत्य रचनाओं की एक और विशेषता यह रही है कि लखनऊ, जयपुर शैली के परनों का जोड़ा इस दरबार में बनाया गया । जैसा कि पखावज के बोलों से परन की रचना की जाती है, रायगढ़ दरबार की विशेषता के अनुसार इन परनों के जोड़ा बनाने में ध्वनियों को विशेष रूप से ध्यान में रखा गया है। ऐसे उपलब्ध निम्नलिखित कुछ रचनाओं का उदाहरण यहाँ प्रस्तुत है – इनमें केवल पखावज के बोल प्रयोग नहीं हुए हैं बल्कि विभिन्न वर्णों के बोल, काव्य के बोल तथा नृत्य के बोल भी सम्मिलित हैं।

परन

किड़तक	थुनथुन	नाति	टता	।
+				
ऽधा	दिंता	किड़धाऽ	दिंता	।
2				
कति	टधा	दिंता	क्त	।
0				
तिट	धादिं	ताऽ	किड़धेऽ	।
3				
तधा	दिंता	कति	टधा	।
+				
ऽथुं	ऽत	धाऽ	कति	।
2				
टधा	थुं	ऽत	धाऽ	।
0				
कति	टधा	ऽथुं	ऽत	।
3				

।।धा।।

+

जोड़ा परन

झिनकिट	कुक्कु	तिद्दी	तद्दा	।
+				
ऽता	थुंगा	तक्का	थुंगा	।

2

ताकु कुझि कुकु तत ।

0

कुकु कुझि न्ना थुंगा ।

3

झिन किट तत तथे ।

+

ईत ऽत थेई तत ।

2

तथे ईत ऽत थेई ।

0

तत तथे ईत ऽत ।

3

।।थेई।।

+

चक्करदार परन का एक पल्ला

गिदिगिन नागेतिट तागेतिर किटतक ।

+

धिकिटधा ऽनधाऽ धाऽकिड़ धाऽधाऽ ।

2

धिनधाऽ किटधा तकिटधा ऽनताऽ ।

0

धागेतिट धिकिटधा ऽनधाऽ ताऽधाऽ ।

3			
धिनधाऽ	तकधाऽ	कत्ताधाऽ	घेतिटघे ।
+			
तिटधा	गिदिगन	नागेतिट	तागेतिर ।
2			
किटतक	धाऽतिट	धाऽऽऽ	गिदिगिन।
0			
धाऽतिट	धाऽगिदि	गिनधाऽ	तिटधाऽ ।
3			
गिदिगिन	धाऽतिट	धाऽऽऽ...............	

जोड़ा परन

कृष्ण लास्य का एक पल्ला

कुणकिट	करगिड़ ।	किटतत	कुकुधिधि।
+		2	
फिरतछू	–मतो– ।	धिमिथिट	चं–चं– ।
0		3	
चननग	तकथेई ।	छूमकचां	–गचा– ।
+		2	
ठुनठुन	ठुमकठे ।	–मठेई	झिनझिन।
0		3	
झिनकिट	तकछूम ।	त्रिकथेई	चिनकचि।
+		2	
नकथेई	झननन ।	झिनकिट	छननन ।

0		3		
नननन	चिनगिन ।	ठि– –त्	रूणझूण ।	
+		2		
थेईतक	थेईरूण ।	झूणथेई	तकथेई	।
0		3		
रूणझूण	थेईतक ।	थेई– –		

चक्करदार परन (एक पल्ला)

धा	थुँगा	तक्का	थुगा	।
+				
त्रिकधेत	ऽता	थुँगा	तक्का	।
2				
दिगदिग	दिगदिग	दिगदिग	थेई	।
0				
तत	थेईत	ताथेई	तत	।
3				
थेई	तत	थेईत	तथेई	।
+				
तत	थेई	तत	थेईत	।
2				
तथेई	तत	थेई	....	

जोड़ा परन (एक पल्ला)

झिं	झिनकिट	तक्का	थर्री	।
+				

थरी	कथ	रीक	थरी ।
2			
गिना	जग	कुकु	थरी ।
0			
थेई	ऽऽ	कुकु	तजि ।
3			
कुचि	कुकु	झिगझिग	झिगझिग ।
+			
झिगझिग	थेई	झिगझिग	थेईझिग ।
2			
झिगथेई	झिगझिग •		थेई...........
0			

कवित्त

लचकत	कमरम	दनमन	झलकत ।
+			
नवलन	यननव	लऽरस	बरसत ।
2			
मंऽदग	मनिमोऽ	हनिबलि	हाहा ।
0			
रीबलि	हाहा	रीबलि	हाहा ।
3			
।।री।।			
+			

जोड़ा

झिझिकत	झिझकझु	कतकुछ	हलहल ।
+			
नवलन	यननव	लऽचल	अपचल ।
2			
मंऽदग	मनबलि	मोऽहन	बलिमा ।
0			
धव	बलिमा	धव	बलिमा ।
3			
।।धव।।			
+			

2. भावांग

(ठुमरी, गीत एवं ग़ज़ल)

शुद्ध नृत्य में रायगढ़ दरबार अर्थात राजा चक्रधर सिंह जी की शैली की चर्चा करने के उपरान्त कत्थक नृत्य के अभिनय पक्ष में रायगढ़ दरबार की विशेषता पर दृष्टिगोचर करना आवश्यक है।

कत्थक नृत्य के इतिहास में मुगल शासकों के योगदान एवं उनके सम्पर्क के प्रभाव से राजा साहब भली–भाँति परिचित थे। उन्हें चिन्ता इस बात की थी कि नृत्य अपने मूल उद्देश्य से भटक रहा है अतः उन्होंनें अपने शासन काल में उसे पुनः मूल अभिव्यक्ति से जोड़कर अभिनव स्वरूप प्रदान किया। इस विचार से कथक का कोई कलाकार वंचित नहीं रह जाये, उन्होंने देश के सभी गुरूओं और कलाकारों को अपने दरबार में एकत्र कर उनके सहयोग से ही कथक में पुनर्जागरण की एक क्रांति लाने का सफल प्रयास किया।

कत्थक में अभिनय के लिए कई नये आयाम उन्होंने जोड़े। यहाँ डॉ. पी.डी. आशीर्वादम के शोध ग्रंथ, रणजीत कुमार बारीक के शोध ग्रंथ, डॉ. बलदेव के 'रायगढ़ का सांस्कृतिक वैभव', पं. कार्तिक राम के 'रायगढ़ में कथक', तथा विभिन्न विद्वानों से

प्राप्त रचनाओं की चर्चा की जा रही है। इसके अतिरिक्त मेरे गुरू डॉ. पी.डी. आशीर्वादम द्वारा प्राप्त रायगढ़ दरबार की कुछ रचनाओं के मूल नोटेशन भी दिये जा रहे हैं जो कि दुर्लभ हैं।

कत्थक नृत्य के अभिनय में अष्टनायिका एवं नवरस आदि विषयों का महत्वपूर्ण स्थान है। इसमें प्रयोग होने वाले ठुमरी या गीत सामान्यतः किसी विशेष नायिका या रस के अनुकूल होते हैं। किन्तु राजा चक्रधर सिंह जी इसमें विविधता लाने के लिए कई प्रयोग किये। उदाहरणार्थ यह ठुमरी प्रस्तुत है।

स्थायी– गोरी सलोने तोरे नैना, नवल मदमात हँसत हैं,

अंतरा– तान–तानके तीर चलावे, यह डर पावे मैना।। नवल मद.....

रोय मरत है तोरे सनेही, अजब गजब के है सैना।।
नवल मद......

रौद्र रूप बिरह न की चोटन, नरक भयो है ऐना।। नवल मद.....

चक्रपिया अब प्रेमी निहारो, बकत बैरागी बैना।। नवल मद.....

इसमें उन्होंने नवरसों का एक ही गीत में प्रदर्शन की सम्भावना को तलाशा है। इसके गहन अध्ययन से यह प्रतीत होता है कि एक स्त्री की विभिन्न अवस्थाओं में होने वाली प्रतिक्रिया से नवरसों की अभिव्यक्ति हो रही है। इसमें प्रथम पंक्ति 'गोरी सलोनी तोरे नैना' में श्रृंगार रस है। 'नवल मद मात हँसत हैं' में हास्य रस । एक नायिका की आँखों का तीर के सदृश चलाना 'तान–तान के तीर चलावे' में वीर रस जिससे नायक का हृदय रूपी मैना डरता है अर्थात 'यह डर पावे मैना' में भयानक रस, नायिका के इस व्यवहार से उनका स्नेही रो रहा है अर्थात 'रोय मरत है तोरे सनेही' में करूण रस । यह स्थिति इसलिये बन रही है क्योंकि नायिका के जो विभिन्न रूप हैं वह अजब–गजब हैं अर्थात 'अजब–गजब के हैं सैना' में अदभुत रस । नायिका का रौद्र रूप वह होता है जब वह अपने नायक को किसी अन्य नायिका के निकट पाती है और विरह रूपी चोट से आहत रहती है अर्थात् 'रौद्र रूप विरहन की चोटन' में रौद्र रस, इस आघात के बाद नायिका का नायक के प्रति जो व्यवहार होता है वह निश्चित ही नरक के सदृश होता है अर्थात 'नरक भयो है ऐना' में विभत्स रस, चक्रपिया अब शीघ्र ही प्रेम से निहारे, यह बैरागी कह रहा है। अर्थात् इसमें शांत रस। इस प्रकार उपर्युक्त भावगीत में नर्तक बहुत ही कुशलता से नवरसों का प्रदर्शन कर सकते हैं।

अष्टनायिका

भूषण बसन सजाये, सहेटवा पै गोरी चली है

1 2

अंतरा

कुंजन कुंजन ढूंढत पिय को, ताकत आस लगाये । सहेटवा.

3 4

अनत रमे मनमोहन कान्हा अजहूं पिया नहिं आये । ''

5

कलह कियो हम ताको फल पायो, पिय नजि सेज सिधाये ।।

6 7

चक्रपिया जब आये अचानक सुख सनेह सरसाये ।।

8

1. वासक सज्जा (सजाव श्रृंगार में लगी रहने वाली)
2. अभिसारिका (प्रिय से मिलने को जाने वाली)
3. विप्रलब्धा (नायक नियत स्थान पर नहीं पहुंचते)
4. प्रोषितपतिका (प्रिय परदेश चले गये हैं)
5. खण्डिता (नायक किसी अन्य नायिका के साथ है)
6. कलहान्तरिता (झगड़ के प्रिय को नाराज़ कर देने वाली)
7. विरहोत्कंठिता (नायक साथ में नहीं होने से विरह में है)
8. स्वाधीन पतिका (पति को अपने अधीन कर लेने वाली)

उपर्युक्त गीत में भी नवरस के समान एक ही गीत में अष्टनायिकाओं का प्रदर्शन किया जा सकता है। शब्द बहुत ही सरल है एवं नायिका, नायक के हालात से विभिन्न अवस्थाओं से गुज़र रही है।

नर्तन सर्वस्वम में राजा चक्रधर सिंह जी ने सोलह श्रृंगार एवं बारह आभूषण की चर्चा की है। इनके पूर्व भी संगीत दर्पण में श्रृंगार एवं आभूषण की चर्चा की गई है किन्तु राजा चक्रधर सिंह द्वारा वर्णित सोलह श्रृंगार एवं बारह आभूषण व्यवहारिक एवं प्रयोग की दृष्टि से अत्यंत उपयुक्त हैं।

इन आभूषणों एवं श्रृंगार से सम्बन्धित राजा चक्रधर सिंह द्वारा रचित कुछ सांगीतिक रचनाएँ यहाँ प्रस्तुत हैं, जिनमें आभूषण एवं श्रृंगार का प्रदर्शन कुशलतापूर्वक किया जा सकता है।

1

बेंदी भाल नवेली रे हा चली सुघर सुनारिन

अंतरा

2 3 4

मोती माँग झूमके आवे बेसरि गैत अकेली रे

5 6 7

हीराहार लुहावत कर धन बिजय भुजा रंगरेली रे

8 9 10

कंकन चूरी मुंदरी गई छवि हावभाव अठखेली रे

11 12

पग पैजनियां बिछिया सोहत चक्रपिया अलबेली रे

नाटकी भीमपलास दादरा

चली अलबेली मदमाती नार।
इठलाती मनभाती कर कर श्रृंगार ।।

कानों में बुन्दे पड़े हैं शान दार ।
झुम के गालों को चूम चूम लेवें हर बार ।।
कंठ मोतिन की माला हाथों में कंगना ।
करे पैरों में मंद मंद नूपुर झनकार ।।

गज मोतियों से सँवारी है माँग ।
दिल तो नागिन सी चोटी पे हुआ बाग़ बाग़ ।।
दोनों बाहों में बाजुबन्द दे रहा बहार ।
धानी साड़ी पे 'चक्रपिया' जाउं बलहार ।। चली. ।।

_ षभ तीव्र । शेष कोमल स्वर । ठाट आसावरी । ताल खेमटा गांधार दोनो । तीव्र गांधार पर चिन्ह होगा । धैवत भी दो । तीव्र पर निशान

सप– । पप पध पध । मप गम गम । गम पध मप । ध़–ऩिसस– ।
चली . अल वे . ली . मद मा . ती . ना . . . . र इठ ला दृ ती दृ

। ग ग म प म प । ग रि स ऩि ध नि । स – स
म न भा . ती . क र के . श्रृं . गा . र चली अलबेली.

। स – रिग सरि । ध़–ऩि–स– । ग–म प ध प । म–म ग – रि । स–रिग सरि ।
का . नो . में . बुं : दे . प ड़े . है शा . न दा . र झू म के गा . लो . को.

। ध़–ऩि स – स । ग–म प ध प । म – म म–म । प–नि–सं– । रिं रिं नि–सं – ।
चू . म चू . म ले . वें . ह र वा . र कं . ठ मो . तिनकी . मा . ला . हा

। प–प ध – नि । प – प ध म – । प–गं–रिं– । निसंनि रिंसंनि । पमगरिसनि ।
थों . में कं ग ना . . क रे . पै . रो . में . मं . द मं . द नु . पु र झ न

स – स सप – ।
का . र च ली अलबेली.
शेष अंतरा इसी तरह

तिलक कामोद दादरा

चंद्र बदनि, मृग लोचनी, दामिनि दुति गोरी ।
अलबेली नवल नारि करति चित की चोरी ।।
छन छन श्रृंगार सजत । छम छम पग नूपुर बजत ।
बनठन पिय मिलन चली कामिनी किशोरी ।। चं. ।।
मुख मंडल शशि स्वरूप । लटकत बेणी अनूप । मानो नागिनि स्वरूप
चंद्रामृत पान करन आई भवन ओरी ।। चंद्र.।।

"चक्रपिया" नवल बाल । आवत लिये दीप थाल।

मन्द मन्द गति मराल । लखत भौं मरोरी ।। चं. ।।

इसमें सब शुद्ध स्वर लगते हैं अर्थात ठाट शंकरा भरण ।

। रि – प । म म म । मगरि ग – रि । स नि़ नि़ । प़ नि़ नि़ । स – रि ।

चं . द्र ब द न मृ . . ग . . लो च न दा मि न दु . ति

। सरि गप मग । – – – – रिग सनि़स ।

गो . . . . री . .

"अलबेली नवल नारि" भी इसी प्रकार से गाया जायेगा ।

। म रि ग । ग म ग । प – प । प प प । म म म । म प प । गम पध मप ।

छ न छ न श्रृं . गा दृ र स ज त छ म छ म प ग नु . . . पु र

। म ग ग । स रि प । म ग रि । सरि गम रिग । स नि़ नि़ । प़ नि़ नि़ ।स स रि।

ब ज त ब न ठ न पि य मि . ल दृ न . च ली . का मि नि – –
कि

। सरि गप मग । रिग सनि़ स ।

शो . . . . री . .

शेष अंतरे इस अंतरा के समान ही गाये जायेंगे ।

हिन्दी के रीति कालीन कवियों द्वारा 'नख–शिख' पर कई रचनाएँ लिखी गई हैं। राजा चक्रधर सिंह भी इससे अछूते नहीं रहे और नायिका के आकर्षक विभिन्न अंगों को भी उन्होंने निम्नलिखित दादरा में वर्णित किया है जो कि कत्थक नृत्य के प्रदर्शन में कुशलता पूर्वक प्रस्तुत किया जा सकता है।

दादरा बरवा

चलत मन्द चाल बाल ।

लचकत कचभार बदन हिलत मानो कंज नाल ।

अंतरा

नवल अंग कुच उतंग जंघन कटि त्रिवलि संग,

अधर मधुर गालन पे अरूण रंग है रसाल ।।

हिरन नैन मधुर बैन सैनन महँ बसत मैन ,

भृकुटि युगन तान हनै नयन बान ये कराल ।।

ब्रज निकुंज सुमन पुंज गुंजत जहँ भ्रमर मंजु,

कलित ललित चक्रपिया जलद श्याम केश जाल ।।

इसमें गांधार दोनों । निषाद दोनों । शेष शुद्ध स्वर लगते हैं। कोमल गांधार निषाद पर चिन्ह दिया है।

। स ग स । गम पध प । ग – रि । स – स ।
चलत मं. . . द चा . ल वा ल

। नि नि नि । सं सं सं । ध सं नि । ध प म । ग ग ग । गम पध प ।
ल च क त कच भा . र ब द न हिलत मा . . . नो

ग – रि । स – स ।

कं . ज बा . ल

म म प । नि – नि । नि सं नि । सं–सं । नि नि सं । रि स सं । नि नि ध। प–प

न व ल अं . ग कु च उ तं दृ ग जं . घ न क टि त्रि व लि सं . ग

म म प । नि नि सं । ध सं नि । ध प प । म ग म । गम पध प । ग रि । स– स

अ ध र म धु र गा . ल न पे. अ रू ण रं. . . ग है . र सा . ल

शेष अंतरे इसी प्रकार

सामान्यतः कत्थक नृत्य में प्रस्तुत होने वाली ठुमरियाँ जो कि छेड़–छाड़ से सम्बन्धित होती हैं और जिसे स्वाधीनपतिका नायिका के अंतर्गत माना जा सकता है, ऐसी अनेक ठुमरियों की भी राजा चक्रधर सिंह ने रचना की है, उनमें से उपलब्ध निम्नलिखित ठुमरियाँ उदाहरणार्थ प्रस्तुत हैं–

ठुमरी खमाज तीनताल पंजाबी ठेका

बलम छेड़ो ना सताओ मैं तोरी नाहीं मानूँ रे।।

अन्तरा।

अँगयिा दरकि गईं चुरिया करक गईं

जुवना पै जिया न चलाओ।। मैं तोरी.।।

चक्रपिया मोरी बहयाँ मुरक गईं

लंङगर हटो चले जाओ।। मैं तोरी।।

ठुमरी

स्थायी मोहे छेड़ो नाहिं श्याम

गुजरिया मैं घर की अकेली।। मोहेकृकृ

अंतरा प्रेम की बतियाँ मैं नहीं जानत

दुर अजहूँ मेरो धाम।। मोहेकृकृकृ

रात अंधेरी बादर घेरे

चक्रपिया से है काम।। मोहेकृकृ

दादरा भावगीत

स्थायी देखो देखो बिहारी रीझी नारी सगरी

उमगी परत रस की गगरी ।। देखोकृकृकृ

अंतरा चक्रपिया वर है वरसा से

चहल–पहल छाई नेहा नगरी।। देखोकृकृ

ठुमरी

मोहे रोके कान्हा ब्रज के मग में,
जमुना के किनारे काँवरी सँवारे हो,
चक्रपिया कैसे जल भर लैहूँ,
नटखट कान्हा नजर मारे।

अन्य कवियों के समान राजा साहब नायिका के विरह को भी अपनी रचनाओं में विशेष स्थान दिये हैं। कत्थक नृत्य के कलाकार इन रचनाओं में विरहणी नायिका का प्रदर्शन बखूबी कर सकते हैं। उदाहरण के लिए उनकी कुछ रचनाएँ प्रस्तुत हैं–

भैरवी कहरवा

अँसुआ बहावे बैठि अँगना रे जिया नहिं माने ।। अँसुआ।।

अंतरा।

सोते विरमाये, पिया नहिं आये,

धधकत है अंग अंगना रे ।। पियानहिं.।।

तारा गन भागे पंछी सब जागे,

मिलन को लागे मोरा ढंग ना रे ।। पिया.

ढीले भये बैना फके परे नैना,

उड़त कथोलन को रंग ना रे ।। पिया ।।

माँग नहिं भावे, बेंदी न सुहावे,

सरकत हाथ को कँगना रे ।। पिया नहिं.।।

चक्र पिया, ऐ हैं, सुख सरसै हैं,

जनि तज आस को संग ना।। पिया नहिं.।।

ठुमरी खमाज (बिलमपत) तीन ताल (पंजाबी)

बरसै बदरवा आधी रात ।

कैसे पिया मोरे ऐहैं भवनवाँ का से करूँ मीठी बात ।।

अंतरा

आवन कह गये अजहूँ न आये हम संग कीन्हीं घात।

"चक्र पिया" सौतन घर छाये उन बिन जिया अकुलात

इसमें निषाद दोनों । शेष शुद्ध स्वर । कोमल निषाद पर चिन्ह दिया है।

ग । ग म – म । पमगरि – सरिगम गरिस– । – सरिग– – –सरि– ।

ब र से . ब द . र . . वा . . . . आ . . . . धी . .

। प – – इसके बाद (बरसे बदरवा–इतना पूरा बजाया गाकर)

रा . त

। –निनिनि । नि–निसं– । धति – पध प । – नि नि नि ।

. कै से पि या . मे रे . . . . ऐ हैं भ

। सं नि– पध–– मप–– । गप मग – – । – – पध । गपमग ।

व न . . . . . . वा . . . . . . का . से . क हूँ

। – स – रि । प – – – । – – प ध । ग प म ग । – स स रि । प – – – ।

. मी . ठी बात बर से . ब द . र्वा आ धी रात . . .

शेष अंतरे इसी प्रकार से गाये जायेंगे ।

विरह दादरा भावगीत

स्थायी कौन सुनावे खभर मोरे पिया की

अंतरा आयी रात शरद की

घायल करे वियोग पिया

कैसे कटे सजनी रतियाँ

चक्रपिया सुध भूलत नाहीं

कौन करें मोहक बतियाँ ।

ठुमरी

स्थायी मोरी गलिन कब ऐहो मोहन

अंतरा बिरह घटा देखी घिर–घिर आवत

कब मोहे दरश दिखैहो मोहन।। मोरी......

बिजली चमके जियरा लरजे
कब तक हरि कल पै हो ।। मोरी......
मो मन धीर धरत ना चक्रपिया
साँची कहो कब ऐहो मोहन।। मोरी.......

ठुमरी

स्थायी नैना दरशन को ललचाये हुए हैं
कहना माने नहीं अकुलाये हुए हैं ।। नैना ....

अंतरा मोहनी मूरत पिया की भूलती छिन भर नहीं
प्यार की बोली रसीली सुन रही हूँ हर कहीं
हैं छिपे प्यारे हमारे इन निकुंजों में कहीं
पर न जाने क्यों मुझे घनश्याम वे मिलते नहीं
मेरे दिल को जो ऐसे लुभाये हुए हैं।। नैना.....
मैं बिरह में बावली हूँ आभरन भाते नहीं
ऐ वसन चंदन पवन घन मन को भरमाते नहीं
प्राण कलपाते हैं जी को और कल पाते नहीं
लौ लगी जिनसे मेरी वे चक्रपिया आते नहीं
कोई कह दो कि प्रीतम आये हुए हैं।। नैना .....

इनके अतिरिक्त खण्डिता नायिका पर भी राजा चक्रधर सिंह जी की निम्नलिखित रचना है जिसे कत्थक नृत्य में कुशलता के साथ प्रस्तुत किया जा सकता है–

ठुमरी बागेश्वरी इकताला 12 मात्रा

न करो मीठी बतियाँ।
हटो जी मैं न मानूँ मोसे निठुर लँगर ऐसो कहा
करत छेड़ बहियाँ मरोरी मोरी चुरियाँ तरक तोरी।।

अंतरा

रतियाँ न आये अनत सुहाये हमसे चोरी झुके हो

सवत ओरी, मग अटकत पगपटकत जाओ मटकत

जहाँ भटकत चक्रलाल भइनिहाल नहीं बोलूँ।।न.

इसमें गांधर मध्यम निष्ठाद कोमल। शेष्टा तीव्र स्वर। ठाट काफी

म । गरि । सनि़ । धनि़ । सग । मध । –ध । नि– । धम ।

न करो मीठी बति यां . . . . ह टो जी मैं

। प । धम । ग – । मध । सं– । –– । संरि । संनि । धनि । धम । पध।

न मा नू मो से 2 निठु रलं गर ऐसो काहे

। मग । रिस । –स । सस । सस । धनि़ । सग । मध । निध। मग । रिस।

कर तछे ड़ बहि यांम रोरी मोरी चुरि याक रक तोरी

। गम । धनि । संसं । संसं । संसं । संसं । सं–। निध । पध । नि–। धप । मप।

रति यां न आये अन तसु हाये हम सेचो री झुके होस वत

ग–। –रि । –स । सस । सम । मम । धध । धनि । निनि । धप। ध– ।

ओ . . री . . मग,अट कत,पग पट,कत जओ,मट कत,जहां भट,कत चक्र लाल

मग । –म । गरि । स.

भईनिहाल –न हि बो लू नकरो.

ठुमरी के अतिरिक्त राजा चक्रधर सिंह जी ने कत्थक नृत्य के प्रदर्शन के अनुकूल विविध रूप से दादरा की भी रचना किये हैं, उदाहरण के रूप में कुछ दादरा यहां प्रस्तुत है –

दादरा भावगीत

स्थायी कमरिया लचके रे सैयां झूला धीरे–धीरे झूल

अंतरा लरजे जियरा पेंगन मारो

रसरिया तड़के रे सैयाँ ।। झूला......

कारी बदरिया घिर–घिर गरजत

बिजुरिया चमके रे सैयाँ ।। झूला......

चक्रपिया तोरी पैयाँ परत हूँ

नजरिया छलके रे सैयाँ ।। झूला......

धुन पीलू दादरा

लचकत आवे रे नवेली पनहरिया ।

अंतरे 1

शिर पर गगरी पांव पैजनियाँ हँसत लुभावे रे नवेली पन.

2

कुसुम चुनरिया पतली कमरिया झलक दिखावे रे नवेली पन.

3

जोबन झलकत अँगिया फरकत झुकझुक जावे रे नवेली पन.

4

भौंह धनुष से बान चलावे लटकत आवे रे नवेली पनह.

5

चितवत सब पै बिजली गिरावे जिय लरजावे रे नवेली पन.

6

हंसत गमन से जियरा हरत है रूक रूक आवे रे नवेली पन.

7

गागर भीतर मन हरलीनो जादू चलावे रे नवेली पन.

8

''चक्र पिया'' के मन हरने को नैन नचावेरे नवेली पनहरिया ।।

इसमें गांधार कोमल निषाद दोनो लगते हैं । कोमल गांधार निषाद पर चिन्ह दिया है । शेष शुद्ध स्वर । ताल दादरा

। ——ग ग ग ग । रि ग स रि – म । ग – रि स – रि । ऩि स ऩि स – – ।

ल च क त आ दृ वे रे . न वे . ली प . न ह . रिया . .

अंतरा

। ——सस गम । प – प प – – । – – ग मप । ग – रि स – –

. . शिर पर गा . ग री . . . पां वपे ज . नि यां . .

। ——ग ग ग ग । रि ग स रि – म । ग – रि स – रि । ऩि स ऩि स – – ।।

हँ स त लु भा . वे रे . न वे . लि प . न ह . रि या . .

शेष अंतरे इसी अंतरे के समान गाये जायेंगे।

संस्कृत एवं हिन्दी में रचना के अतिरिक्त राजा चक्रधर सिंह ने उूर्द में भी ग़ज़ल व शायरी की रचना किये हैं। स्पष्ट रूप से यह नहीं कहा जा सकता कि राजा साहब नृत्य प्रदर्शन के लिए इनकी रचना किये थे अथवा नहीं, किन्तु इनकी उर्दू की रचनाओं में भी नृत्य की अनेकानेक संभावनाएँ हैं। अतः यहां पर राजा साहब की कुछ ग़ज़लें उदाहरण स्वरूप प्रस्तुत हैं जिस पर कत्थक नृत्य में प्रदर्शन की संभावनाएँ हैं। ज्ञातव्य है कि राजा साहब उर्दू में रचनाएँ 'फरहत' के नाम पर करते थे।

नीम बिसमिल की तुम्हे कुछ या हो किन याद हो

मैं कहूँगा खुश रहो, रौशन रहो, आबाद हो।

दिल से दीवाने को बाँधा जुल्फ़ की जंजीर से

क्या यही अब देखना है किस तरह बरबाद हो!

बस तमन्ना है दिले–बुल बुल की ख़ालिक से यही

हम हों बाहर औ क़फ़स में बन्द वह सैयाद हो ।

था नहीं मालूम मुझ को ज़ाहिरो बातित हैं और

हाथ क्या रँग आये जब बर्गे हिना बुनियाद हो ।

क्या दिया था मैंने दिल तुम को कुचलने के लिये

बेरहम हो, संग दिल हो, बर्क हो, फौलाद हो।

अश्क की झड़ियाँ बड़ी या आट के नाले बड़े

यह कहूँ जब अश्कों की या आहों की तादाद हो ।

तेग़ अब्रू के हैं इतने जख्म़ सीने पर सहे

देख हैरत में पड़ेगा कै़से या फ़रहाद हो।

चक्र पी से कह रही गुलशन में यह बादे सबा

आशियाना लुट गया बुलबुल न क्यों आशाद हो ।

इसमें समस्त शुद्ध स्वर लगते हैं । ताल कहरवा।

। – ग – ग । ग – ग – । – म – ग । रिग स– ।

. नी . म बिस् मिल . की . तु म्हें. कुछ

। –नि़ – स । ध़ – म़ – । – ध – नि़ । स – – – ।

. या . द हो . किन . या . द हो . .

"मैं कहूँगा खुश रहो रोशन रहो" उपर की तरह

अंतरा

– स – स । ग – म – । – प – म । पधप – ।

. दि . से दी . वा. . ने . को बां . धा दृ

– ग – ग । म – म – । – गम पध प । गमग – ।

. जु . ल्फ की दृ जं. . जी . . . र से. .

"क्या यही अब देखना है" उपर की स्थायी की तरह

ऐसी ही सारी गज़ल

गज़ल

शबे हिज्र के हम सताये हुये हैं।
तुम्ही से सनम् ! लौ लगाये हुए हैं ।।
हटा भी दो रूख़ सार से गेसुओं को ।
ये खुरशैद पर सियह अब्र छाये हुए हैं ।।
चमन में कहाँ ऐसी बू ऐसी रंगत ।
ये नाहक फुलों को सजाये हुए हैं।।
चले आओ ख्वाबे मुहब्बत से बनकर ।
कि हम राह में दिल बिछाये हुए हैं ।।
सँवर लो सुघर ले जिगर शाद कर लो ।
इधर चक्र पी आज आये हुए हैं ।।

गज़ल भाव के लिए

बाहर जोश पे है आलमे शबाब भी है
बड़ा मजा है कि साकी भी है शराब भी है
खिले हैं फूल हर एक जाँ खुदा की कुदरत के
उधर है नगमये बुलबुल इधर गुलाब भी है
कोई नज़र से तो नरगिस की मस्तियाँ देखे
कि चश्म मस्त का इसके कहीं जवाब भी है
खुदा के फज्लो करम की है हो रही बारिश
उरूसे गुल का रूखे साफ बेनकाब भी है
है रोज़ वस्लये फरहत तो दिल को फरहत है
तेरी बगल में मेरा रस्के आफ़ताब भी है।

गज़ल भाव के लिए

सनम खाने में अंजामे मुहब्बत देखते जाओ
हर इक गमज़े पे बरपा है कयामत देखते जाओ
चमन में गुल हज़ारों देखे होंगे आपने लेकिन
हमारे दिल के दाग़ों की भी रंगत देखते जाओ
गरेबाँ धज्जियाँ होकर लगा पाँव के छालों पर
तुम अपने आशिकों की आप वहशत देखते जाओ
तुम्हारे संग दर पर जिसने किस्मत आजमायी थी
ये उस फर्के शिकस्ता की है तुरबत देखते जाओ
सुनी आमद तो इस्तकबाल को आगे बिछी आँखें
अगर आये इधर वो कसरे फरहत देखते जाओ।

गज़ल

उलझ क्यों रहा ओस की बूंद पर है
उधर देख खूबी का दरिया जिधर है
भटकता है नाहक ही दैरो–हरम में
नज़ारा उसी का ये पेशे नज़र है
उसी के सहारे टिका आसमां है
उसी के उजाले से रौशन कमर है
समा जाय वहशत का नख्शा कुछ ऐसा
न आए नज़र बुत किधर रब किधर है।
नज़र आ गया रूए जेबा किसी का
समाया हैं आँखों में जलवा किसी का
जो उसके ज़ुल्फ़े पेंचों का मारा हुआ है

न ही उसके सर है सौदा किसी का
बुतों में भी है ढूंढता हूं खुदा को
मेरा दिल नहीं और जोया किसी का
तू अपनी खबर ले मेरा क्या है जाहिद
बला से तरी मैं हूं बन्दा किसी का
गिरती है बस बिजलियां दिल के ऊपर
निगह फेर कर मुस्कुराना किसी का
मेरा नाम है इश्क़बाजों में फरहत
बनाया है किस्मत ने शैदा किसी का.

गज़लों के अतिरिक्त राजा साहब के उपलब्ध निम्नलिखित कुछ शेर भी बहुत खूबसूरत हैं, जिन्हे कत्थक नृत्य के प्रदर्शन में यदा–कदा प्रयोग किया जा सकता है।

1. " न जिंदगी में कभी बात तुमने की फरहत
मजार पर मेरे दो फूल क्यों चढ़ा के चले?"

2. "मिल के कतरा भी दरिया से दरिया बना
हक़ से बन्दा भी मिल के खुदा हो गया ।"

3. "है मोहब्बत में मेरे दिल के फरहत अंदाज
चाहता है कि मुझी सा मिले कोई दमसाज ।"[2]

उपर्युक्तानुसार रायगढ़ दरबार के राजा चक्रधर सिंह द्वारा कत्थक नृत्य के तकनीक एवं रचनाओं दोनो पर ही अपूर्व कार्य किया गया है। जिसे उन्होंने ग्रंथों में संग्रहित भी किया है। दुर्भाग्य यह रहा कि ग्रंथों की रचना के पश्चात उनके पास पर्याप्त समय नही था, बहुत कम उम्र में वे स्वर्ग सिधार गये। अतः प्रयोग के रूप में इसका पर्याप्त प्रचार नही हो पाया। आवश्यकता इस बात की है कि उनके विचार और रचनाओं का पर्याप्त प्रचार–प्रसार हो ताकि कत्थक नृत्य की स्वतंत्र शैली में वे अपना निश्चित स्थान बना सके।

— — —

1. अवार्डी का दिनांक 17.09.11 को रायगढ़, मोती महल पैलेस में सुरेन्द्र कुमार सिंह से साक्षात्कार।
2. शोध प्रबंध, 'रायगढ़ रियासत के नरेश चक्रधर सिंह का प्रशासन, साहित्य एवं कला में योगदान', शोधार्थी– रणजीत कुमार बारीक.

5

रायगढ़ दरबार से प्रभावित अन्य रचनाएँ

जैसा कि पूर्व में ही कहा जा चुका है कि रायगढ़ दरबार में तत्कालीन महान साहित्यकार, संगीतकार एवं नर्तक आदि का समागम हुआ। परिणाम स्वरूप वहां अनेक रचनाओं का निर्माण हुआ किन्तु चाहे वह संगीत हो या नृत्य सभी एक दूसरे विधाओं की विशेषताओं से प्रभावित रहे हैं जैसे नृत्य की शुद्ध रचनाओं में भी परम्परा से हटकर अधिकाधिक साहित्य का प्रयोग एवं नृत्य के साहित्य में नए दृष्टिकोण आदि। राजा चक्रधर सिंह के शासन काल में रचित रचनाओं में तो यह विशेषता स्पष्टतः देखी ही जाती है किन्तु उनके दरबार के नर्तक पं. कल्याण दास महन्त जी की भी कुछ रचनाएँ यहां विचारार्थ प्रस्तुत हैं। इन रचनाओं को यहां दर्शाने का मतलब यह है कि ये कलाकार रायगढ़ दरबार की रचना धार्मिता से प्रभावित हुए बिना नहीं रह सके।

रायगढ़ दरबार में एक से एक गुणी संगीतज्ञ रहे, पं. जगदीश सिंह जी भी उनमें से एक प्रसिद्ध मृदंग वादक थे। इनके सुपुत्र पं. वेदमणि सिंह भी प्रसिद्ध तबला वादक हैं। बचपन में इन्हें रायगढ़ दरबार के संगीतज्ञों, साहित्यकारों एवं नर्तकों का सानिध्य मिला। परिणाम स्वरूप ये ऐसे एकमात्र रचनाकार हैं जिन्होंने रायगढ़ दरबार की शैली में नृत्य की ऐसी–ऐसी रचनाएँ लिखी हैं जिसका कोई मिशाल नहीं। शुद्ध नृत्य एवं साहित्यक रचनाएँ दोनो में इन्होंने असंख्य रचनाएँ की हैं । रायगढ़ दरबार का अस्तित्व ढलने के बाद भी ये एक ऐसे व्यक्ति हुए जिनकी लेखनी ने रायगढ़ की रचना धर्मिता को विराम नहीं होने दिया है।

"आज संगीत में रायगढ़ के गरिमामय इतिहास में निरन्तर एक नया पन्ना जो जुड़ रहा है उसमें स्व. जगदीश सिंह 'दीन' का महत्वपूर्ण योगदान है। वाद्य विभूषण स्व. जगदीश सिंह 'दीन' के सुपुत्र संगीत शिरोमणी ठाकुर वेदमणि सिंह, वाग्गेयकार ने बतालाया कि युवावस्था में जब मुझे प्रसिद्ध संगीत निर्देशक श्री नौशाद ने तथा फिल्म डिवीजन में असिस्टेंट म्यूज़िक डायरेक्टर का ऑफर मिला, तो मेरे पिताश्री स्व. जगदीश

सिंह 'दीन' जी ने यह कहकर जाने से मना कर दिया कि वहां धन और शोहरत तो मिल जाएगी किन्तु रायगढ़ में हमारी संगीत परम्पराओं का क्या होगा। उन्हें कौन जीवित रखेगा।''

विभिन्न पत्रिकाओं में उपलब्ध इनकी रचनाओं का संकलन यहां दिया जा रहा है जो कि इस शोध कार्य को सम्पुष्ट करने में सहायक होंगे।

रचनाएँ

''झपताल''1

श्री वेदमणि सिंह ठाकुर

तोड़े

1. दिगदिग थेई । दिगदिग थेई थोथ ।
+ 2
ड़ंग दिगदिग । थेइ त्राम तत ।
0 3
ताऽथेई थेईतत । आऽथेई थेईतत थुंथुं ।
+ 2
ततत्त ततत्त । थेईतत ततथेई ततत्त ।
0 3
।।थेई।।
+

2. बजतता ऽलमिर । दंऽगमु रलिधुन ताऽधिलां ।
+ 2
ऽगधुम किटतक । गदिगन छुमछुम छननन ।
0 3
बाऽजत नूऽपुर । निरतक रतकृश णऽऽऽ ।

	+		2		
	निरतक रतकृ	।	णऽऽऽ	निरतक	रतकृ ।
	0		3		
	।।ण।।				
	+				
3.	फाऽगुन	आऽयोऽ ।	उड़तअ	बीऽरगु	लाऽलच।
	+		2		
	लतकंऽ	चनपिच ।	काऽरीऽ	होऽरीऽ	खेऽलत।
	0		3		
	कृष्णमु	राऽरीऽ ।	भाऽगत	इतउत	राऽधाऽ।
	+		2		
	प्याऽरी	ताऽथेई ।	थेईत्राम	दिगदिगथेई	थेईत्राम।
	0		3		
	ताऽथेई	ताताथेई।	आऽथेई	ताताथेई	तततत।
	+		2		
	थेईतत	ततथेई ।	तततत	थेऽईऽ	त्राम।
	0		3		
	तततत	थेईतत ।	ततथेई	तततत	थेऽईऽ।
	+		2		
	त्राम	तततत ।	थेईतत	ततथेई	तततत ।
	0		3		
	।।थेई।।				
	+				

4.	ततत्त	थेऽईऽ ।	ततत्त	थेऽईऽ	ततथुंन।
	+		2		
	ततथुंन	ततत्त ।	थेऽईऽ	धाऽकत	धाऽकत।
	0		3		
	ताऽकत	ताऽकत ।	थेईयथे	ईयथेई	थुंथुं।
	+		2		
	थेईथेई	ताऽ ।	थेईथेई	ताऽ	थेईथेई।
	0		3		
	।।ता।।				
	+				
5.	डिमकडि	मकडिम।	डमरूऽ	बाऽजेऽ	ताऽथेई।
	+		2		
	ततथेई	सबजग ।	नाऽचेऽ	करत्रिशू	ऽलरंग।
	0		3		
	श्यामऽम	नोऽहर ।	शीऽशगं	ऽगंगंऽ	गाऽधर।
	+		2		
	हरहर	शैऽलसु ।	ताऽवाऽ	मांऽगनि	भ्राऽजेऽ।
	0		3		
	सऽर्पमा	ऽलनित ।	कंऽठवि	राऽजेऽ	जयजय।
	+		2		
	प्रलयंऽ	करशंऽ ।	करमहा	देऽवदे	ऽवदेव।
	0		3		
	जयजय	प्रलयंऽ ।	करशंऽ	करमहा	देऽवदे।

+		2		
ऽवदेव	जयजय ।	प्रलयंऽ	करशंऽ	करमहा।
0		3		
।।देवदेव।।				
+				

चक्राकार तोड़े

1.

ततत	त्रामतत ।	थेईतत	थेई	ततत।
+		2		
त्रामतत	थेईतत ।	थेई	त्रामतत	थेईतत।
0		3		
थेई	ततत ।	त्रामतत	थेईतत	थेई ।
+		2		
त्रामतत	थेईतत ।	थेई	त्रामतत	थेईतत।
0		3		
।।थेई।।				
+				

2.

ततत	थेईऽऽ ।	ततत	थेईतत	ततथेई।
+		2		
ततत	थेई ।	ततत	थेईऽऽ	ततत।
0		3		
थेईतत्	तत्थेई ।	ततत	थेई	ततत ।
+		2		
थेईऽऽ	ततत ।	थेईतत्	तत्थेई	ततत् ।

0 3

। ।थेई । ।

\+

3\. झिनझिन किटथरी। थरिकथ रिकथरी कुटथरी।

\+ 2

कुटथरी टेहेकुकु । टेहेकुट कुटथरि कथरिक।

0 3

थेईकुट कुटथरि । कथरिक थेईकुट कुटथरि।

\+ 2

कथरिक थेई । झिनझिन किटथरी थरिकथ।

0 3

रिकथरी कुटथरी । कुटथरी टेहेकुकु टेहेकुट।

\+ 2

कुटथरि कथरिक । थेईकुट कुटथरि कथरिक।

0 3

थेईकुट कुटथरि । कथरिक थेई झिनझिन।

\+ 2

किटथरी थरिकथ । रिकथरी कुटथरी कुटथरी।

0 3

टेहेकुकु टेहेकुट । कुटथरि कथरिक थेईकुट।

\+ 2

कुटथरि कथरिक। थेईकुट कुटथरि कथरिक।

0 3

।।थेई।।

\+

4. थुंथुं ततत्त । तिगधादिगदिग थेई थेईतथे ।

\+ 2

ईतथेई त्रामतत । थेईतत् थेईतत् थेईत्राम ।

0 3

ततथेई ततथेई । ततथेई त्रामतत थेईतत् ।

\+ 2

थेईतत थेई । थुंथुं तत्तत् तिगधादिगदिग।

0 3

थेई थेईतथे । ईतथेई त्रामतत् थेईतत् ।

\+ 2

थेईतत् थेईत्राम । ततथेई ततथेई ततथेई ।

0 3

त्रामतत थेईतत । थेईतत थेई थुंथुं ।

\+ 2

तततत तिगधादिगदिग। थेई थेईतथे ईतथेई ।

0 3

त्रामतत थेईतत् । थेईतत् थेईत्राम ततथेई ।

\+ 2

ततथेई ततथेई । त्रामतत् थेईतत् थेईतत ।

0 3

।।थेई।।

\+

5.	मुरलीकी	धुनसुन ।	आई	राधे	श्यामसुं ।
	+		2		
	दरसंग	छमछम ।	नाचे	राऽसर	चोहै ।
	0		3		
	बृन्दा	बनमेऽ ।	गदिगन	धाऽगदि	गनधाऽ ।
	+		2		
	गदिगन	धाऽऽऽ ।	गदिगन	धाऽगदि	गनधाऽ ।
	0		3		
	गदिगन	धाऽऽऽ ।	गदिगन	धाऽगदि	गनधाऽ ।
	+		2		
	गदिगन	धाऽऽऽ ।	मुरलीकी	धुनसुन	आई ।
	0		3		
	राधे	श्यामसुं ।	दरसंग	छमछम	नाचे ।
	+		2		
	राऽसर	चोहै ।	बृन्दा	बनमेंऽ	गदिगन ।
	0		3		
	धाऽगदि	गनधाऽ ।	गदिगन	धाऽऽऽ	गदिगन ।
	+		2		
	धाऽगदि	गनधाऽ ।	गदिगन	धाऽऽऽ	गदिगन ।
	0		3		
	धाऽगदि	गनधाऽ ।	गदिगन	धाऽऽऽ	मुरलीकी ।
	+		2		
	धुनसुन	आई ।	राधे	श्यामसुं	दरसंग ।

0		3			
छमछम	नाचे ।	राऽसर	चोहै	बृन्दा	।
+		2			
बनमेंऽ	गदिगन।	धाऽगदि	गनधाऽ	गदिगन	।
0		3			
धाऽऽऽ	गदिगन।	धाऽगदि	गनधाऽ	गदिगन	।
+		2			
धाऽऽऽ	गदिगन।	धाऽगदि	गनधाऽ	गदिगन	।
0		3			
।।धा।।					
+					

वेदमणि सिंह ठाकुर

''एकताल''2

तोड़ा –1

धाऽ	ताऽ	।	तक्का	थुंगा	।	केधा	तक्का।
+			0			2	
थुंगा	दिगदिग।		थेई	यथे	।	ईय	थेई ।
0			3			4	
थुंऽ	थुंऽ	।	तत्	तत्	।	तकिट	थुंऽत ।
+			0			2	
धाऽ	तकिट	।	थुंऽत	धाऽ	।	तकिट	थुंऽत ।
0			3			4	
।।धा।।							
+							

तोड़ा –2

तत्तत्	थेईऽऽ ।	तत्तत्	थेईऽऽ ।	तत्थुंऽ	ततथुंऽ।
+		0		2	
तत्तत्	थेईऽऽ ।	धाऽकत	धितधाऽ।	धाऽकत	धितधाऽ।
0		3		4	
थेईयथे	ईयथेई।	ताऽथेईथेईतत्	आऽथेईथेईतत्।	तिग्धाऽतिग्	धाऽतत्।
+		0		2	
थेईथेई	तिग्धाऽतिग।	धाऽतत्	थेईथेई ।	तिग्धाऽतिग	धाऽतत।
0		3		4	

।।थेईथेई।।

+

तोड़ा–3

जमुनाऽ	तटपर ।	राऽसर	चाऽवत ।	ग्वालबा	ऽलमिल।
+		0		2	
नाऽचत	गाऽवत ।	ताऽथेई	ताताथेई।	त्रामथेई	ताताथेई।
0		3		4	
बाऽजत	झांऽझम ।	दंऽगढो	ऽलअरू ।	मंऽजीऽ	राऽशह ।
+		0		2	
नाऽईऽ	संगमेऽ ।	नाऽचेऽ	राऽधाऽ ।	प्यारी	ताऽलल।
0		3		4	
गाऽवत	कृष्णमु ।	राऽरीऽ	थुंऽथुंऽ ।	तत्तत्	त्रामतत्।
+		0		2	
थेईतत्	थेईत्राम ।	ततथेई	ततथेई ।	त्रामतत	थेईतत् ।

0 3 4

।।थेई।।

\+

तोड़ा–4

ताऽ थुंगा । तक्का थुंगा । तिग्धे ऽता ।

\+ 0 2

थुंगा तक्का । दिगदिग दिगदिग। दिगदिग थेई ।

0 3 4

तत् थेई । थुंऽ थेई । ताथे ईता ।

\+ 0 2

थेई ताथे । ईता थेई । ताथे ईता ।

0 3 4

।।थेई।।

\+

तोड़ा–5

धाऽनधा ऽनधाऽ । किटतकधेऽ त्ताकिटतक। धिधिकत धिधिकत।

\+ 0 2

तकथोऽ धिलांऽग। धेत्धेत् त्रकधेत् । तगिऽन्न् कताघेघे।

0 3 4

नानातिरकिट धाऽतिरकिट। धाऽतिरकिट धाऽकत। धाऽतिरकिट धाऽतिरकिट।

\+ 0 2

धाऽतिरकिट धाऽकत। धाऽतिरकिट धाऽतिरकिट। धाऽतिरकिट धाऽकत।

0 3 4

।।धा।।

+

उपरोक्त तोड़े की तिहाई चक्कर द्वारा ली जायेगी।

चक्राकार तोड़ा–1

तागेतिट	धागेतिट।	गदिगन	नागेतिट।	गदिगन धाऽगदि।
+		0		2
गनधाऽ	गदिगन।	धाऽऽऽ	गदिगन।	धाऽगदि गनधाऽ।
0		3		4
गदिगन	धाऽऽऽ ।	गदिगन	धाऽगदि।	गनधाऽ गदिगन।
+		0		2
धाऽऽऽ	ऽऽऽऽ ।	ऽऽऽऽ	तागेतिट।	धागेतिट गदिगन।
0		3		4
नागेतिट	गदिगन।	धाऽगदि	गनधाऽ।	गदिगन धाऽऽऽ ।
+		0		2
गदिगन	धाऽगदि।	गनधाऽ	गदिगन।	धाऽऽऽ गदिगन।
0		3		4
धाऽगदि	गनधाऽ।	गदिगन	धाऽऽऽ ।	ऽऽऽऽ ऽऽऽऽ ।
+		0		2
तागेतिट	धागेंतिट।	गदिगन	नागेतिट।	गदिगन धाऽगदि।
0		3		4
गनधाऽ	गदिगन।	धाऽऽऽ	गदिगन।	धाऽगदि गनधाऽ।
+		0		2

गदिगन धाऽऽऽ । गदिगन धाऽगदि । गनधाऽ गदिगन ।

0 3 4

।।धा।।

+

चक्राकार तोड़ा–2

धात्रक धेकेट । तकिट धाऽन । धिऽत ड़ाऽन्न ।

+ 0 2

दिगदि गदिग । दिगदिगदिग थेई । धादींता कऽत ।

0 3 4

धाऽऽ धादींता । कऽत धाऽऽ । धादींता कऽत ।

+ 0 2

धाऽऽ ऽऽऽ । ऽऽऽ धात्रक । धेकेट तकिट ।

0 3 4

धाऽन धिऽत । ड़ान्न दिगदि । गदिग दिगदिगदिग ।

+ 0 2

थेईऽ धादींता । कऽत धाऽऽ । धादींता कऽत ।

0 3 4

धाऽऽ धादींता । कऽत धाऽऽ । ऽऽऽ ऽऽऽ ।

+ 0 2

धात्रक धेकेट । तकिट धाऽन । धिऽत ड़ाऽन्न ।

0 3 4

दिगदि गदिग । दिगदिगगिद थेईऽ । धादींता कऽत ।

+ 0 2

धाऽऽ धादींता । कऽत धाऽऽ । धादींता कऽत ।

0 3 4

।।धा।।

+

चक्राकार तोड़ा–3

धागेतिट धागेतिट । तागेतिट तागेतिट । कृधातिट धागेतिट ।

\+ 0 2

गदिगन नागेतिट । तकिटधे ऽतधेत् । तगेन्न धिऽत्ताऽ ।

0 3 4

धेत्धेत् ताऽऽऽ । गदिगन धाऽगदि । गनधाऽ गदिगन ।

\+ 0 2

धाऽऽऽ ऽऽऽऽ । ऽऽऽऽ धागेतिट । धागेतिट तागेतिट ।

0 3 4

तागेतिट कृधातिट । धागेतिट गदिगन । नागेतिट तकिटधे ।

\+ 0 2

ऽत्तधेत् तगेऽन्न । धिऽत्ताऽ धित्धित् । ताऽऽऽ गदिगन ।

0 3 4

धाऽगदि गनधाऽ । गदिगन धाऽऽऽ । ऽऽऽऽ ऽऽऽऽ ।

\+ 0 2

धागेतिट धागेतिट । तागेतिट तागेतिट । कृधातिट धागेतिट ।

0 3 4

गदिगन नागेतिट । तकिटधे ऽत्तधेत् । तगिऽन्न धेऽत्ताऽ ।

\+ 0 2

धित्धित्	ताऽऽऽ	।	गदिगन	धाऽगदि	।	गनधाऽ	गदिगन	।
0			3			4		

।।धा।।

+

चक्राकार तोड़ा–4

मृदुमुस	काऽवत	।	नैऽनन	चाऽवत	।	मुरलीअ	धरधर	।
+			0			2		
कृष्णक	न्हैऽयाऽ	।	निरतक	रतसखि	।	ताथेईत	थेईतत्	।
0			3			4		
थेईथेई	ताथेईत	।	थेईतत	थेईथेई	।	ताथेईत	थेईतत्	।
+			0			2		
थेईऽऽ	ऽऽऽऽ	।	ऽऽऽऽ	मृदुमुस	।	काऽवत	नैऽनन	।
0			3			4		
चाऽवत	मुरलीअ	।	धरधर	कृष्णक	।	न्हैऽया	निरतक	।
+			0			2		
रतसखि	ताथेईत	।	थेईतत्	थेईथेई	।	ताथेईत	थेईतत	।
0			3			4		
थेईथेई	ताथेईत	।	थेईतत्	थेईऽऽ	।	ऽऽऽऽ	ऽऽऽऽ	।
+			0			2		
मृदुमुस	काऽवत	।	नैऽनन	चाऽवत	।	मुरलीअ	धरधर	।
0			3			4		
कृष्णक	न्हैऽया	।	निरतक	रतसखि	।	ताथेईत	थेईतत्	।
+			0			2		

थेईथेई ताथेईत । थेईतत् थेईथेई । ताथेईत थेईतत्।

0 3 4

।।थेई।।

\+

चक्राकार तोड़ा–5

ततऽत तिग्धादिगदिग । थेईतथे ईतथेई । तथेईत थेइथेई।

\+ 0 2

थुंऽथुंऽ ततृतत् । त्रामतत् थेईतत् । थेईत्राम ततथेई।

0 3 4

ततथेई त्रामतत् । थेईतत् थेईऽऽ । ऽऽतत ऽततिगधाऽ।

\+ 0 2

दिगदिगथेई तथेईत । थेईतथे ईतथेई । थेईथुंऽ थुंऽतत।

0 3 4

ततत्राम ततथेई । ततथेई त्रामतत । थेईतत् थेईत्राम।

\+ 0 2

ततथेई ततथेई । ऽऽऽऽ ततऽत । तिग्धादिगदिग थेईतथे।

0 3 4

ईतथेई तथेईत । थेईथेई थुंऽथुंऽ । ततृतत् त्रामतत।

\+ 0 2

थेईतत थेईत्राम । ततथेई ततथेई । त्रामतत थेईतत्।

0 3 4

।।थेई।।

\+

"कथक नृत्य – ताल सवारी"[3]

कल्याणदास महंत

ठेका:–

धिऽऽधा ऽगधि ऽधाऽग ।

\+

कऽत्ताऽ त्रिकधिंऽ नाऽधिऽ धिंऽनाऽ ।

2

तिऽऽक तिऽनाऽ किड़नक तूऽनाऽ ।

0

कऽत्ताऽ त्रकधिंऽ नाऽधागे नाधातिरकिट।

3

मुखड़ा (उठान)

धगिननागिन नगदिगतक गदिगननग ।

\+

धेतधेतधेत धाऽक्रधाऽन धाऽक्रधाऽन धाऽक्रधाऽन।

2

धाऽऽऽऽऽ धाऽक्रधाऽन धाऽक्रधाऽन धाऽक्रधाऽन।

0

धाऽऽऽऽऽ धाऽक्रधाऽन धाऽक्रधाऽन धाऽक्रधाऽन।

3

।।धा।।

\+

आमद (त्र्यस्त्र जाति)

त्रांऽगत्रांऽग ऽऽऽत्रांऽग तकतऽऽऽ।

\+

तकततातक तकतथुंऽन दिगदिगदिगथेईऽ ताथेईतथेई ।

2

तथेईताथेई थुंनथुंनथुंननानाना थेईथेईथेईततत्राम ताऽऽऽथुंनथुंनथुंन।

0

नानानाथेईथेईथेई ततत्रामताऽऽऽ थुंनथुंनथुंननानाना थेईथेईथेईततत्राम।

3

।।ता।।

\+

परन (चतुरस्त्र जाति)

धाऽधाऽ दिनदिन नाऽनाऽ।

\+

तिटकत कतेटेत कतेटेत कतकत ।

2

कतेटेत कतक्रधा ऽनकत धाऽक्रधा ।

0

ऽनकत धाऽक्रधा ऽनकत धाऽदिंऽत ।

3

कतधादि ऽनकत धादिंऽत।

\+

कतधाऽ दिंताकत धाऽऽऽ दिंताकत ।

2

दिदिनाना तिटकतगदिगन धाधाकतदि दिनानातिट।

0

कतगदिगनधा धाकतदिदि नानातिटकत गदिगनधाधा।

3

।।कत।।

+

परन (मिश्र जाति)

कतिट धाऽतिट धिटत ।

+

धिटधिट धाऽक्र धाऽतिट कतिट ।

2

नानातिट कतिट धाऽतिट कतिट ।

0

धाऽतिट दिगन धिकधिक धाऽक्र ।

3

धाऽतिट तिरकिटतक तकतातिरकिट ।

+

धाऽत धाऽतिट धाऽऽ तिरकिटतक ।

2

तकतातिरकिट धाऽत धाऽतिट धाऽऽ ।

0

तिरकिटतक तकतातिरकिट धाऽत धाऽतिट ।

3

।।धा।।

+

तोड़ा त्रोटक (त्र्यस्त्र जाति)

थुंनत	कथुंन	तकत	।	
+				
कतक	थेईय	थेईय	ततक	।
2				
थुंगाऽ	थुंगाके	ततक	दिगत	।
0				
दिगत	नघख	गतक	दिगत	।
3				
दिगत	ततक	थेइत	।	
+				
थेईत	थेईत	थेईऽ	ततक	।
2				
थेइत	थेईत	थेइत	थेइऽ	।
0				
ततक	थेईत	थेईत	थेईत	।
3				

।।थेई।।

+

दुकड़ा (त्रोटक)

कततिट तिटघेघे तिटघेघे ।

\+

दींऽदींऽ धाऽधाऽ दिनदिन नाऽनाऽ ।

2

तिटतिट कतकत क्रधाऽन धाऽकता ।

0

कतक्रधा ऽनधाऽ कतकत क्रधाऽन ।

3

।।धा।।

\+

दुकड़ा त्रोटक (त्र्यस्त्र जाति)

धगत तकिट धगत ।

\+

तकिट क्रधेत कऽत्त धाधिंता ।

2

कऽत्त धाधिंता कऽत्त धाऽऽ ।

0

कऽत्त धाऽऽऽ क्रधेत धिकिट ।

3

धाधिंता कऽत्त धाधिंत्ता ।

\+

कऽत्त धाधिंत्ता कऽत्त धाऽऽऽ ।

2

क्रधेत्त धिकिट धाधिंता कऽत्त ।

0

धाधिंत्ता कऽत्त धाधिंत्ता कऽत्त ।

3

।।धा।।

+

त्रिपल्ली परन

धाऽतिट तिटधिट घिड़नक ।

+

धगनधा दिंताकत तिटकता ऽनधिट ।

2

कताऽन तिटधिट घिड़नक धाऽऽऽ ।

0

दिंदिंनाना ताकिटतकता किटतकगदिगन धाऽधाति ।

3

धाऽतिटतिट धिटघिड़नग धगनधादिंता।

+

कऽत्तधाऽऽ तिटकताऽन धिटकताऽन धागेनधातिट ।

2

धाऽतिटधिट धिटघिड़नक तकिटतकाऽ तगननगन ।

0

धिटघिड़नक तकिटतकाऽ धागेनतेटकता कतिटधातिट ।

3

दिगननानाकता तिगननानाकता धागेनतिटकता।

+

कतिटधाऽतित	धाऽतधाऽतित	धाऽतधाऽतित	धाऽऽऽधागेन	।
2				
तिटकतातिट	धाऽतितधाऽत	धाऽतितधाऽत	धाऽतितधाऽऽ	।
0				
धागेनतिटकत	कतिटधाऽतित	धाऽतधाऽतित	धाऽतधाऽतित	।

3

।।धा।।

+

कवित्त (कृष्ण–लास्य)

वृंऽदाऽ	वनमेंऽ	कृऽष्णक	।	
+				
न्हैऽयाऽ	राऽसर	चतवन	माऽलनि	।
2				
याँऽऽऽ	लताऽद्रु	ऽमवन	अतिसुऽ	।
0				
शोऽभित	बाऽलगो	पाऽलस	खिनसंग	।
3				
नाऽचेंऽ	छिछिछुम	छिछिछुम	।	
+				
ततथेई	अतथेई	मृदंगब	जतधिन	।

2				
धिधिकिट	धिधिकिट	तकधिलां	ऽगधुम	।
0				
किटतक	गदिगन	जगमय	सबमोऽ	।
3				
हितगाऽ	नकरत	गुनीजन ।		
+				
मुनिगण	कृष्णराऽ	धाऽगाऽ	नकरत	।
2				
गुनीजन	मुनिजन	कृष्णराऽ	धाऽगाऽ	।
0				
नकरत	गुनीजन	मुनीजन	कृष्णराऽ	।
3				
।।धा।।				
+				

तोड़ा (त्रोटक)

ताऽथुंगा	तक्काथुंगा	क्रधेऽत्त् ।		
+				
थुंगातक	क्रधेऽत्ता	थुंगातक	दिगदिगदिगदिग	।
2				
दिगदिगथेई	ततथेईत	तथेईतत	थेईऽतत	।
0				
थेईततथेई	ततथेई	ततथेईत	तथेईतत	।

3

।।थेई।।

+

"शिखर ताल (कल्याण दास महंत)"[4]

ठेका

धीऽ	धीऽ	धाऽ	त्रिक	तूऽ	नाऽ	।
कऽ	ताऽ	त्रिक	धीऽ	नाऽ	धीऽ।	
धीऽ	नाऽ	।	धीऽ	धीऽ	नाऽ।।	

आमद –

धातिटधातिटधाधा	तिटकृधातिटघेति	टघेतिटघेघेतिट	
कृधातिटधीनतिट	धीनतिटधाधातिट	ताथुंनताथुंनतक	।
थेईतकथेईतक	कृधेत्धगनघेघे	तिटघेघेतिटतक	
थेईथुंनथुंनधाऽ	धाऽतकथेईतथेई	ईतथेईतथेईत	।
थेईत्रामताऽथेई	तथेईतथेईतथेई ।		
तथेईत्राम्ताऽ	थेईतथेईतथेई	तथेईतथेईत्राम	।।

परन –

धाऽतिरकिटधाऽ	तिटधागे	दींगतागे	
तिरकिटतकताऽ	तिटदींग	तागेकृधा	।
दिंगतागे	देनधेता	धातिटधा	
कतकृधा	कतिटधा	धीटधागे	।
धादिंताकत	ऽधादिंता	।	
कतधाऽ	धींताकत	धाऽधाऽ	।।
दिंताकत	धातिटधा	कतऽतिरकिट	

तकताऽतिरकिट	धाऽधाऽ	धाऽकतऽ	।
तिरकिटतकताऽ	तिरकिटधाऽ	धाऽधाऽ	
कतऽतिरकिट	तकताऽतिरकिट	धाऽधाऽ	।
धाऽऽ	कतऽतिरकिट	।	
तकताऽतिरकिट	धाऽधाऽ	धाऽधाऽ	।।
तिरकिटतकताऽ	तिरकिटधाऽ	धाऽधाऽ	
कतऽतिरकिट	तकताऽतिरकिट	धाऽधाऽ	।
धाऽऽऽ	कतऽतिरकिट	तकताऽतिरकिट	
धाऽधाऽ	धाऽकतऽ	तिरकिटतकताऽ	।
तिरकिटधाऽ	धाऽधाऽ	।	
कतऽतिरकिट	तकताऽतिरकिट	धाऽधाऽ	।।

।।धा।।

+

टुकड़ा, तेवरा चाल (त्रोटक)

धगनधागेतिट	तगनधागेतिट	कृधेतधाऽतिट	
दिग्ननानाकत	तिग्ननानाकत	कतेटेताऽकत	।
कतेटेताऽकत	तिरकिटतकताऽकत	तिरकिटतकताऽकत	
दींऽदींदीं	धेत्तधेत्तधागे	दिग्ननानाकत	।
धाऽधेत्त	धेतधागेदिग्न	।	
नानाकतधाऽ	धेत्तधेत्तधागे	दिग्ननानाकत	।।

।।धा।।

+

तोड़ा (त्रोटक)

द्रिगझंग	नद्रिगझ	गनतत	
कुकुझंग	नझींगझीं	गझींगत	।
कदिगन	झींगगसी	गतझींग	
झंगझंग	ततकुकु	तिगधादिगदिग	।
थेईतत	कुकुतिगधा	।	
दिगदिगथेई	ततकुकु	तिगधादिगदिग	।।

।।थेई।।

प्रिमलू

नाऽचत	गिरधर	छिछिछुम	
छिछिछुम	ततथेई	अतथेई	।
दिगनत	कितकत	थुंऽकिट	
नानातिट	राऽसर	चतबृंऽ	।
दाऽवन	मेंऽत्रीक	।	
धादिंता	तिरकिटतकताऽ	कृतकृत	।।
ततमुनि	जनबखा	ऽनरस	
रऽम्यरा	ऽसगुण	गाऽनक	।
रतधन	बृजमेऽ	तगऽन्न	
धाऽधाऽ	धाऽबृज	मेंऽतग	।
ऽन्नधाऽ	धाऽधाऽ	।	
बृजमेंऽ	तगऽन्न	धाऽधाऽ	।।

।।धा।।

चाली टुकड़ा (त्रिपल्ली)

धाऽतिट	तिटधीट	घिड़नक	
धगनधा	दिंताकत	धादिंताक	।
तधादिंता	कतधाऽ	धातिधाऽ	
तिरकिटतकताऽ	तिरकिटतकताऽ	क्ड़ाऽनतिरकिटतक	।
ताऽक्ड़ान	धीकधिनाधीक	।	
धिनाधीकधिना	क्ड़ाऽनतिरकिटतक	ताऽक्ड़ाऽन	।।
तिरकिटतकताऽ	धिनाधीधी	नातिनाधी	
धीनाधिना	धीधीनाति	नाधीधीना	।
धाऽधिना	धीधीनाति	नाधीधीना	
धिनाधीधी	नातिनाधी	धीनाधाऽ	।
धिनाधीधी	नातिनाधी	।	
धीनातिना	धीधीनाति	नाधीधीना	।।

।।धा।।

+

"कत्थक त्रिताल नृत्यलिपि"[5]

रचयिता श्री वेदमणि सिंह ठाकुर

तोड़ा – 1

जिगजिग	तरांऽग	जिगजिग	तरांऽग	।
+				
जिगतरां	ऽगजिग	तरांऽग	तरांऽग	।
2				
ताऽथोऽ	तरांऽग	जिगजिग	जिगजिग	।

0

गदिगन धाऽगदि गनधाऽ गदिगन ।

3

।।धा।।

\+

तोड़ा – 2

थुंथुं ततत थत तिगधादिगदिग थेईतत ।

\+

थेईतथे ईतथेई तथेईत थेईथेई ।

2

ततत्राम धातिरकिटतक तातिरकिटतक थेईथेई ।

0

ता ततत्राम ता ततत्राम ।

3

।।धा।।

\+

तोड़ा – 3

राऽस रचत वृन्दा ऽवन ।

\+

सबस खिमिल नऽन्द नंदन ।

2

संऽग राऽधि काऽकु माऽरि ।

0

धिनक तकिट थोऽथ ड़ऽग |

3

संऽग बजत बाँऽसु रियाऽ |

+

रीऽऽ सखीऽ संऽग बजत |

2

बांऽसु रियाऽ रीऽऽ सखीऽ |

0

संऽग बजत बांऽसु रियाऽ |

3

||री||

+

तोड़ा – 4

उमड़घु मड़कर गरजत बाऽदर |

+

धाऽनधि किटतक ताऽधाकिटतक दींगड़धा |

2

रिमझिम रिमझिम बुंदिया बरसत |

0

धिरकिटतक नगतिरकिटतक धिरधिरकिटतक नगतिरकिटतक |

3

निशिअँधि याऽरीऽ बिजुरीऽ चमकत |

+

तऽक्ड़ाँधा	क्ड़ांऽतिरकिट	तकिटधाऽन	तकधिलांऽग	।
2				
दृगनहिं	सूऽझत	सबबृज	बूऽड़त	।
0				
दींऽदींऽ	तत्तत्	धिरधिरधिरधिर	धिरधिरकऽऽत	।
3				
हेऽगिर	धरहेऽ	नंऽदला	ऽलआऽ	।
+				
जाऽआ	जाऽहेऽ	गिरधर	हेऽनंऽ	।
2				
दलाऽल	आऽजाऽ	आऽजाऽ	आऽजाऽ	।
0				
धरहेऽ	नंऽदला	ऽलआऽ	जाऽआऽ	।
3				
।।जा।।				
+				

तोड़ा – 5

कुटकुरं	ऽगंकुट	कुरंऽग	किटकिण	।
+				
किणककि	णककिण	कुटथरी	कुटथरी	।
2				
झिनकिट	थऽरींऽ	टिगनथ	रिकधिमि	।
0				

कुकुझिऽ	न्नाऽकुकु	झिऽन्नाऽ	धिझिनाऽ	।
3				
धिकथोऽ	धिधिकिट	धिधिकिट	धिधिकिट	।
+				
ताऽधिलां	ऽगधुम	किटतक	गदिगन	।
2				
ताथेईत	ऽगधुम	किटतक	गदिगन	।
0				
थेईतत	थेईथेई	ताथेईत	थेईतत	।
3				
।।ता।।				
+				

चक्करदार तोड़े — 1

दिगदिग	थेई	दिगदिग	थेई	।
+				
क्ड़ाम	दिगदिग	थेई	ऽऽ	।
2				
धिन्त	धाऽ	धिन्त	धाऽ	।
0				
ततत	थेईतत	ततथेई	ततत	।
3				
थेई	ततत	थेईतत	थेईतत	।
+				

ततत्त	थेई	ततत्त	थेईतत	|
2				
ततथेई	ततत्त	थेई	दिगदिग	|
0				
थेई	दिगदिग	थेई	क्ड़ाम	|
3				
दिगदिग	थेई	ऽऽ	धिन्त	|
+				
धाऽ	धिन्त	धाऽ	ततत्त	|
2				
थेईतत	ततथेई	ततत्त	थेई	|
0				
ततत्त	थेईतत	ततत्त	थेई	|
3				
थेई	ततत्त	थेईतत	ततथेई	|
+				
ततत्त	थेई	दिगदिग	थेई	|
2				
दिगदिग	थेई	क्ड़ाम	दिगदिग	|
0				
थेई	ऽऽ	धिन्त	धाऽ	|
3				
धिन्त	धाऽ	ततत्त	थेईतत	|

+				
ततथेई	ततत्त	थेई	ततत्त	।
2				
थेईतत	ततथेई	ततत्त	थेई	।
0				
ततत्त	थेईतत	ततथेई	ततत्त	।
3				
।।थेई।।				
+				

चक्करदार तोड़ा – 2

नाऽ	चत	गिर	धर	।
+				
ताथे	ईता	थेई	थेई	।
2				
तिगधा	दिगदिग	थेई	ऽऽ	।
0				
त्रामतत	थेईतत	थेई	त्रामतत	।
3				
थेईतत	थेई	त्रामतत	थेईतत	।
+				
थेई	ऽऽ	नाऽ	चत	।
2				
गिर	धर	ताथे	इता	।

0				
थेई	थेई	तिगधा	दिगदिग	।
3				
थेई	ऽऽ	त्रामतत	थेईतत	।
+				
थेई	त्रामतत	थेईतत	थेई	।
2				
त्रामतत	थेईतत	थेई	ऽऽ	।
0				
नाऽ	चत	गिर	धर	।
3				
ताथे	इता	थेई	थेई	।
+				
तिगधा	दिगदिग	थेई	ऽऽ	।
2				
त्रामतत	थेईतत	थेई	त्रामतत	।
0				
थेईतत	थेई	त्रामतत	थेईतत	।
3				
।।थेई।।				
+				

चक्करदार तोड़ा – 3

धिट	धिट	तागे	तिट	।
+				
धिट	कृधा	तिट	धग	।

2				
धग	ऽत	किटतक	दींऽगड़	।
0				
धाऽ	ऽऽ	किटतक	दींऽगड़	।
3				
धाऽ	ऽऽ	किटतक	दींऽगड़	।
+				
धाऽ	ऽऽ	धिट	धिट	।
2				
तागे	तिट	धिट	कृधा	।
0				
तिट	धग	धग	ऽत	।
3				
किटतक	दींऽगड़	धाऽ	ऽऽ	।
+				
किटतक	दींऽगड़	धाऽ	ऽऽ	।
2				
किटतक	दींऽगड़	धाऽ	ऽऽ	।
0				
धिट	धिट	तागे	तिट	।
3				
धिट	कृधा	तिट	धग	।
+				

धग	ऽत	किटतक	दींऽगड़	।
2				
धाऽ	ऽऽ	किटतक	दींऽगड़	।
0				
धाऽ	ऽऽ	किटतक	दींऽगड़	।
3				
।।धा।।				
+				

चक्करदार तोड़ा – 4

धिंऽत	ड़ाऽन	धाऽति	ऽन्नक	।
+				
धित्लां	ऽऽग	धित्लां	ऽऽग	।
2				
त्राम	तक	थुन	तक	।
0				
तिगधा	दिगदिग	थेई	तक	।
3				
थुंन	तक	तिगधा	दिगदिग	।
+				
थेई	तक	थुन	तक	।
2				
तिगधा	दिगदिग	थेई	धिन्त	।
0				

ड़ाऽन	धाऽति	ऽन्नक	धित्लां	।
3				
ऽऽग	धित्लां	ऽऽग	त्राम	।
+				
तक	थुंन	तक	तिगधा	।
2				
दिगदिग	थेई	तक	थुन	।
0				
तक	तिगधा	दिगदिग	थेई	।
3				
तक	थुन	तक	तिगधा	।
+				
दिगदिग	थेई	धिन्त	ड़ाऽन	।
2				
धाऽति	ऽन्नक	धित्लां	ऽऽग	।
0				
धित्लां	ऽऽग	त्राम	तक	।
3				
थुन	तक	तिगधा	दिगदिग	।
+				
थेई	तक	थुन	तक	।
2				
तिगधा	दिगदिग	थेई	तक	।

0				
थुन	तक	तिगधा	दिगदिग	।
3				
।।थेई।।				
+				

चक्करदार तोड़ा – 5

धाऽ	कृधा	ऽन	धाऽ	।
+				
ताति	टधा	तिट	धाऽ	।
2				
कऽत	धाऽ	थुंऽत	धाऽ	।
0				
गदिगन	धाऽगदि	गनधाऽ	गदिगन	।
3				
धाऽ	गदिगन	धाऽगदि	गनधाऽ	।
+				
गदिगन	धाऽ	गदिगन	धाऽगदि	।
2				
गनधाऽ	गदिगन	धाऽ	धाऽ	।
0				
कृधा	ऽन	धाऽ	ताति	।
3				
टधा	तिट	धाऽ	कऽत	।

+				
धाऽ	थुंऽत	धाऽ	गदिगन	।
2				
धाऽगदि	गनधाऽ	गदिगन	धाऽ	।
0				
गदिगन	धाऽगदि	गनधाऽ	गदिगन	।
3				
धाऽ	गदिगन	धाऽगदि	गनधाऽ	।
+				
गदिगन	धाऽ	धाऽ	कृधा	।
2				
ऽन	धाऽ	ताति	टधा	।
0				
तिट	धाऽ	कऽत	धाऽ	।
3				
थुंऽन	धाऽ	कऽत	धाऽ	।
+				
गनधाऽ	गदिगन	धाऽ	गदिगन	।
2				
धाऽगदि	गनधाऽ	गदिगन	धाऽ	।
0				
गदिगन	धाऽगदि	गनधाऽ	गदिगन	।
3				
।।धा।।				
+				

वेदमणि सिंह ठाकुर

"नृत्य कला में काव्य"[6]

कालिका तांडव

चनचन	चाऽचिन	कचिनक	चिनकच	।
+				
कचकच	शीऽशक	टतभूऽ	लोऽटत	।
2				
खंऽगच	लतखन	खनखन	खनखन	।
0				
बहतधा	ऽरशोऽ	णितभूऽ	रंऽजित	।।
3				
लाऽलला	ऽलचहूँ	दिशिकाऽ	लकाऽल	।
+				
खऽप्पर	धाऽरेऽ	निकसीऽ	काऽलीऽ	।
2				
मुंऽडमा	ऽलनैऽ	नाऽविशा	ऽलविक	।
0				
राऽलछ	बीऽकाँऽ	पेऽथर	थरअव	।।
3				
नीऽअंऽ	बरविऽ	ध्वंऽसज	गतधक	।
+				
धकधक	ज्वाऽलक	राऽलल	पटअति	।
2				

घोऽरप्र	चंऽडभ	याऽनक	रूऽपदे	।
0				
ऽखजग	थरथरा	ऽयथर	थरसुर	।।
3				
नरमुनि	विनतीऽ	करतजो	ऽड़कर	।
+				
प्रलयन	ऽत्यतांऽ	ऽवकीऽ	देऽवीऽ	।
2				
शांऽतशां	ऽतमाऽ	ताऽऽऽ	शांऽतशां	।
0				
ऽतमाऽ	ताऽऽऽ	शांऽतशां	ऽतमाऽ	।।
3				
।।ता।।				
+				

गणेश परन

धतधत	धमकत	एऽकदं	ऽतगज	।
+				
वदनवि	नाऽयक	रिधसिध	दाऽयक	।
2				
दिगतदि	गतथुंऽ	धिधिकत	धिधिकत	।
0				
चाऽरभु	जाऽसुत	उमाऽशं	ऽभुकेऽ	।।
3				

आऽदिदे	ऽवमोऽ	दकप्रिय	प्रभुदित	।
+				
धगऽत	किटतक	धिधिकिट	तकथुंऽ	।
2				
ewषक	वाऽहन	परमसु	हाऽवन	।
0				
मंऽगल	काऽरीऽ	भवभव	हाऽरीऽ	।।
3				
धनधन	गणपति	विऽघ्न	नाऽशक	।
+				
दिगदिग	दिगदिग	दिगदिग	ऽततुम्ह	।
2				
रोऽयश	गाऽवत	शुभफल	पाऽवत	।
0				
धातिटता	तिटताऽ	धातिटता	किटतक	।।
3				
सुरनर	मुनिनित	तुमकोऽ	ध्याऽवत	।
+				
झेकुकुझे	कुकुझिन्ना	कुटथरि	कथरिक	।
2				
तुमतोऽ	दाऽनीऽ	जगकेऽ	दाऽताऽ	।
0				
सकलज	गततुम्ह	रोऽयश	गाऽताऽ	।।

3				
धकधिलां	ऽगतक	थेईयथे	ईयथेई	।
+				
थरियक	थरियक	थरियक	रिकथरि	।
2				
धेत्धेत्	त्रकधेत	तगेऽन्न	धाऽधाऽ	।
0				
तकधिलां	ऽगतक	थेईयथे	ईयथेई	।।
3				
नृऽत्यक	रतमैऽ	द्वाऽरति	हाऽरेऽ	।
+				
त्राऽमत्रा	ऽमथेई	तिगधाऽदिगदिग	थेईऽऽ	।
2				
सकलवि	घनकर	दूऽरह	माऽरेऽ	।
0				
ताऽथेई	यथेईय	आऽथेई	यथेईय	।।
3				
शरणाऽ	गतपर	करहुकृ	पाऽदाऽ	।
+				
ताऽऽऽ	करहुकृ	पाऽदाऽ	ताऽऽऽ	।
2				
करहुकृ	पाऽदाऽ	ताऽऽऽ	शरणाऽ	।
0				

गतपर	करहुकृ	पाऽदाऽ	ताऽऽऽ	||
3				
करहुकृ	पाऽदाऽ	ताऽऽऽ	करहुकृ	|
+				
पाऽदाऽ	ताऽऽऽ	शरणाऽ	गतपर	|
2				
करहुकृ	पाऽदाऽ	ताऽऽऽ	करहुकृ	|
0				
पाऽदाऽ	ताऽऽऽ	करहुकृ	पाऽदाऽ	||
3				
||ता||				
+				

शिवतांडव

किटदांऽ	दांऽकिट	धकधिलां	ऽगधाऽ	|
+				
धुमकिट	तकधुम	किटतक	गेदाऽन	|
2				
नृत्यक	रतशिव	शंऽकर	तांऽडव	|
0				
डोऽलर	हीऽधर	तीऽआऽ	काऽऽश	||
3				
प्रलयरू	ऽपकर	मेंऽशूल	ऽलधक	|
+				

धकधक	धधकत	तृतीयन	यनज्वाऽ	।
2				
लाऽप्रचं	ऽडनिक	सत्तविचि	ऽत्रजग	।
0				
काँऽपत	थरथर	झेगुनझे	गुनद्रिग	।।
3				
डिमकडि	मकडिम	डिमडिम	बाऽजत	।
+				
डमरूऽ	नाऽचत	भूऽतप्रे	ऽतसंग	।
2				
महाऽका	ऽलविक	राऽलना	ऽगफन	।
0				
फुफकाऽ	रेऽफर	फय्झुल	सतजग	।।
3				
थहथह	थाऽहन	पाऽवत	कोऽऊऽ	।
+				
रूऽद्रको	ऽपअति	अनलब	हाऽवत	।
2				
धाऽऽत्ता	ऽनधेऽ	त्ताऽधाऽकिटतक	धेऽत्ताऽ	।
0				
गणपति	गजतन	मृदंगब	जाऽवत	।।
3				
ताधाकिटतक	धाऽ	ताऽधाकिटतक	धाऽताऽ	।

+				
किटतकधाऽ	ताधाकिटतक	धाऽ	ताधाकिटतक	।
2				
धाऽ	ताधाकिटतक	धाऽताधा	किटतकधाऽ	।
0				
ताधाकिटतक	धाऽ	ताधाकिटतक	धाऽ	।।
3				
ताधाकिटतक	धाऽधाऽ	किटतकधाऽ	ताधाकिटतक	।
+				
धाऽ	तत	ताधाकिटतक	धाऽ	।
2				
ताधाकिटतक	धाऽताऽ	किटतकधाऽ	ताधाकिटतक	।
0				
धाऽ	ताधाकिटतक	धाऽ	ताधाकिटतक	।।
3				
धाऽताधा	किटतकधाऽ	ताधाकिटतक	धाऽ	।
+				
ताधाकिटतक	धाऽ	ताधाकिटतक	धाऽताधा	।
2				
किटतकधाऽ	ताधाकिटतक	धाऽ	कत	।
0				
ताधाकिटतक	धाऽ	ताधाकिटतक	धाऽताधा	।।
3				

किटतकधा	ताधाकिटतक	धाऽ	ताधाकिटतक	।
+				
धाऽ	ताधाकिटतक	धाऽताधा	किटतकधाऽ	।
2				
ताधाकिटतक	धाऽ	ताधाकिटतक	धाऽ	।
0				
ताधाकिटतक	धाऽताधा	किटतकधाऽ	ताधाकिटतक	।।
3				

।।धा।।

+

मदन–दहन

जटाऽजू	ऽटबिच	गंऽगधा	ऽरनिक	।
+				
सतअपा	ऽरगले	सर्पमा	ऽलशोऽ	।
2				
भाऽअति	पाऽवेऽ	चंऽद्रमा	ऽलतनं	।
0				
भऽस्मर	माऽएऽ	शिवबैऽ	ठेऽकैऽ	।।
3				
लाऽसअ	खंऽऽस	माऽधिल	गाऽएऽ	।
+				
धुमकिट	तकधुम	किटधुम	किटआऽ	।
2				

एऽअनं	ऽगलेऽ	रतिकोसं	ऽगकर	।
0				
पुऽष्पबा	ऽनजैऽ	सेऽबसं	ऽतकर	।।
3				
नेऽकोभं	ऽगशिव	कीऽसमा	ऽधिमन	।
+				
मेऽउमं	ऽगअति	धाऽधागे	तिटकृधा	।
2				
तिटकत	गदिगन	देऽखशं	ऽभुकोऽ	।
0				
नतमस	तककर	मदनछु	पेऽद्रुम	।।
3				
केऽअंऽ	दरऽऽ	धिनगिन	धिनगिन	।
+				
तकतक	तकतक	धिरकिट	धिरकिट	।
2				
गदिगन	धाऽऽऽ	शैऽलसु	ताऽतब	।
0				
सखिनसं	ऽगआऽ	ईऽशिव	पूऽजन	।।
3				
मनप्रस	ऽन्नअति	रूऽपम	यीऽलाऽ	।
+				
वऽण्यम	यीऽवर	दाऽनहे	ऽतुवर	।

2				
माऽलाऽ	लेऽकर	लगीऽपू	ऽजनेऽ	।
0				
शिवशंऽ	करकोऽ	ततत्त	ताऽदृग	।।
3				
दुंऽदुंऽ	झिझिकत	इसीऽबी	ऽचशर	।
+				
पुऽष्पम्	दननेऽ	छोऽड़दि	याऽशिव	।
2				
केऽतन	परऽऽ	धिरधिर	धिरधिर	।
0				
धिरधिर	कतसंऽ	कृतहोऽ	उठेऽहष	।।
3				
दयकेता	ऽरसब	भंऽगहो	ऽगईऽ	।
+				
शिवसमा	ऽधिखुल	गएऽन	यनलेऽ	।
2				
काऽमरू	ऽपमन	मेऽअन्	ऽपकुछ	।
0				
क्षणबीऽ	तेऽतब	देऽखअ	चाऽनक	।।
3				
कुसुमाऽ	युधकोऽ	द्रुमभीऽ	तरअति	।
+				

क्रोऽधित	होऽकाँऽ	पेशंऽ	करतब	।
2				
तृतीयन	यनकेऽ	खुलेऽद्वा	ऽरधक	।
0				
धकधक	अऽरनी	ज्वाऽलऽ	ठीऽथर	।।
3				
थरकाँऽ	पेऽअव	नीऽअंऽ	बरऽऽ	।
+				
जलीऽम	दनकीऽ	देऽहहो	ऽगईऽ	।
2				
राऽखन	लाऽगीऽ	एकपल	भरऽऽ	।
0				
धकिटध	किटधुधु	किटधकि	टधकिट	।।
3				
जयजय	प्रलयंऽ	करशंऽ	करमहा	।
+				
देऽवदे	ऽवहेऽ	जयजय	प्रलयंऽ	।
2				
करशंऽ	करमहा	देऽवदे	ऽवहेऽ	।
0				
जयजय	प्रलयंऽ	करशंऽ	करमहा	।।
3				
।।देव।।				
+				

नायिका विरह

बरसत	सजलन	यनराऽ	धाऽकेऽ	।
+				
शोऽकाऽ	कुलहिय	अतिदुख	पाऽवत	।
2				
जिनकाऽ	न्हाऽकीऽ	राऽहत	कतिहैऽ	।
0				
वोऽनिष्	ठुरअब	लोंहनहि	आऽवत	।।
3				
आऽकुल	व्याकुल	होऽयरा	ऽधिकेऽ	।
+				
साऽजसिं	गाऽरन	मनकोऽ	भाऽवत	।
2				
रैऽनअं	धेरियाऽ	सूऽनीसे	जरियाऽ	।
0				
बिजुरीऽ	चमकत	जियराऽ	राऽवत	।।
3				
बरसत	घनघन	घटाऽघ	नेऽरीऽ	।
+				
नैऽनन	सोऽकज	राऽबह	जाऽवत	।
2				
साऽवन	कीऽरिम	झिमरीऽ	आऽलीऽ	।
0				

तनकोऽ	मनकोऽ	आऽगत	गाऽवत	।।
3				
कैऽसेक	टेऽरज	नीऽरज	नीऽरज	।
+				
नीऽसज	नीऽकैऽ	सेकटेऽ	रजनीऽ	।
2				
रजनीऽ	रजनीऽ	सजनीऽ	कैऽसेक	।
0				
टेऽरज	नीऽरज	नीऽरज	ऽनीसज	।।
3				

।।नी।।

+

कालिया मर्दन

परतगें	ऽदजमु	नाऽजल	भीऽतर	।
+				
कूऽदग	एऽकाऽ	लीऽदह	कान्हाऽ	।
2				
फुफफुफ	फुफफुफ	काऽरक	रेऽकाऽ	।
0				
लीऽबिक	राऽलरू	ऽपधर	आऽनाऽ	।।
3				
रूऽपभ	योऽकाऽ	जरसोऽ	काऽरेऽ	।
+				

+				
विषभर	भरविष	धरजोऽ	माऽरेऽ	।
2				
क्ड़ाऽनक्ड़ा	ऽनक्ड़ाऽन	पकड़ना	ऽसिकाऽ	।
0				
श्याऽमलि	योऽतत	काऽरभा	ऽलपर	।।
3				
ताऽथेई	थेईत्राम	ताऽथेई	थेईतत	।
+				
ऽऽथेई	थेईत्राम	ताऽथेई	थेईतत	।
2				
नाऽगिन	विनतीऽ	करतिका	ऽन्हसों	।
0				
दयाऽक	रोऽहेऽ	नंऽदके	लाऽलाऽ	।।
3				
धकिटत	किटतक	शीऽशश्या	ऽमलेऽ	।
+				
आऽयोऽ	विषधर	जलऊऽ	परतृक	।
2				
धेऽतधे	ऽतधेऽ	त्ताऽतृक	धेऽतधे	।
0				
ऽतधेऽ	त्ताऽतृक	धेऽतधे	ऽतधेऽ	।।
3				

त्ताऽथेई	थेईतत	नाऽचन	लाऽगेऽ	|
+				
ग्वाऽलबा	ऽलसब	मिलजमु	नाऽतट	|
2				
धिरधिरकिटतक	ताऽधिरधिर	किटतकताऽ	धिरधिरकिटतक	|
0				
हुएऽमु	दितबृज	केऽनर	नाऽरीऽ	||
3				
किटतकगदिगन	धाऽकिटतक	गदिगनधाऽ	किटतकगदिगन	|
+				
धाऽताऽ	धाऽकिटतक	गदिगनधाऽ	किटतकगदिगन	|
2				
धाऽकिटतक	गदिगनधाऽ	ताऽधाऽ	किटतकगदिगन	|
0				
धाऽकिटतक	गदिगनधाऽ	किटतकगदिगन	धाऽताऽ	||
3				
||धा||				
+				

————

"ऋतु–श्रृंगार"[7] पं. वेदमणि सिंह ठाकुर

1. ग्रीष्म

जल रही धरती, जल रहा है गगन।

आग उगलती है, सूरज की किरन।

सूखे सर, सूखी है सरिता, मुरझाई है लोनी लतिका।

आतप की ज्वाला से पीड़ित हुआ आज जन–मन ।

मेघराज तुम घिर–घिर आओ, रिमझिम का संगीत सुनाओ।

प्यास धरा की आज बुझाओ, शीतल हो तन–मन।

ग्रीष्म का स्थायी, (भैरव राग, कहरवा ताल)

\+ 0 + 0

lkk & jsA e & e i A ei ध — — । प म ग — ।

जल ऽ र । ही ऽ ध र । तीऽ ऽ ऽ ऽ । ऽ ऽ ऽ ऽ ।

— ग म ग । रे — ग रे । सासा — — पम । पम गम गरे सा— ।

ऽ ज ल र । हाऽ है ग । गन ऽ ऽ । ।

(पुनः एक बार)

— म म म । म म प ध । सा — — — । — — — — ।

ऽ आ ग उ । ग ल ती ऽ । है ऽ ऽ ऽ । ऽ ऽ ऽ ऽ ।

— नि सां रे । सां नि ध पम । पप — — — । म ग रे सा ।

ऽ सू र ज । की ऽ ऽ किऽ । रन ऽ ऽ ऽ । ऽ ऽ ऽ ऽ ।

जल रही ....गगन (पंक्ति एक बार पुनः गाई जाएगी।)

अंतरा

— ध — ध । सा सा सा — । रे — रे म । ग रे सा — ।

ऽ सू ऽ खे । स र सू ऽ । खी ऽ है ऽ । स रि ता ऽ ।

— म म म । प — प — । प — ध सां । नि ध प — ।

ऽ मु र झा । ई ऽ है ऽ । लो ऽ नी ऽ । ल ति का ऽ ।

— प प ध । सां — सां — । सां — रें गं । रें — सां. सां ।

ऽ आ त प । की ऽ ज्वा ऽ । ला ऽ से ऽ । पी ऽ ड़ि त ।

— नि नि सां । नि ध प म । पप — — — । ग रे सा — ।

(स्थायी एक बार कहने के पश्चात् अंतरे का शेष चरण अंतरा की तरह गाया जाएगा)

2. वर्षा

आए घन उमड़–घुमड़ कारे–कारे, प्यारे–प्यारे।

मेघराज की बारात आई द्वारे–द्वारे ।

बरसत घन घूम–घूम, धरती मुख चूम–चूम।

नाचत मन झूम–झूम, होत आज मतवारे।

बुँदियाँ बरसत रिमझिम, बिजुरी चमकत छिनछिन।

गरजत है घन–मृदंग, रागी मल्हार गा रे।

वर्षा का स्थायी (मेघमल्हार राग, एकताल)

+ 0 2 0 3 4

मं मं

रें – । रें – । सां सां । प नि । नि म । प प

आ ऽ । ए ऽ । घ न । उ म । ड़ घु । म ड़

म म म

रे – । रे रे । – प । म – । रे सा । – सा

का ऽ । रे का । ऽ रे । प्या ऽ । रे प्या । ऽ रे

नि नि

नि – । प़ नि । म़ प़ । नि़ – । नि़ सा । – सा

मे ऽ । घ रा । ऽ ज । की ऽ । बरा । ऽ त

नि नि

म रे । प – । सां – । सां – । पनि । म प

आ ऽ । ई ऽ । द्वा ऽ । रे ऽ । द्वा ऽ । रे ऽ

(स्थायी दो बार कहने के पश्चात्– 'आए घन उमड़–घुमड़' गाया जाएगा।)

(स्थायी दो बार कहने के पश्चात्– 'आए घन उमड़–घुमड़' गाया जाएगा।)

अंतरा

म प । प प । नि नि । सां – । सां सां। – सां।

ब र । स त । घ न । घू ऽ । म घू । ऽ म ।

मं मं मं

रें रें । रें – । मं रें । सां – । सां नि । – प ।

ध र । ती ऽ । मु ख। चू ऽ । म चू। ऽ म।

सां – । नि प । प प । रे म । रे सा । – सा ।

ना ऽ । च त । म न । झू ऽ। म झू। ऽ म।

म रे । रे प । – प । सां सां । प नि । म प ।

हो ऽ । त आ। ऽ ज। म त । वा ऽ । रे ऽ ।

('आए घन उमड़–घुमड़' पंक्ति स्थायी के समान गायी जाएगी।)

3. शरद

शीतल चंद्र खिला है नभ पर, शरद पूर्णिमा आई है।

वसुंधरा के प्रांगण में मधु–शीत–सुधा बरसाई है।

कितनी मधुमय सुखद निशा है, आज प्रफुल्लित दिशा–दिशा है।

शीतल–सुरभित मंद पवन ने सबकी सुधि बिसराई है।

डाल–डाल पंछी का कलरव, पात पर बिखरा आसव।

चकवा–चकवी केलि करें, यह रैन बड़ी सुखदाई है।

शरद का स्थायी (बहार राग/तीनताल)

0 3 + 2

म

सां – सां सां । नि प म प । ग – ग म । रे रे सा सा ।

शी ऽ त ल । चं ऽ द्र खि। ला ऽ है ऽ । न भ प र ।

सा म म म । – पं ग म । नि ध नि नि । सां – – – ।

श र द पू । ऽ र्णि माऽ । आ ऽ ई ऽ । है ऽ ऽ ऽ ।

('वसुंधरा ....बरसाई है' ऊपर की तरह गाकर पुनः 'शीतल........नभ पर' गाया जाएगा।)

अंतरा

ग ग म – । नि ध नि नि । सां सां सां सां । रें नि सां – ।

कि त नी ऽ । म धु म य । सु ख द नि । शाऽ है ऽ ।

सां मं गं मं । रें रें सां सां । नि ध – नि । सां – सां – ।

आ ऽ ज प्र । फु ऽ ल्लि त । दि शा ऽ दि । शा ऽ है ऽ ।

म

सां – नि प । प प मप निप । ग – ग म । रे रे सा – ।

शी ऽ त ल । सु र भिऽ तऽ । मं ऽ द प । व न ने ऽ ।

सा म म – । म प ग म । नि ध नि नि । सां – – – ।

स ब की ऽ । सु धि बि स । रा ऽ ई ऽ । है ऽ ऽ ऽ ।

('शीतल चंद्र.......आई है' पंक्ति पुनः स्थायी के समान गाई जाएगी।)

4. हेमंत

बरसत हिम तुषार, कामिनी अकुलाए।

घड़ी–घड़ी मग जोवत, पिया नहीं आए।

हेमंत की पवन, भेदत है तन–मन।

धधकत काम–अगन, जियरवा जराए।

हेमंत का स्थायी (केदार राग/सूल ताल)

\+ 0 2 3 0

ग ग

म म । प प । मं प । ध म । रे सा ।

ब र । स त । हि म । तु षा । ऽ र ।

नि

सां ध । सां सां । धप । मं प । मरे सा ।

का ऽ । मि नि । अ कु । ला ऽ । एऽ ऽ ।

सा सा । म म । प प । ध – । प प ।

घ ड़ी । घ ड़ी । म ग । जो ऽ । व त ।

('बरसत.......अकुलाए' पंक्ति पुनः गाई जाएगी।)

अंतरा

प – । सां – । सां सा । – रें । सां सां ।

हे ऽ । मं ऽ । त की । ऽ प । व न ।

नि नि

नि ध । नि रें । सां – । ध ध । प प ।

भे ऽ । द त । है ऽ । त त । म न ।

गं

मं मं । रें सां । ध – । नि ध । प प ।

ध ध । क त । का ऽ । म अ । ग न ।

मंप धसां । ध प । मं प । म – । रे सा ।

जिऽ यऽ । र वा । ऽ ज । रा ऽ । ए

ऽ ।

5. शिशिर

शिशिर का सूरज सुहावन,

धूप लागे चाँदनी सी–

अनल लागे जैसे चंदन।

शीत से सब अंग काँपत,

पिय मिलन को प्राण तरसत।

जुग सी लागे रन बैरन।

शिशिर का स्थायी (आसावरी राग/रूपक ताल)

0 2 3 0 2

म म म । प – । सां – । रें रें नि । ध – । प प ।

शि शि र । का ऽ । सू ऽ । र ज सु । हा ऽ । व न ।

म – म । प – । पध मप । ग – ग । रे – । सा –।

धू ऽ प । ला ऽ । गेऽ ऽऽ । चाँ ऽ द । नी ऽ । सी ऽ ।

रे म म । प – । प – । गं – रें । सां नि । ध प ।

अ न ल । ला ऽ । गे ऽ । जै ऽ से । चं ऽ । द न ।

('शिशिर का सूरज सुहावन' पंक्ति एक बार पुनः गाई जाएगी)

अंतरा

म – म । प – । पध । सां – सां । सां – ।सां सां ।

शी ऽ त ।से ऽ । सब । अं ऽ ग । काँ ऽ । प त ।

नि

ध ध ध । सां सां । सां सां । सांरे गं रें । सां नि । ध प ।

पि य मि । ल न । को ऽ । प्राऽ ऽ ण । त र । स त ।

नि

ग ग ग । रे – । सा – । गं – रें । सां – । ध प ।

जु ग सी । ला ऽ । गे ऽ । रै ऽ न । बै ऽ । र न ।

('शिशिर का सूरज सुहावन' पंक्ति पुनः स्थायी के समान गाई जाएगी।)

6. वसंत

आया वसंत, आया वसंत।

वसुधा के कोने–कोने में छाया वसंत, छाया वसंत।

मुरझाई डाली लहक उठी, फूलों की बगिया महक उठी।

सरसों फूली, अमुवा फूले, कोयल मधु स्वर में चहक उठी।

शीतल मलयज के संग–संग पग–गग पर लहराया वसंत।

कलियों का अमर सुहाग मिला, भँवरों को मधुर पराग मिला।

मानव–मन पाया सुख अनूप, रागी को नूतन राग मिला।

वन–उपवन, बाग–बगीचों में, पंचम सुर में गाया वसंत।

धरती ने पाया नव–यौवन, उन्मत्त हो उठे चरण–चरण।

छवि देख निराली मधु–ऋतु की, रह गए खुले–के–खुले नयन।

नयनों की गागर में छवि का सागर भर छलकाया वसंत।

वसंत का स्थायी (वसंत–बहार राग/तीन ताल)

0				3				+				2			
												म	ध ।		
												आ	ऽ ।		
सां	–	नि	ध ।	–	प	प	– ।	म	प	म	ध ।	सां	सां	म	ध ।
या	ऽ	व	सं ।	ऽ	त	आ	ऽ ।	या	ऽ	व	सं ।	ऽ	त	व	सु ।
सां	–	नि	ध ।	प	–	प	– ।	मं	ग	मं	ग ।	रे	सा	सा	– ।
धा	ऽ	के	ऽ ।	को	ऽ	ने	ऽ ।	कों	ऽ	ने	ऽ ।	में	ऽ	छा	ऽ ।
सा	म	म	म ।	–	प	ग	म ।	नि	ध	नि	सां ।	–	सां	मं	ध ।
या	ऽ	व	सं ।	ऽ	त	छा	ऽ ।	या	ऽ	व	सं ।	ऽ	त	आ	ऽ ।
सां	–	नि	ध ।	–	प	प	– ।	मं	प	मं	ध ।	सां	सां	मं	ध ।

सां – – – | – – – – |

या ऽ ऽ ऽ | ऽ ऽ ऽ ऽ |

अंतरा

सा सा |

मु र |

म म

सा म म – | म – म प | ग ग म रे | सा – सा – |

झा ऽ ई ऽ | डा ऽ ली ऽ | ल ह क उ | ठी ऽ फू ऽ |

सा म म – | म प ग म | नि ध नि नि | सां – म ध |

लों ऽ की ऽ | ब गि या ऽ | म ह क उ | ठी ऽ स र |

सां – नि ध | प – प प | म ग म ग | रे सा सा – |

सों ऽ फू ऽ | ली ऽ अ मु | वा ऽ फू ऽ | ले ऽ को ऽ |

सा म म म | म प ग म | नि ध नि नि | सां – – – |

य ल म धु | स्वर में ऽ | च ह क उ | ठी ऽ ऽ ऽ |

गं – गं मं | रें रें सां सां | नि ध नि नि | सां – सां – |

’ ’ ’ ’ | ’ ’ ’ ’ | ’ ’ ’ ’ | ’ ’ ी ऽ |

मं

गं गं गं मं | रें रें सां सा | नि ध नि नि | सां सां म ध |

त ल म ल | य ज के ऽ | सं ऽ ग सं | ऽ ग प ग |

सां सां नि ध | प प प – | म ग म ध | सां सां,

प ग प र | ल ह रा ऽ | या ऽ व सं | ऽ त,

(‘आया वसंत, आया वसंत, आया......’ पंक्ति स्थायी के समान गाई जाएगी।)

1. संगीत पत्रिका, नृत्यलिपि, कत्थक नृत्य, झपताल, वेदमणि सिंह, दिसम्बर 1960, पृष्ठ – 44
2. संगीत पत्रिका, नृत्यलिपि, कत्थक नृत्य, एकताल, वेदमणि सिंह, जुलाई 1960, पृष्ठ – 22
3. संगीत पत्रिका, नृत्यलिपि, कत्थक नृत्य, झपताल, कल्याण दास महंत, दिसम्बर 1977, पृष्ठ – 36
4. संगीत पत्रिका, नृत्यलिपि, कत्थक नृत्य, शिखर ताल, कल्याण दास महंत, सितम्बर 1975, पृष्ठ –45
5. संगीत पत्रिका, नृत्यलिपि, कत्थक नृत्य, त्रिताल, वेदमणि सिंह, सितम्बर 1975, पृष्ठ – 23
6. संगीत पत्रिका, नृत्यलिपि, कत्थक नृत्य कला में काव्य, वेदमणि सिंह, सितम्बर 1966, पृष्ठ – 4
7. संगीत पत्रिका, नृत्यलिपि, कत्थक नृत्य कला में काव्य, वेदमणि सिंह, जन.–फर. 1974, पृष्ठ – 122

उपसंहार

कत्थक नृत्य के इतिहास में रायगढ़ दरबार का योगदान चिरस्मरणीय रहेगा। रायगढ़ दरबार के विभिन्न शासक संगीत अनुरागी के साथ–साथ स्वयं महान संगीतज्ञ भी थे।। इस प्रकार रायगढ़ राजघराने में संगीत, नृत्य तथा अन्य कलाओं की लम्बी परम्परा तो थी किंतु राजा चक्रधर सिंह के कार्यकाल में यह अपने शिखर पर पहुँच गई।

भारत देश में विदेशी शासकों के आगमन और उनके प्रभाव से हमारी सांस्कृतिक गतिविधियाँ भी अनछुई नहीं रह सकी थीं। अन्य नृत्य शैली की तुलना में कत्थक नृत्य शैली पर इसका प्रभाव अधिक रहा और कथा से उद्‌भूत यह नृत्य शैली अपनी मूल भावनाओं से कदाचित विलग होने लगी थी। यह धारणा बन गई थी कि कत्थक नृत्तांग प्रधान है और उसमें अभिनय की कमी है। इसे नकारते हुए प्रथमतः लखनऊ घराने से सुप्रसिद्ध गुरू पं. लच्छू महाराज ने कत्थक नृत्य के हर अंग में भाव की अभिव्यक्ति की संभावना को प्रयोग रूप में परिणित किया। कत्थक नृत्य के बोल परनों में भी भावाभिनय करके उन्हें भावपूर्ण तथा अर्थपूर्ण बनाया। इसी अवधारणा को पं. बिरजू महाराज ने अनुकरण कर शिखर तक पहुंचाया। उन्होंने कत्थक नृत्य की शिक्षण पद्धति में प्रत्येक हस्तक को नामकरण देकर नवीन कल्पना की जो कत्थक के शिक्षण को आसान और रोचक बनाने के साथ–साथ पूर्णतः अर्थमय बना दिया है।

यह जानना आवश्यक होगा कि ठीक इसी अवधारणा पर राजा चक्रधर सिंह ने अपूर्व कार्य किया था। उन्होंने कई तरह से बोलों की रचना कर उन्हें एक निश्चित नाम, स्वरूप एवं अर्थ देने की कोशिश की। इन नामों के कई आधार हैं जैसे – प्रकृति, अवस्था, लय, गति, जाति, प्रसंग, चित्र, बिम्ब, ध्वनि आदि। यह दुर्भाग्य ही कहा जा सकता है कि राजा चक्रधर सिंह की असयम मृत्यु ने इस अपूर्व प्रयास को प्रयोग रूप में अधिक सफल नही बना पाया। "अस्तु अंकुर तो फूटा, कुछ कोपलें भी निकली किंतु वह पौधा बढ़ नही पाया पर उसका प्रभाव अलक्ष्य रूप में ही सही, लगता है हुआ और

संभव है लच्छू महाराज के मन में कहीं यह बात अटकी रह गई जो बाद में उनकी नृत्य शिक्षा में प्रकट हुई।''[1]

उपर्युक्तानुसार नृत्तांग की प्रधानता की ओर अग्रसर कत्थक नृत्य को उन्होंने पूर्णतः अर्थमय बनाने का प्रयास तो किया साथ ही साथ कत्थक की परम्परा से चले आ रहे अभिनय में कई नवीन आयाम भी जोड़े। इन सभी रचनात्मक कार्य के लिए उन्होंने अपने दरबार में नृत्य, संगीत एवं साहित्य के अनेक विद्वानों को आश्रय दिया और बहुत ही कुशलता से उनका सहयोग लेकर कत्थक नृत्य के लिए अपनी कल्पना को साकार रूप दिया।

इस पुस्तक में रायगढ़ दरबार के राजा चक्रधर सिंह का कत्थक नृत्य के सम्बन्ध में कल्पना, कार्यप्रणाली एवं रचनाओं पर पर्याप्त चर्चा की गई है। इस संपूर्ण कार्य को पांच अध्यायों में विभक्त किया गया है।

प्रथम अध्याय है 'छत्तीसगढ़ का रायगढ़ रियासत'। छत्तीसगढ़ का नाम लोकोक्ति के अनुसार वहाँ पर छत्तीस किले होने से पड़ा जो अपने छत्तीस गुणों से सम्पन्न होने के कारण देश के एक समृद्धशाली राज्य के रूप में सन् 01 नवम्बर 2000 को स्थापित हुआ। छत्तीसगढ़ में रायगढ़ रियासत की ऐतिहासिक परम्परा विशेष महत्व रखती है। गोड़वाना शासक का मंडला, चाँदा और बैरागढ़ राज्य पर आधिपत्य था। बैरागढ़ के गोड़ शासकों ने कालान्तर में फूलझड़ से बुनगा होते हुए केलो नदी के तट पर 'राय' नामक गढ़ की स्थापना की जिससे रायगढ़ राज का निर्माण हुआ।

मदन सिंह इसी राजवंश के एक व्यक्ति थे जिनके हृदय में महत्वाकांक्षा और बाहुओं में ज़ोर था। बैरागढ़ में अपने लिये पर्याप्त क्षेत्र ना पाकर ये बाहर निकले, उत्साहित तो थे ही अतः रायगढ़ आकर रायगढ़ राजवंश की नींव रखी।

रायगढ़ रियासती क्षेत्र 1486 वर्ग मील में फैला हुआ था। राजा मदन सिंह साहसी, बुद्धिमान और पराक्रमी के साथ–साथ संगीत प्रेमी भी थे। मदन सिंह के बाद दुर्जय सिंह, तखत सिंह, वेद सिंह, द्रिप सिंह आदि राजा हुए जो वीर तो थे ही लेकिन नृत्य, संगीत पर भी इनका विशेष ध्यान था।

रायगढ़ का प्रमाणिक इतिहास राजा जुझार सिंह से प्राप्त होता है। राजा जुझार सिंह के बाद उनके पुत्र देवनाथ सिंह भी अदम्य साहसी और वीर थे। रायगढ़ समाचार के अनुसार रायगढ़ के वास्तविक निर्माता यही दोनों नरेश राजा जुझार सिंह और राजा देवनाथ सिंह थे। राजा देवनाथ सिंह के पुत्र राजा घनश्याम सिंह हुए किन्तु ये असफल

शासक करार दिये गये थे और अंग्रेज उनका शासन प्रबंध अपने हाथ में ले लिये थे। इनके पुत्र राजा भूपदेव सिंह हुए जो प्रजा वत्सल और योग्य शासक थे।

राजा भूपदेव सिंह का संगीत के साथ–साथ नृत्य से भी विशेष लगाव था। इतना ही नहीं उन्होंने अपने दरबार में नृत्याचार्यों की नियुक्ति भी किये थे। डॉ. बलदेव के शब्दों में 'यह ऐतिहासिक तथ्य है कि बीसवीं शताब्दी से रायगढ़ में संगीतज्ञों का आना जाना प्रारंभ हो गया था। यहाँ चुन्नी लाल, मोहन लाल, सोहन लाल, सीताराम, चिरंजीव लाल, झंडे खाँ और शिवनारायण जैसे कत्थक कलाकार तो राजा चक्रधर सिंह के बचपन में ही आ गये थे।'

राजा भूपदेव सिंह स्वयं मांदर बजाने में सिद्ध हस्त थे। राजा भूपदेव सिंह के भाई नारायण लाल सिंह तथा पील लाल सिंह तबला और पखावज के उस्ताद थे। राजा भूपदेव सिंह का दरबार संगीत, नृत्य के लिये जमीन तैयार कर रहा था और इसी पृष्ठ भूमि में इनके पुत्र राजा चक्रधर सिंह का जन्म हुआ।

रायगढ़ रियासत में राजा चक्रधर सिंह का कार्यकाल रियासत का स्वर्ण युग कहा जाए तो अतिशयोक्ति नहीं होगी। किंतु उदार हृदय के साथ कोई दुर्बल पहलू भी होता है। राजा चक्रधर सिंह इससे अछूते नही रह सके। इनके रियासत के आय का बहुत बड़ा हिस्सा ललित–कलाओं में व्यय कर दिया जाता था जिनसे इनकी वित्तीय स्थिति डगमगाने लगी थी। कुशल शासक होने के कारण राजा चक्रधर सिंह को इसका आभास तो रहा होगा किंतु ललित कलाओं विशेषकर कत्थक नृत्य कला में उनका अपूर्व योगदान उनके शासन के कमजोर पक्ष को नकारते हुए ललित कला के इतिहास में उन्हें अमर कर दिया।

इस तरह रायगढ़ रियासत को अपने ऐतिहासिक काल में अनेक योग्य शासकों द्वारा शासित होने का सौभाग्य प्राप्त हुआ।

शोध ग्रंथ में दूसरा अध्याय 'राजा चक्रधर सिंह का जीवन परिचय एवं उनके द्वारा रचित ग्रंथ' है। राजा चक्रधर सिंह का जन्म 19 अगस्त 1905 को गणेश चतुर्थी के दिन हुआ। इन्हें बचपन में नन्हें महाराज के नाम से जाना जाता था। राजा भूपदेव सिंह का इन पर आगाध प्रेम था। उन्हें यह विश्वास था कि वे एक दिन महान व्यक्ति बनेंगे और पूरे परिवार का नाम रौशन करेंगे। राजा चक्रधर सिंह जी की स्कूली शिक्षा राजकुमार कॉलेज रायपुर में हुई जहाँ कि शिक्षा ने इन्हें योग्य शासक के साथ–साथ इनके व्यक्तित्व को भी महान बनाया।

राजा चक्रधर सिंह सन् 1924–1947 तक 23 वर्ष राज्य किए जिसमें वे प्रशासनिक और सामाजिक विकास के लिए अपने महान पिता के पद चिन्हों का अनुक्रमण किए। यूँ तो रायगढ़ दरबार में संगीत, नृत्य की मजबूत परम्परा थी किंतु राजा चक्रधर सिंह ने उसे शिखर तक पहुँचाया। वे अपने दरबार मे देश के लगभग सभी महान गुरुओं को आश्रय दिया। उनकी कला के संरक्षण एवं संवर्धन के साथ–साथ छत्तीसगढ़ के कुछ लोक नर्तकों को नृत्य कला में पारंगत किया।

परम्परा अनुसार कत्थक नृत्य के लखनऊ, जयपुर और बनारस शैली की विशेषता एवं उसमें संगीत तथा साहित्य के विशेष संयोग से कत्थक नृत्य शैली को अभिनव रूप दिया। तत्कालीन अनेक कॉन्फ्रेंस में भाग लेकर देश की संगीत नृत्य की सांस्कृतिक परम्परा को लोगों के समक्ष विचारार्थ रखा। उनके अनुसार 'ललित कलाओं में सबसे ऊँचा दर्जा काव्य को मिलना चाहिए अथवा संगीत को, यद्यपि काव्य और संगीत दोनों स्वर्गीय आनन्द देने वाले विषय हैं किन्तु हमारी समझ में काव्य की अपेक्षा संगीत कला ही अधिक व्यापक और तुरन्त असर डालने वाली हुआ करती है।'

राजा चक्रधर सिंह नृत्य को संगीत का बड़ा महत्वपूर्ण अंग मानते थे। नृत्य दिव्य आनन्द का घनीभूत रूप है। विशुद्ध नृत्य से न केवल शारीरिक स्वास्थ्य बढ़ता है वरन् मानसिक पवित्रता और हृदय की शांति में भी वृद्धि होती है।

अभिनय के सम्बन्ध में उनके विचार थे कि नृत्य का अर्थ यदि 'अंग विक्षेप' ही रहे तो वह निश्चय ही अपना महत्व खो बैठेगा। नृत्य के अंग संचालन में हृदयगत भावों का अभिनय नहीं हो रहा है तो वह एक मशीन का कार्य समझा जावेगा। उन्हें चिंता इस बात की थी कि नृत्य अभिनय विहीन होकर कहीं अपना अस्तित्व ना खो बैठे। इसके निराकरण के लिए अनेक संभावनाओं को तलाशा और उनके चले जाने के बाद भी इस विधा से जुड़े कलाकारों के लिए उन्होंने एक नई सोच का बीजारोपण किया ।

राजा चक्रधर सिंह ने अपने शासन में समय के अनुशासन को कायम रखा जिसका पालन करना सभी के लिए आवश्यक था। वे धर्म निरपेक्ष राजा थे। वे हिन्दी, संस्कृत, अंग्रेजी के समान उर्दू के भी अच्छे ज्ञाता थे। हिन्दी की कविता 'चक्रपिया' के नाम से एवं उर्दू शायरी 'फ़रहत' के नाम से करते थे। वे स्वयं एक उत्कृष्ट तबला वादक थे। कहा जाता है कि वे नृत्य की बारीकियों से भली–भाँति अवगत थे। प्राप्त जानकारी के अनुसार वे एक कुशल नर्तक भी थे।

राजा भूपदेव सिंह के समय से प्रारंभ गणेश उत्सव को राजा चक्रधर सिंह बहुत बड़े पैमाने में करने लगे। इस उत्सव में देश के सभी संगीतज्ञ एवं नर्तक भाग लेते थे।

जिनका सम्पूर्ण खर्च राजा की ओर से होता था। इनके शासन काल में मुनीर खाँ, करामतउल्लाह खाँ, आबिद हुसैन, प्यारे लाल, इनायत खाँ, अहमद जान थिरकवा, कादर बख्श, अजीब खाँ, ठाकुर दास, चुन्नीलाल आदि जैसे विख्यात गायक, सितार वादक, तबला तथा पखावज वादक थे। कत्थक के लगभग सभी श्रेष्ठ नृत्याचार्य जैसे– शिवनारायण, नारायण प्रसाद, जयलाल महाराज, सुंदर प्रसाद, मोहनलाल तथा सीताराम जी, अच्छन महाराज, लच्छू महाराज, शम्भू महाराज आदि इनके दरबार की शोभा बढ़ाये। साहित्य में भी लगाव होने के कारण माखन लाल चर्तुवेदी, गया प्रसाद शुक्ला, डॉ. रामकुमार वर्मा, पं. लोचन प्रसाद पाण्डेय जैसे साहित्यकारों को रायगढ़ में आमंत्रित किया । महावीर प्रसाद द्विवेदी को अंतिम समय में इनके राज दरबार से 50/– रूपये की मासिक वृत्ति प्रदान की जाती रही।

वे चाहते थे कि कलाओं का यथेष्ट प्रचार–प्रसार हो, अतः उन्होंने लोक कलाकार अनुजराम, कार्तिकराम, कल्याण दास, फिरतुदास तथा बर्मन लाल को हर प्रकार की सुविधा देकर अपने दरबार में आश्रित कलाकारों से कत्थक नृत्य का कुशल शिक्षण दिलवाया।

कला के इस अनन्य पुजारी का अंत दयनीय अवस्था में हुआ। जीवन भर के नशा के विरोधी अंत समय में पारिवारिक चिंताओं के कारण नशा के आदि हो गये और 07 अक्टूबर 1947 को 42 वर्ष की अवस्था में स्वर्गलोक सिधार गये । इसी अध्याय में राजा चक्रधर सिंह द्वारा लिखित नृत्य एवं संगीत से सम्बन्धित निम्नलिखित पांच ग्रंथों की जानकारी दी गई है।

1. नर्तन सर्वस्वम
2. ताल तोय निधि
3. राग रत्न मंजूषा
4. मुरज परन पुष्पाकर
5. ताल बल पुष्पाकर

नर्तन सर्वस्वम छैः किलो का विशाल ग्रंथ है, जिसमें नृत्य के स्वरूप, व्याकरण, प्रस्तुतियों एवं रचनाओं आदि पर पर्याप्त प्रकाश डाला गया है। इसके कुछ आवश्यक उद्धरण भी इस शोध ग्रंथ में प्रस्तुत किये गये हैं। त्रोटक, ताण्डव, लास्य, कृष्णाअभिसारिका गति, प्रवत्स्यपतिका गति, सोलह श्रृंगार, बारह आभूषण, कुछ पाद एवं हस्त भेद तथा स्वर गति आदि की चर्चा एवं विश्लेषण किया गया है। नर्तन सर्वस्वम के अतिरिक्त ताल

से सम्बन्धित 'ताल तोय निधि' जिसमें विभिन्न मात्राओं के कठिन तालों का वर्णन है, परिचय दिया गया है। बीस किलो वजन का 'मुरज परन पुष्पाकर' जो कि पखावज के बोल–परन से आबद्ध है। इसे कत्थक नृत्य की रचना का विश्वकोश कहा जा सकता है। इसका भी संक्षिप्त परिचय दिया गया है। साथ ही साथ 'राग रत्न मंजूषा' एवं 'ताल बल पुष्पाकर' की संक्षिप्त जानकारी दी गयी है।

तीसरे अध्याय में 'रायगढ़ दरबार में नियुक्त श्रेष्ठ नृत्याचार्यों का जीवन परिचय' एवं उनके द्वारा रायगढ़ दरबार में प्रशिक्षित शिष्य अनुजराम, कार्तिकराम, कल्याण दास, फिरतुदास, बर्मन लाल एवं रामलाल का भी जीवन परिचय दिया गया है। इनके अतिरिक्त रायगढ़ दरबार की रचना धर्मिता को आगे बढ़ाने वाले कलाकार ठाकुर वेदमणि सिंह जी का भी विभिन्न संदर्भों को समझने के लिए जीवन परिचय दिया गया है।

चौथे अध्याय में रायगढ़ दरबार में रचित शुद्ध नृत्य एवं भावांग से सम्बन्धित उपलब्ध रचनाओं का नोटेशन एवं कत्थक नृत्य प्रदर्शन के सम्बन्ध में आवश्यक बातों की चर्चा की गयी है। इस दरबार में कत्थक के नृत्तांग को अर्थमय बनाने हेतु कई आधार बनाये गये हैं जैसे– प्रकृति चित्रण, विशिष्ट लय, गति, जाति, वर्ण, छंद, प्रसंग, चित्र, ध्वनि आदि । अतः इन विशेषताओं से युक्त रचनाओं का उदाहरण देते हुए कत्थक नृत्य में प्रयोग की संभावनाओं पर भी चर्चा की गई है। कथानक की परम्परा में विभिन्न नायिकाओं की प्रस्तुतियों को भी राजा चक्रधर सिंह ने सोचा था अतः उनके अनुसार कृष्णाभिसारिका एवं प्रवत्स्य पतिका नायिका का चित्रण भी प्रस्तुत किया गया है।

भावांग के अंतर्गत एक ही गीत में नवरस, अष्टनायिका, नखशिख वर्णन, आभूषण एवं श्रृंगार, वर्षा ऋतु, विरहणी एवं स्वाधीन पतिका नायिका आदि से सम्बन्धित रचनाओं का उदाहरण देते हुए कत्थक नृत्य के संदर्भ में चर्चा की गई है।

पाँचवें अध्याय में रायगढ़ दरबार की रचना धर्मिता से प्रभावित कत्थक गुरूओं एवं कलाकारों की कतिपय रचनाओं का संकलन है जिससे इस परम्परा में रचित कत्थक नृत्य प्रदर्शन हेतु अन्य कुशल रचनाओं की जानकारी मिल सकती है।

इस प्रकार यह निष्कर्ष निकाला जा सकता है कि रायगढ़ दरबार में कत्थक नृत्य के तत्कालीन लगभग सभी नृत्य गुरूओं, संगीतज्ञों, तथा साहित्यकारों का समागम हुआ और राजा साहब के निर्देशन में विचार विमर्श के पश्चात कत्थक नृत्य के स्वरूप, तकनीक सौंदर्य, साहित्य एवं सम्भावनाओं पर गहन चिंतन हुआ। परिणामतः जो

रचनात्मक कार्य हुए और ग्रंथों की रचना हुयी वह निश्चित ही कत्थक नृत्य की अमूल्य धरोहर है। इन एक–एक रचनाओं में अनेक संगीतज्ञ, नर्तक, साहित्यकार, चित्रकार के विचारों का राजा साहब के गहन चिंतन के साथ सम्मिश्रण है।

राजा साहब ने मृत्यु के पूर्व कुछ पंक्तियाँ लिखी थीं–

''थककर के सो गये साहिल के आसपास

अरमान उठ रहे थे मेरे दिल के आस पास...''[2]

ये पंक्तियां यह दर्शाती हैं कि उनके जीवन का निश्चित मुकाम या ठिकाना था। जिसे उन्होनें कम समय में ही पूर्ण करने का निर्णय लिया था । उनकी महान उपलब्धियों पर एक नज़र डालने से यह निश्चित है कि इस विशाल अतुलनीय कार्य की अत्यधिक थकान से वो साहिल के आसपास सोना चाह रहे थे और अंत आ गया। जबकि वे केवल आराम करना चाहते थे, चिर विश्राम नहीं। असीम उपलब्धियों के बाद भी उनके मानस में अनंत इच्छाएं तरंगित होती रहीं......

———

1. पूर्वाग्रह पत्रिका, रायगढ़ में कत्थक, रश्मि वाजपेयी, अंक–100, 1990।
2. शोध प्रबंध– The contribution of Raja Chakradhar Singh of Raigarh to Kathak Dance पृ. क्र. 79, प्रो. डॉ. पी.डी. आशीर्वादम।

संदर्भ सूची

1. छत्तीसगढ़ का गौरवशाली इतिहास, डॉ. हेमू यदु, B.R.Publishing Corporation (A Division of BRPC (India) LTD) Delhi- 11052
2. छत्तीसगढ़ का जनजातिय इतिहास, डॉ. हीरालाल शुक्लमध्यप्रदेश ग्रंथ अकादमी, रवीन्द्रनाथ ठाकुर मार्ग, बानगंगा, भोपाल, (म.प्र.) 462003
3. छत्तीसगढ़ दिग्दर्शन, मदन लाल गुप्ता, श्री प्रकाशन, एच. 24/7 सिविल लाइन, कसारीडीह/दुर्ग (म.प्र.)
4. छत्तीसगढ़ का इतिहास, आचार्य रमेन्द्र नाथ मिश्र, शताक्षी प्रकाशन, शाप नं.–8 मार्केटिंग सेंटर चौबे कालोनी, रायपुर (छ.ग.)
5. म.प्र. के पुरातत्व की रूपरेखा, मो. गा. दीक्षित, यशवन्त मो. जोशी, आनंद मुद्रणालय, पूना, सन्–1954
6. रायगढ़ में कथक, कार्तिक राम, राजकमल प्रकाशन, नई दिल्ली
7. रायगढ़ का सांस्कृतिक वैभव, डॉ. बलदेव प्रसाद,
8. रायगढ़ में संगीत परम्परा, जगदीश मेहर, शारदा साहित्य प्रकाशन, रायगढ़, 1986
9. रायगढ़ रियासत के नरेश चक्रधर सिंह का प्रशासन साहित्य एवं कला में योगदान (1904–1947), रणजीत कुमार बारीक, शोध प्रबंध, गुरूघासी दास विश्वविद्यालय, बिलासपुर, 2005
10. The Contribution of Raja Chakradhar Singh of Raigarh to Kathak Dance, P.D. Ashirwadam, Thesis Indira Kala Sangeet Vishwavidyalaya 1983
11. नटवरी नृत्य ताल सवारी, वेदमणि सिंह, संगीत पत्रिका, जुलाई 1962
12. नायक–नायिका भेद, श्री मदन थपलियात, संगीत पत्रिका, अक्टूबर 1962
13. नटवरी नृत्य, वेदमणि सिंह, संगीत पत्रिका, दिसम्बर 1959
14. कत्थक नृत्य की आधार भूमि बोल तोड़े, संगीत पत्रिका, अगस्त 1954
15. भारतीय नृत्य गाथा, डॉ. राजेन्द्र प्रसाद, संगीत पत्रिका,जून 1956
16. भारतीय नृत्य कला का महत्व, सुश्री अनुबेन, संगीत पत्रिका, फरवरी 1962

17. नृत्य और अभिनय, श्रीमती सुनयना अग्रवाल, संगीत पत्रिका, मार्च 1962
18. कत्थक नृत्य, जयन्ती अग्रवाल, संगीत पत्रिका, मार्च 1962
19. तालमणि मात्रा, श्री रामलाल नृत्यकार, संगीत पत्रिका, जून 1962
20. भारतीय शास्त्रीय नृत्य, अंग, ताल, रस, श्री सुधाकर, संगीत पत्रिका, मई 1957
21. नृत्य शिक्षा–कुछ विचार, छाया भटनागर, संगीत पत्रिका, जनवरी–फरवरी 1984
22. नृत्य लिपि – त्रिताल, वेदमणि सिंह, संगीत पत्रिका, सितम्बर 1959
23. कत्थक नृत्य में कवित्त अंग, शारदा कुमारी, संगीत पत्रिका, अप्रैल–मई 1960
24. कथक नृत्य लिपि, झपताल, श्री वेदमणि सिंह, संगीत पत्रिका, दिसम्बर 1960
25. नटवरी नृत्य एकताल, श्री वेदमणि सिंह, संगीत पत्रिका, जुलाई 1960
26. श्री रामलाल नृत्यकार, संगीत पत्रिका, फरवरी 1961
27. ठाकुर जगदीश सिंह 'दीन' मृदंगार्जुन, वेदमणि सिंह, संगीत पत्रिका, अप्रैल 1963
28. नृत्य कलाकार मेरी दृष्टि में, श्री प्रोजेशबनर्जी, संगीत पत्रिका, जून 1963
29. नृत्याचार्य स्व. पं. जयलाल जी, संगीत पत्रिका, मार्च 1964
30. नृत्य नाटिका ऋतु श्रृंगार, वेदमणि सिंह, संगीत पत्रिका, जनवरी–फरवरी 1974
31. कत्थक परम्परा तथा नवीनता अनुभव और अपेक्षा, श्रीमती रोहिणी भाटे, संगीत पत्रिका, अक्टूबर–नवम्बर 1973
32. नटवरी नृत्य में काव्य, वेदमणि सिंह, संगीत पत्रिका, जनवरी 1969
33. नृत्यकला में भक्ति पद, वेदमणि सिंह, संगीत पत्रिका, जनवरी 1970
34. वेदमणि सिंह छह रचनाएँ, संगीत पत्रिका, जनवरी 1972
35. कथक के बदलते हुए रूप, लच्छू महाराज, संगीत पत्रिका, मार्च 1968
36. कथक नटवरी नृत्य गणेश ताल, वेदमणि सिंह, संगीत पत्रिका, मई 1968
37. शाने अवध वाजिदअलीशाह की संगीत सल्तनत लखनऊ, संगीत पत्रिका, सितम्बर 1967
38. बैजनाथ प्रसाद (लच्छू महाराज) भेंट, संगीत पत्रिका, नवम्बर 1967
39. कत्थक नटवरी नृत्य चतुर ताल, वेदमणि सिंह, संगीत पत्रिका, दिसम्बर 1967
40. कत्थक नृत्य में श्रृंगार रस का स्थान, सुनयना देसाई, संगीत पत्रिका, फरवरी 1967
41. नृत्य की परख, दमयन्ती जोशी, संगीत पत्रिका, जून 1966

42. नृत्य कला में काव्य, वेदमणि सिंह, संगीत पत्रिका, सितम्बर 1966
43. मंदिरों की मर्यादाएँ और कथक नृत्य, डॉ. जयचंद शर्मा, संगीत पत्रिका, सितम्बर 1977
44. कत्थक नृत्य में सवारी ताल, कल्याण दास महंत, संगीत पत्रिका, दिसम्बर 1977
45. नृत्य में नवरसों की अभिव्यक्ति व कथक में उनका स्थान, छाया भटनागर, संगीत पत्रिका, मार्च 1975
46. कत्थक नृत्य (शिखर ताल), कल्याण दास महंत, संगीत पत्रिका, सितम्बर 1975
47. नृत्य लिपि भाव नृत्य, कल्याण दास महंत, संगीत पत्रिका, जुलाई 1974
48. नृत्य लिपि तराना नृत्य, कल्याण दास महंत, संगीत पत्रिका, अक्टूबर 1974
49. नृत्य सामयिक मूल्यांकन, सुभाष दीक्षित, संगीत पत्रिका, मार्च 1974
50. रीति काल की देन श्रृंगार नायिकाएँ और कथक में उनका आधुनिकीकरण, संगीत पत्रिका, फरवरी 1969
51. तीनताल में कथक नृत्य के कठिन तोड़े व परन, वेदमणि सिंह, संगीत पत्रिका, अप्रैल 1970
52. संस्कृत रंगमंच की परम्परा में संगीत और नृत्य, जगदीश चन्द्र माथुर, संगीत पत्रिका, सितम्बर 1973
53. नृत्य हस्त मुद्राओं की साधना एवं श्रृंगार, अशोक शर्मा, संगीत पत्रिका, दिसम्बर 1973
54. कत्थक नृत्य घराने, लक्ष्मीनारायण गर्ग, संगीत पत्रिका, जनवरी–फरवरी 1982
55. बनारस घराने की नृत्य शैली एक अध्ययन, जयचंद्र शर्मा, संगीत पत्रिका, जनवरी–फरवरी 1982
56. कत्थक नृत्य का जयपुर घराना, डॉ. सुनील कोठारी, संगीत पत्रिका, नवम्बर 1982
57. इतिहास के आइने में जयपुर घराना, डॉ. सुनील कोठारी, संगीत पत्रिका, दिसम्बर 1982
58. कथक प्रसंग 81, भ. गु., संगीत पत्रिका, अक्टूबर 1981
59. कथक नृत्य में फेरी का महत्व, जयचंद्र शर्मा, संगीत पत्रिका, दिसम्बर 1981
60. कत्थक नृत्य और मंदिरों की पृष्ठभूमि, छाया भटनागर, संगीत पत्रिका, जुलाई 1979
61. संगीत समाज महाराजा चक्रधर सिंह, प्यारेलाल श्रीमाल, संगीत पत्रिका, मई 1977
62. स्वतंत्र भारत का कथक, डॉ. जयचंद्र शर्मा, संगीत पत्रिका, मई 1977
63. योग जनित अनाहत नाद और स्वतः स्फूर्त नृत्य स्व. श्री कृपाल्वानंद जी, संगीत पत्रिका, मई 1977
64. भारतीय नृत्य परम्परा और शैली, आचार्य सूर्यमणि शास्त्री, संगीत पत्रिका, अप्रैल 1997

65. समान ध्वनियों में विविध भाव, जयचंद्र शर्मा, संगीत पत्रिका, सितम्बर 1985

66. भाव तथा रस का नृत्य में स्थान, श्रीमती प्रेम दवे, संगीत पत्रिका, नवम्बर 1984

67. ठाकुर वेदमणि सिंह, कलायन, संगीत पत्रिका, सितम्बर 1986

68. नृत्य लिपि धमार ताल, ठाकुर वेदमणि सिंह, संगीत पत्रिका, मई 1969

69. कथक पर गंभीर बहस और विचार विमर्श की जरूरत है, पं. विजय शंकर मिश्र, संगीत पत्रिका, सितम्बर 1989

70. श्री नारायण प्रसाद जी नृत्याचार्य, जयपुर घराना, संगीत कला विहार, दिसम्बर 1960

71. नृत्याभिनय में रस एवं अलंकार, बैजनाथ विश्वकर्मा, संगीत कला विहार, मार्च 1965

72. कत्थक नृत्य की ऐतिहासिक पार्श्वभूमि, डॉ. दि. शी. खत्री, संगीत कला विहार, जुलाई 1959

73. कत्थक में संगीत और काव्य, कु. विजया खड़ीकर, संगीत कला विहार, नवम्बर 1986

74. कत्थक प्रदर्शन की आधुनिक प्रवृत्तियाँ तथा भावी सम्भावनाएँ, विभा दाधीच, संगीत कला विहार, सितम्बर 1986

75. कत्थक नृत्य की प्रमुख ध्वनियाँ और उनका महत्व, जयचंद्र शर्मा, संगीत कला विहार, सितम्बर 1985

76. स्वतंत्रता के पचास वर्षो में भारतीय नृत्यों की दशा और दिशा, पं. विजयशंकर मिश्र, संगीत कला विहार, जून 1998

77. कत्थक नृत्य का इतिहास तथा स्वरूप, अशोक पेडणेकर, संगीत कला विहार, दिसम्बर 1972

78. लखनऊ का कथक घराना, रवीन्द्रनाथ बहोरे, छायानट–70, जुलाई–सितम्बर1994

79. शास्त्रीय नृत्य एवं आधुनिक नृत्य प्रयोग, विनोद चोपड़ा, छायानट 88, अक्टूबर–दिसम्बर 1999

80. कथक की धुरी बिरजू महाराज, डॉ. प्रमोद सिन्हा, छायानट 41,अप्रैल–जून,1987

81. कथक की रायगढ़ परम्परा का विस्तार, विजया शर्मा, कलावार्ता छ.69–70, दिसम्बर,88 जनवरी,89

82. नवगति, नवलय, ताल, छंद नव, रश्मि वाजपेयी, कलावार्ता, छ.77 अगस्त, 1989

83. नृत्य (लच्छू महाराज), सविता गोड़बोले, कलावार्ता, छ.56–57, नवम्बर–दिसम्बर, 1987,

84. रायगढ़ में कथक परण इन्द्रजाल, जयचंद्र शर्मा, कलावार्ता, छ.3.4, फरवरी–मार्च, 1984

85. चक्रधर नृत्य केन्द्र में कथक, पंकज पाठक, कलावार्ता, छ.3.4, फरवरी–मार्च, 1984

86. रायगढ़ में कथक असलियत क्या है, कलावार्ता, जनवरी–फरवरी, 1983,

87. रायगढ़ में कथक, रश्मि वाजपेयी, पूर्वाग्रह, अं.–100, 1990

88. Towards An Aesthetics of Kathak Dance, S. K. Saxena, Sangeet Natak, 43, Jan-Mar, 1977

89. Compositions of Maharaj Bindadin, Nirmala Joshi, Sangeet Natak, 15-16, April, 1960

90. A Perspective of Tandava and Lasys, Rekha R. Sharma, The Journal of the Music Academy (Madras), 1988

91. Sringara and Bhakti in Dance, V. P. Dhananjayan, The Journal of the Music Academy (Madras), 1982

92. Aesthetics First, Please, B. R. Deodhar, Indian Music Journal, 1989

93. Aesthetic Theory and Kathak Dance of India, Sunil Kumar Saxena, Indian Musicological Society, Sep & Dec 1979

94. Late Acchhan Maharaj, S. K. Choubey, Journal of the Indian Musicological Society, April-June. 1971

95. The Importance of Dancing, Kumari Kumudini Pai, Lakshya, July. 1954

96. Lucknow Kathak – The Gharana of Kala – Bindadin, Susheela Misra, Marq A Magazine of the arts, Sep. 1975

- - -